Meißner: Bash

Christian Meißner

Bash

Arbeiten und programmieren mit der Shell

Alle in diesem Buch enthaltenen Programme, Darstellungen und Informationen wurden nach bestem Wissen erstellt. Dennoch sind Fehler nicht ganz auszuschließen. Aus diesem Grunde sind die in dem vorliegenden Buch enthaltenen Informationen mit keiner Verpflichtung oder Garantie irgendeiner Art verbunden. Autor(en), Herausgeber, Übersetzer und Verlag übernehmen infolgedessen keine Verantwortung und werden keine daraus folgende Haftung übernehmen, die auf irgendeine Art aus der Benutzung dieser Informationen – oder Teilen davon – entsteht, auch nicht für die Verletzung von Patentrechten, die daraus resultieren können. Ebenso wenig übernehmen Autor(en) und Verlag die Gewähr dafür, dass die beschriebenen Verfahren usw. frei von Schutzrechten Dritter sind.

Die in diesem Werk wiedergegebenen Gebrauchsnamen, Handelsnamen, Warenbezeichnungen usw. werden ohne Gewährleistung der freien Verwendbarkeit benutzt und können auch ohne besondere Kennzeichnung eingetragene Marken oder Warenzeichen sein und als solche den gesetzlichen Bestimmungen unterliegen.

Dieses Werk ist urheberrechtlich geschützt. Alle Rechte, auch die der Übersetzung, des Nachdrucks und der Vervielfältigung des Buches – oder Teilen daraus – vorbehalten. Kein Teil des Werkes darf ohne schriftliche Genehmigung des Verlags in irgendeiner Form (Druck, Fotokopie, Mikrofilm oder einem anderen Verfahren), auch nicht für Zwecke der Unterrichtsgestaltung, reproduziert oder unter Verwendung elektronischer Systeme verarbeitet, vervielfältigt oder verbreitet werden.

Bibliografische Information Der Deutschen Nationalbibliothek

Die Deutsche Nationalbibliothek verzeichnet diese Publikation in der Deutschen Nationalbibliografie; detaillierte bibliografische Daten sind im Internet über http://dnb.d-nb.de abrufbar.

Copyright © 2011 Open Source Press, München
Gesamtlektorat: Dr. Markus Wirtz
Satz: Open Source Press (LaTeX)
Umschlaggestaltung: Olga Saborov, Open Source Press
Gesamtherstellung: Kösel, Krugzell

ISBN 978-3-941841-44-4   http://www.opensourcepress.de

Inhaltsverzeichnis

1 Einführung   **9**
    1.1   Geschichte der Shells 10
    1.2   Bash-Versionen 11
    1.3   Bash kompilieren und installieren 12
    1.4   Danksagung 14

2 Grundlagen   **15**
    2.1   Prozesskommunikation 15
        2.1.1   Kanäle 16
        2.1.2   Umleitungen 16
        2.1.3   Pipelines 19
    2.2   Kommandoersetzungen 21
    2.3   Kommandolisten 22
    2.4   Rückgabewerte 23

3 Linux-Tools   **25**
    3.1   Tools für den täglichen Bedarf 25
        3.1.1   cat 26
        3.1.2   wc 26
        3.1.3   grep 27
        3.1.4   tr 28
        3.1.5   cut 28
        3.1.6   sort 29
        3.1.7   less 30
        3.1.8   time 31
        3.1.9   date 31

		3.1.10	mktemp	32
		3.1.11	uniq	33
		3.1.12	join	33
		3.1.13	tee	34
		3.1.14	awk	35
		3.1.15	sed	38
	3.2	Reguläre Ausdrücke		43
	3.3	Mustererkennung		48
		3.3.1	POSIX-Klassen	50

4 Vom Einzeiler zum Skript — 53

	4.1	Klammerausdrücke		53
	4.2	Quotes		56
	4.3	Shellskripte vs. Batchdateien		57
		4.3.1	Skripte aufrufen	57
		4.3.2	Skripte ausführbar machen	58
		4.3.3	Namen von Skripten	58
	4.4	Shellskripte reloaded		59
		4.4.1	Kommentare	60
		4.4.2	Variablen	60
		4.4.3	Parameterübergabe	61
	4.5	Paradigmen der Bash		62
		4.5.1	Subshells, Pipes und Scopes	63
		4.5.2	Expansionen	65

5 Variablen — 69

	5.1	Skalare Variablen		69
		5.1.1	Zugriff auf Variablen	70
		5.1.2	Erzeugen von Arrays	71
		5.1.3	Zugriff auf Arrays	73
	5.2	Spezielle Variablen		75
	5.3	Shell-Variablen		77
	5.4	Parameter Expansion		87

6 Programmstrukturen 97
6.1 Verzweigungen 97
6.1.1 Bedingungsausdrücke 98
6.1.2 Bedingungen mit if 99
6.1.3 Bedingungen mit case 104
6.1.4 Verzweigungen bei Benutzereingaben 107
6.2 Schleifen 109
6.2.1 while-Schleife 110
6.2.2 until-Schleife 112
6.2.3 do-while simulieren 113
6.2.4 for-Schleife 115

7 Funktionen 119
7.1 Funktionsdefinition 120
7.2 Seiteneffekte in Funktionen 121
7.3 Rückgabewert 123
7.4 Funktionsparameter 124
7.5 Funktionsbibliotheken 127

8 Rechnen mit der Bash 131
8.1 Arithmetische Ausdrücke 131
8.2 Rechnen mit let 136
8.3 Rechnen mit expr 137
8.4 Rechnen mit bc 138
8.5 Rechnen mit awk 140

9 Erweiterte Umleitungen 143
9.1 Here Document 143
9.2 Here String 149
9.3 Deskriptoren 151
9.3.1 Ein- und Ausgabeumleitung 152
9.3.2 Permanente Umleitungen mit exec 155
9.3.3 Gleichzeitiges Lesen und Schreiben von Dateien . . . 159
9.3.4 Socketprogrammierung mit der Bash 163
9.4 Prozess-Substitution 169

10 Bash-Builtins und -Optionen — 175

- 10.1 Shell-Builtins 175
  - 10.1.1 Ausführungsreihenfolge 177
  - 10.1.2 Builtins für Ein- und Ausgabe 181
  - 10.1.3 Builtins für die Arbeit mit Variablen 193
  - 10.1.4 Builtins für den Programmfluss 197
  - 10.1.5 Builtins für Dateisystemoperationen 205
  - 10.1.6 Builtins zur Umgebungssteuerung 214
  - 10.1.7 Builtins für Shell- und Systemarbeiten 224
  - 10.1.8 Builtins zur Job-Kontrolle 235
  - 10.1.9 Builtins für die History 243
- 10.2 Shell-Optionen 247
  - 10.2.1 Einfache Shell-Optionen 247
  - 10.2.2 Erweiterte Shell-Optionen 256

11 Textbasierte Benutzeroberflächen mit dialog — 269

- 11.1 Das Menü-Widget 271
- 11.2 Textausgabe mit msgbox 273
- 11.3 Kalender mit dialog 273
- 11.4 Zeitanzeige mit timebox 274
- 11.5 Auswahllisten mit radiolist 275
- 11.6 Mehrfachauswahl mit checklist 276
- 11.7 Dateibrowser mit fselect 276
- 11.8 Fortschrittsbalken mit gauge 278
- 11.9 Benutzereingaben mit inputbox 278
- 11.10 Eingabemenüs mit form 279
- 11.11 Passworteingaben mit passwordbox 281
- 11.12 Textdateien anzeigen mit textbox 282
- 11.13 Textdateien verfolgen mit tailbox 282
- 11.14 Entscheidungen mit yesno 283
- 11.15 Das Beispielskript 284
- 11.16 Kaskadierte Widgets 289

1 Einführung

Vielen Dank, dass Sie sich für dieses Buch entschieden haben, um mehr über die Bash zu erfahren! Ich hoffe, es bietet Ihnen einen guten Einstieg in die Arbeit mit der auf Linux-Systemen sehr häufig eingesetzten Shell. Wenn Ihnen das Buch nach der ersten Lektüre weiterhin als Referenz bei der täglichen Arbeit von Nutzen ist, würde mich das umso mehr freuen, denn so ist es konzipiert.

Bei der Auswahl der Beispiele habe ich darauf geachtet, dass es sich um möglichst praxisnahe Aufgaben aus meiner täglichen Arbeit handelt. Abschnitte, die ich nicht mit persönlicher Erfahrung illustrieren konnte, wurden dankenswerterweise von Kollegen und Freunden mit Leben erfüllt, so dass Sie vom praktischen Ansatz hoffentlich unmittelbar profitieren.

Das Buch wendet sich in erster Linie an Bash-Neulinge. Kapitel 2 und 3 bieten zahlreiche Informationen rund um Linux-Systeme allgemein, um die folgenden Beispiele leichter nachvollziehen und um sich an komplexere Aufgaben mit der Bash machen zu können. Dennoch sei die Lektüre auch jedem erfahrenen Administrator empfohlen. Gerade in den hinteren Kapiteln steigt der Schwierigkeitsgrad der Aufgaben deutlich, und auch versierte Admins sollten darin Neues finden können.

Da die Bash auf eine nach IT-Maßstäben lange Geschichte zurückblicken kann (siehe dazu den nächsten Abschnitt) und nicht zuletzt durch den Erfolg von Linux eine sehr hohe Verbreitung hat, ist sie auch vielfach dokumentiert. Allen voran ist die Manpage (`man bash`) eine unverzichtbare Quelle für die schnelle und gezielte Suche bei akuten Fragestellungen. Auch wir können hier etwa bei der Kurzbeschreibung von Optionen, Operatoren oder Variablen das Rad nicht neu erfinden. Warum also dann ein (weiteres) Buch? Weil der Einstieg in die Arbeit mit der Bash nicht über das Auswendiglernen von Optionslisten gelingt! Wir wollen Sie Schritt für Schritt anhand praktischer Beispiele an diese Arbeit und deren Prinzipien heranführen. Dazu gehört es auch, Dinge (vorerst) wegzulassen bzw. bei einem Thema nur die für die Administratorentätigkeit relevanten Teile auszuwählen und zu beschreiben. Über die Beschränkung möchten wir Ihnen den Start erleichtern, nach dem Sie allmählich Ihren Aktionsradius erweitern. Wir hoffen, dass uns das gelingt und dass Sie aus dem Ansatz dieses Buches den erhofften Nutzen für Ihre Arbeit ziehen!

1.1 Geschichte der Shells

Traditionell sind Shells die Standard-Benutzerschnittstelle in Unix-/Linux-Systemen. Sie ermöglichen die Eingabe von Kommandos und deren unmittelbare Ausführung. Auf modernen *nix-Systemen hat der Benutzer die Wahl zwischen zahlreichen Shells. Besonders beliebt und darum verbreitet sind hier die Bourne-Shell, die C-Shell, die Korn-Shell und natürlich die Bash – sie ist auf den meisten Linux-Varianten die Standard-Shell, steht aber als Portierung auch auf vielen Unix-Systemen zur Verfügung.

Moderne Shells haben einen Sprachumfang, der sie für die Programmierung (und Ausführung) komplexer Skripte empfiehlt. Anders als Perl oder awk bieten Shells eine interaktive Schnittstelle zur Ein- und Ausgabe – die einfachste Variante ist der Prompt.

Stephen R. Bourne ist der Entwickler der nach ihm benannten *Bourne-Shell* (`sh`), die 1977/78 zusammen mit Unix V7 veröffentlicht wurde. Sie ist auch heute noch auf fast allen Unix- und Linux-Systemen zu finden. Bereits mit der Einführung brachte sie wesentliche Eigenschaften wie Ein- und Ausgabeumleitung, Pipeline, Hintergrundprozesse und Kontrollstrukturen mit. Ihre Syntax wurde zum Vorbild moderner Shells.

Für die zweite BSD-Distribution wurde 1979 von Bill Joy die *C-Shell* (`csh`) entwickelt, deren Syntax sich stark an der Sprache C orientiert. Anders als die `sh` bietet die C-Shell bereits eine Kommandozeileneditierung, wenn auch nur über eine spezielle Syntax. Die `csh` führte zudem die Möglichkeit zur Job-Kontrolle ein: Mit [Ctrl]+[Z] lassen sich Jobs stoppen, mit bg in den Hintergrund und mit fg in den Vordergrund bringen. Auch Aliase und eine Kommando-History gehen auf die C-Shell zurück und wurden von moderneren Shells übernommen.

Die *Korn-Shell* (ksh) wurde 1979 von David Korn für das Unix System V von AT&T entwickelt. Sie übernimmt zahlreiche Features der Bourne-Shell ebenso wie der C-Shell. Es gibt zwei Versionen: ksh88 aus dem Jahr 1988, die Grundlage für den POSIX-Standard ist,[1] und ksh93 von 1993.

Die *Bash* ist Teil des GNU-Projekts.[2] Hauptentwickler waren Brian Fox und Chet Ramey Ende der 80er Jahre. Im Funktionsumfang ist sie kompatibel zur sh, wurde jedoch um viele Funktionen erweitert. Ferner implementiert sie viele Funktionen der ksh und interpretiert auch Teile der csh.

Die Bash ist heute auf vielen Linux-Versionen die Standard-Shell und wurde für die meisten Unix-Systeme portiert.

Der Name der Bash wird gerne als Wortspiel interpretiert: Als „Bourne again Shell" ist sie danach nicht nur eine „wiedergeborene" (born again) Shell, sondern auch ein heftiger Schlag (bash).

1.2 Bash-Versionen

Im Februar 2009 erschien Version 4 der Bash, die einige Neuerungen mitbrachte, etwa assoziative Arrays. Andere Verbesserungen betreffen die vereinfachte Eingabeumleitung. Zudem wurde der **-Operator für Pattern Matching eingeführt.[3] Er wird zu einer rekursiven Liste aller Dateien und Verzeichnisse expandiert.[4]

Die Beispiele in diesem Buch wurden vor allem mit Version 3.2.29 erarbeitet, da Version 3.x noch sehr weit verbreitet ist und auch sicher noch sein wird. Beispiele, die auf die Besonderheiten der Version 4 eingehen, wurden mit einer selbst kompilierten Version 4.1.9 erstellt und getestet.

Im nächsten Abschnitt wird gezeigt, wie Sie eine solche Version für Ihr System erzeugen. Version 4.x ist zu 100% abwärtskompatibel, so dass Sie sämtliche Beispiele auch auf einer aktuellen Bash nachvollziehen können. Die Versionsnummer der installierten Bash ermitteln Sie mit folgender Eingabe:

---

[1] Das *Portable Operating System Interface* ist eine standartisierte API zwischen Anwendungen und Betriebssystem (siehe auch http://standards.ieee.org/develop/wg/POSIX.html).

[2] http://www.gnu.org/gnu/gnu.html

[3] In Abschnitt 3.3 werden wir detailliert auf Pattern Matching eingehen. Die Wildcard steht allerdings nur zur Verfügung, wenn die Option globstar aktiviert wurde (vgl. Abschnitt 10.2.2).

[4] Eine Liste der Neuerungen in Version 4 finden Sie unter http://tiswww.case.edu/php/chet/bash/NEWS.

```
$ bash --version
GNU bash, version 3.2.39(1)-release (x86_64-pc-linux-gnu)
Copyright (C) 2007 Free Software Foundation, Inc.
```

Oder auch:

```
$ ~/bin/bash --version
GNU bash, Version 4.1.9(3)-release (x86_64-unknown-linux-gnu)
Copyright (C) 2009 Free Software Foundation, Inc.
```

Mit der Option `--version` wird sowohl die Version als auch der Patchlevel ausgegeben; im zweiten Beispiel handelt es sich demnach um eine Bash Version 4.1 mit Patchlevel 9.

Das Testsystem während der Arbeit an diesem Buch war ein Debian GNU/Linux Version 5.0.6 (Lenny), auf dem standardmäßig eine Bash in Version 3.2.29 installiert ist. Im Home-Verzeichnis des Autors wurde Version 4.1.9 kompiliert und installiert. Dieses Verfahren ist im folgenden Abschnitt beschrieben.

1.3 Bash kompilieren und installieren

Um auf einem System mit einer (Standard-)Bash kleiner Version 4.x eine neue Version zur Verfügung zu haben, gibt es – je nach Benutzerrechten – mehrere Möglichkeiten. Als Benutzer `root` installiert man z. B. einfach ein aktuelles Binärpaket für seine Distribution. Alternativ kann man auch eine Bash für sein System kompilieren und installieren.

Da man aber nicht immer Systemverwaltungsrechte für ein System besitzt, geht es im Folgenden darum, wie man als „normaler" Benutzer eine Bash aus den Quellen übersetzt und installiert.

Zunächst holen Sie sich vom FTP-Server des GNU-Projekts[5] ein aktuelles Source-Paket der Bash, z. B. `bash-4.1.tar.gz`. Speichern Sie es am besten in Ihrem Home-Dir in einem eigenen Verzeichnis.

```
$ mkdir sourcen
$ cd sourcen
$ wget -c ftp://ftp.gnu.org/gnu/bash/bash-4.1.tar.gz
--2011-01-01 18:10:05--  ftp://ftp.gnu.org/gnu/bash/bash-4.1.tar.gz
           => `bash-4.1.tar.gz'
Resolving ftp.gnu.org... 140.186.70.20
Connecting to ftp.gnu.org|140.186.70.20|:21... connected.
Logging in as anonymous ... Logged in!
==> SYST ... done.    ==> PWD ... done.
==> TYPE I ... done.  ==> CWD /gnu/bash ... done.
==> SIZE bash-4.1.tar.gz ... 6598300
==> PASV ... done.    ==> RETR bash-4.1.tar.gz ... done.
```

---

[5] ftp://ftp.gnu.org/gnu/bash

1.3 Bash kompilieren und installieren

```
Length: 6598300 (6.3M)

13% [===============>            ] 874,592       129K/s  eta 41s
```

Ist der Source-Tarball heruntergeladen, besorgen Sie sich ebenfalls vom FTP-Server des GNU-Projekts die aktuellen Patches für die gerade heruntergeladene Bash-Version.

```
$ wget -r -c ftp://ftp.gnu.org/gnu/bash/bash-4.1-patches/ -nd -P \
  bash-4.1-patches
```

Das Kommando lädt das gesamte Patch-Verzeichnis auf Ihr lokales System. Damit ist bereits alles Notwendige beisammen.

Im nächsten Schritt entpacken Sie den Tarball und aktualisieren die Quellen mit den letzten Patches:

```
$ tar -xzf bash-4.1.tar.gz
$ mv bash-4.1 bash-4.1-patched
$ cd bash-4.1-patches
$ for i in {1..9} ; do echo applying patch $i ; \
  patch -p0 < bash41-00$i ; done
applying patch 1
patching file ../bash-4.1-patched/builtins/printf.def
patching file ../bash-4.1-patched/patchlevel.h
applying patch 2
patching file ../bash-4.1-patched/lib/readline/complete.c
patching file ../bash-4.1-patched/patchlevel.h
applying patch 3
patching file ../bash-4.1-patched/bashline.c
patching file ../bash-4.1-patched/patchlevel.h
applying patch 4
patching file ../bash-4.1-patched/variables.c
patching file ../bash-4.1-patched/patchlevel.h
applying patch 5
patching file ../bash-4.1-patched/builtins/read.def
patching file ../bash-4.1-patched/patchlevel.h
applying patch 6
patching file ../bash-4.1-patched/print_cmd.c
patching file ../bash-4.1-patched/patchlevel.h
applying patch 7
patching file ../bash-4.1-patched/builtins/printf.def
patching file ../bash-4.1-patched/patchlevel.h
applying patch 8
patching file ../bash-4.1-patched/builtins/declare.def
patching file ../bash-4.1-patched/patchlevel.h
applying patch 9
patching file ../bash-4.1-patched/sig.c
patching file ../bash-4.1-patched/patchlevel.h
```

Damit sind die Quellen auf dem neuesten Stand und lassen sich nun wie folgt übersetzen:

```
$ ./configure --prefix=/usr/local
$ make
$ make install
```

Die Option `--prefix` bestimmt den Zielpfad /usr/local. Mit `make` werden die Quellen übersetzt und mit `make install` die übersetzten Binaries und z. B. Manpages in den Zielpfad installiert.[6]

Nach der Installation stehen nun auf dem System unter /bin die Default-Bash-Version und unter /usr/local/bin die Bash Version 4.1.9 zur Verfügung.

1.4 Danksagung

Danksagungen in Fachliteratur schienen mir immer überflüssiges Beiwerk – das hat sich während der Arbeit an diesem Buch geändert. Mir ist klar geworden, dass für eine solche Veröffentlichung mehr notwendig ist als nur Fachwissen und eine Druckmaschine.

Aus diesem Grund möchte ich meinen Dank hier zum Ausdruck bringen. Ganz besonderer Dank geht an meine Frau, die die langen Stunden am PC und meine Selbstgespräche bei nicht funktionierenden Skriptversuchen ertragen hat. Mein Verlag hat in allen Bereichen von Grafik über Lektorat bis Vertrieb hervorragende Arbeit geleistet. Markus, danke, dass du mir dieses Projekt ermöglicht hast.

Für die Bereitstellung der Testumgebungen danke ich Henning Sprang und Henri (laZee) und sage: „Yes, and there ain't no stoppin'." ;)

Am Ende geht natürlich auch eine große Tüte Dankbarkeit an alle Kollegen und Freunde (Stefan, Christoph und Schlomo) – für Ideen, Beispiele und all die klärenden Gespräche.

Für Fragen und Anregungen stehe ich Ihnen gerne per E-Mail zur Verfügung: cme@bashbuch.de – Detailfragen lassen sich sicher auf dem Blog zum Buch klären: bashbuch.blogspot.com

Christian Meißner   Bernau, Juli 2011

---

[6] Verfügen Sie nicht über die Rechte, Programme nach /usr/local zu installieren, können Sie mit `--prefix` auch Ihr Home-Verzeichnis (z. B. /home/cme) angeben.

Grundlagen

Im diesem Kapitel geht es um die Grundlagen der Bash, deren Verständnis die Arbeit bereits ohne aufwendige Programmierung erleichtert. Der berühmte *Einzeiler* ist eine mächtige Funktion, die alle modernen Shells mitbringen: Über die Kommunikationskanäle von Programmen lassen sich Kommandoketten erzeugen, die die Ausgabe eines Programms als Eingabe für das nächste nutzen. Ein erstes Ergebnis wird also (beliebig oft) weitergeleitet und weiterbearbeitet, bis man zuletzt das gewünschte Endergebnis erhält. Ein weiteres, häufig genutztes Feature ist die Kommandoersetzung, bei der die Ausgabe eines Kommandos als Parameter für ein anderes Kommando dient. Daraus ergeben sich vielfältige Einsatzmöglichkeiten, denen wir uns hier nähern.

2.1 Prozesskommunikation

Programme aller modernen Betriebssysteme haben eines gemeinsam: Sie können miteinander kommunizieren. Die Kommunikation kann allerdings auf verschiedene Weise erfolgen, etwa über Sockets oder über Ein- und Ausgabedateien.

2.1.1 Kanäle

Für Linux- und Unix-Programme stehen drei Standardkanäle zur Verfügung:

Standardeingabe (`stdin`)
: Über diesen Kanal erhalten Programme ihre Eingaben. In einer interaktiven Shell ist `stdin` in der Regel die Tastatur.

Standardausgabe (`stdout`)
: Dieser Kanal liefert die Ausgabe von Programmen. Lässt man ein Programm interaktiv auf der Shell laufen, so ist `stdout` meist der Monitor.

Standarderror (`stderr`)
: Über diesen Kanal werden Fehlermeldungen ausgegeben. Bei der interaktiven Ausführung eines Prozesses liegt `stderr` in der Regel ebenfalls auf dem Monitor.

Die Kanäle sind in der genannten Reihenfolge nummeriert: 0 steht für `stdin`, 1 für `stdout` und 2 für `stderr`. Auf diese Kanal-Nummern werden wir später noch einmal im Detail eingehen. Erwähnt sei zudem, dass ein Prozess über weitere Kanäle z. B. Dateien öffnen kann. Im Zusammenhang mit Deskriptoren gehen wir in Abschnitt 9.3 darauf noch ein.

2.1.2 Umleitungen

Die ersten Aktionen, bei denen man Kanäle nutzt, sind für gewöhnlich Umleitungen, und zwar mit Hilfe der Operatoren <, > und >>.

Ausgabeumleitung

Produziert zum Beispiel ein Programm sehr viel Ausgabe – wie erwähnt, üblicherweise auf `stdout` –, muss man diese konservieren, wenn man sie später noch einmal durchsehen möchte. Betrachten wir das Programm `dmesg`, das Kernelausgaben seit dem letzen Bootvorgang anzeigt; bereits unmittelbar nach dem Start eines Linux-Systems gibt das Programm Dutzende Ausgabezeilen aus, die sich auf einem Monitor nicht mehr überblicken lassen. Um nun die Ausgabe in eine Datei umzuleiten, nutzt man die folgende Kommandozeile:

```
$ dmesg > /tmp/dmesg.out
```

Damit wird die Ausgabe von `dmesg` statt auf den Monitor in die Datei /tmp/dmesg.out geschrieben, die Sie dann mit einem anderen Programm lesen (z. B. mit `less /tmp/dmesg`) oder auf andere Weise bearbeiten können.

Durch den Operator > wird die Datei für die Umleitung immer wieder geleert, bevor `stdout` hineingeschrieben wird. Möchte man hingegen die bereits existierenden Daten erhalten, nutzt man den Operator >>. Dieser hängt neue Daten immer an das Ende der Ausgabedatei. Ein Beispiel:

```
$ date > /tmp/aktuelle_zeit
$ cat /tmp/aktuelle_zeit
Mi 29. Jun 09:32:25 CEST 2011
$ date >> /tmp/aktuelle_zeit
$ cat /tmp/aktuelle_zeit
Mi 29. Jun 09:32:25 CEST 2011
Mi 29. Jun 09:32:40 CEST 2011
```

Eingabeumleitung

Mit der Eingabeumleitung ist es möglich, den Inhalt einer Datei nach `stdin` eines Programms umzuleiten. Möchte man zum Beispiel eine Datei `namen` sortieren, hilft folgendes Kommando:

```
$ sort < /tmp/namen
```

Durch den Operator < wird /tmp/namen zur Standardeingabe des `sort`-Kommandos. Möchte man dessen Ausgabe nun wieder in eine andere Datei schreiben, kombiniert man Ein- und Ausgabeumleitung:

```
$ sort < /tmp/namen > /tmp/namen2
```

Fehlerumleitung

Zu guter Letzt betrachten wir die Umleitung des Fehlerkanals. Diese ist vor allem dann sinnvoll, wenn man die Fehler eines Programmaufrufs in einer eigenen (Log)Datei speichern möchte:

```
$ cp /tmp/foo/* /tmp/bar/ 2> /tmp/cp.err
```

Das Kommando kopiert alle Dateien von /tmp/foo nach /tmp/bar. Kommt es zu Fehlern, z. B. durch fehlende Rechte an einer der zu kopierenden Dateien, werden die Fehlermeldungen nach /tmp/cp.err geschrieben.

```
$ cat /tmp/cp.err
cp: "/tmp/foo/3" kann nicht zum Lesen geöffnet werden: Keine
Berechtigung
```

Warum muss nun aber `stderr` mit 2> umgeleitet werden? Bei der Umleitung von `stdin` bzw. `stdout` wird die Nummer des umzuleitenden Kanals bereits angenommen. Schreibt man also >, heißt das eigentlich 1> – entsprechend ist < gleichbedeutend mit <0.

Kanalbündelung

Wir haben bereits gesehen, dass man Ein- und Ausgabeumleitung in einem Kommando kombinieren kann. Es ist auch möglich, `stdout` und `stderr` im Rahmen eines Kommandos in einzelne Dateien umzuleiten:

```
$ cat /tmp/foo/* >>/tmp/alles 2>/tmp/cat.err
```

Hier werden die Inhalte aller Dateien in `/tmp/foo` mit `cat` ausgegeben und in die Datei `/tmp/alles` geschrieben. Kommt es zu Fehlern, werden diese nach `/tmp/cat.err` geschrieben.

In manchen Situationen möchte man ein Kommando ausführen und gar keine Ausgaben erhalten, etwa bei zeitgesteuerten Befehlen mit `cron`.

Für diesen Zweck steht in Linux- und Unix-Systemen eine spezielle virtuelle Gerätedatei zur Verfügung: `/dev/null`. Sie verwirft alle Schreibaktionen direkt. Wir können also in diese Datei alles umleiten, was wir nicht als Ausgabe benötigen. Eine weitere Eigenschaft von `/dev/null` besteht darin, dass sie als Eingabe sofort ein EOF (End of File) bewirkt.

Mit diesem Wissen haben wir die Möglichkeit, jeden Kanal einzeln nach `/dev/null` umzuleiten. Die Bash bietet hier aber eine noch elegantere Lösung. Wir bündeln `stderr` und `stdout`, um sie dann gemeinsam nach `/dev/null` umzuleiten:

```
$ /path/to/program > /dev/null 2>&1
```

Die Reihenfolge der Kommandos ist unbedingt zu beachten, da die Bash alle Kommandozeilenparameter in einer festen Reihenfolge interpretiert. Betrachten wir das Beispiel darum genauer:

Die Bash erkennt zwei Umleitungen und arbeitet diese von links nach rechts ab. Zunächst wird `stdout` nach `/dev/null` umgeleitet. Im zweiten Schritt wird `stderr` nach `stdout` umgeleitet.[1] Da `stdout` aber bereits auf `/dev/null` zeigt, wird nun auch der Standard-Fehlerkanal nach `/dev/null` geschrieben. Sind alle Umleitungen abgeschlossen, wird unser (fiktives) Kommando `/path/to/program` ausgeführt.

Häufig macht man bei solchen Kommandos den Fehler, die beiden Umleitungen in der falschen Reihenfolge einzugeben:

```
$ /path/to/program 2>&1 >/dev/null
```

---

[1] Es geht hier zunächst lediglich um das Ergebnis, nicht die Syntax des Aufrufs. In Abschnitt 9.3.1 gehen wir noch ausführlicher auf Umleitungen ein.

Es sollte nun klar sein, was hier passiert: Die Bash erhält die gesamte Kommandozeile und findet zwei Umleitungen, die von links nach rechts abgearbeitet werden. Im ersten Schritt wird `stderr` nach `stdout` umgeleitet. Zu diesem Zeitpunkt ist `stdout` z. B. noch an den Monitor gebunden. Im zweiten Schritt wird dann `stdout` – und *nur* `stdout` – nach `/dev/null` umgeleitet. Somit landen Ausgaben auf dem Standard-Fehlerkanal auf dem Monitor bzw. im Einsatz mit `cron` im E-Mail-Postfach des Administrators.[2] Die Standardausgabe wird richtig nach `/dev/null` geschrieben.

In der Bash-Version 4 wurde ein neuer Operator für die gemeinsame Umleitung von `stderr` und `stdout` eingeführt. Mit `&>` erledigt man die Umleitung nun in einem Schritt und vermeidet auch die oben genannte Fehlerquelle.

```
$ /path/to/program &> /dev/null
```

2.1.3 Pipelines

Neben den Umleitungen bietet die Bash ein weiteres sehr nützliches und darum häufig eingesetztes Feature. Pipelines verknüpfen `stdout` und `stdin` von Programmen direkt miteinander, um die Ausgabe eines Programms als Eingabe für ein weiteres zu nutzen. In der täglichen Arbeit als Linux-Administrator ist die Pipe das wohl wichtigste Werkzeug. Für eine Pipeline nutzen Sie den Operator | (der auch „Pipe" genannt wird).

Ein Beispiel: Sie möchten wissen, welche Prozesse unter einem bestimmten Benutzer auf einem Server laufen:

```
$ ps ax -o "%U %p %a" | grep www-data
www-data     9303  /usr/sbin/apache2 -k start
www-data     9304  /usr/sbin/apache2 -k start
www-data     9305  /usr/sbin/apache2 -k start
www-data     9306  /usr/sbin/apache2 -k start
www-data     9307  /usr/sbin/apache2 -k start
www-data    14349  grep www-data
www-data    18038  /usr/sbin/apache2 -k start
```

Hier ruft `ps ax` die gesamte Prozessliste ab – das aus Gründen der Übersicht mit `-o` angegebene Format der Ausgabe soll uns hier nicht interessieren. Die Ausgabe geht an `grep` und wird dort nach Zeilen gefiltert, die `www-data` enthalten. Der Einzeiler erledigt also eine Aufgabe, die man in mehreren Schritte auch mit einfachen Umleitungen hätte erledigen können. Der Vorteil liegt aber auf der Hand: Mit Umleitungen hätte man min-

---

[2] Beim Einsatz von `cron` werden Ausgaben eines Programmaufrufs meist per E-Mail an den Besitzer des Prozesses geschickt. In den meisten Fällen ist das der Benutzer `root`. Man kann aber den Prozessbesitzer in den globalen `crontabs` setzen bzw. über die Variable `MAILTO` einen anderen E-Mail-Empfänger bestimmen.

destens eine Datei schreiben müssen – durch die Pipeline erfolgt die gesamte Arbeit im Arbeitsspeicher des Computers und damit schneller.

Hier nun das Beispiel mit Umleitungen, das ebenfalls zum Ziel führt:

```
$ ps ax -o "%U  %p  %a" > tmp/ps
$ grep www-data < tmp/ps
www-data     9303  /usr/sbin/apache2 -k start
www-data     9304  /usr/sbin/apache2 -k start
www-data     9305  /usr/sbin/apache2 -k start
www-data     9306  /usr/sbin/apache2 -k start
www-data     9307  /usr/sbin/apache2 -k start
www-data    18038  /usr/sbin/apache2 -k start
```

Beim genauen Hinsehen fällt jedoch auf, dass im ersten Beispiel eine Zeile mehr in der Ausgabe auftaucht, und zwar die Kommandozeile des `grep`-Kommandos. Die beiden Methoden unterscheiden sich also doch.

Die Bash erhält die gesamte Kommandozeile und startet den Befehl `ps`. Die Ausgabe diese Befehls landet auf `stdout`. Durch die Pipe wird die Standardausgabe von `ps` mit der Standardeingabe von `grep` verbunden. Jedes Kommando einer Pipeline wird als separater Prozess gestartet und erscheint darum als Kind der Shell-Session im Prozessbaum. Aus diesem Grunde ist es möglich, dass, wie oben gesehen, der `grep`-Prozess ebenfalls in der Prozessliste auftaucht.[3]

Möchte man die Ausgabe des `grep`-Kommandos ebenfalls aus der Prozessliste filtern, filtert man das Ergebnis erneut mit `grep`:

```
$ ps ax -o "%U  %p  %a" | grep www-data | grep -v grep
www-data     9303  /usr/sbin/apache2 -k start
www-data     9304  /usr/sbin/apache2 -k start
www-data     9305  /usr/sbin/apache2 -k start
www-data     9306  /usr/sbin/apache2 -k start
www-data     9307  /usr/sbin/apache2 -k start
www-data    18038  /usr/sbin/apache2 -k start
```

Es gibt Situationen, in denen eine Pipeline nicht funktioniert. Ein Beispiel dafür ist das Kommando `echo`, denn es erwartet als Option einen String zur Ausgabe, nicht jedoch als `stdin`. Darum führen die folgenden Kommandos zu keinem Ergebnis:

```
$ echo < foo/3
$ ls foo/* | echo
```

Aus diesem Dilemma hilft das Programm `xargs`. Es übernimmt auf `stdin` einen String und setzt daraus mit dem übergebenen Kommando eine Kommandozeile zusammen. Wird kein Kommando an `xargs` übergeben, wird `echo` verwendet. Man kann also im folgenden Beispiel auch das `echo` weglassen:

---

[3] In sehr langsamen und besonders ausgelasteten Systemen kann es vorkommen, dass die Anzeige der Prozessliste beendet wird, bevor der Suchprozess gestartet wird.

```
$ ls foo/* | xargs echo
foo/1 foo/2 foo/3
```

2.2 Kommandoersetzungen

Kommen wir nun zu dem zweiten in der Einleitung genannten Kern-Feature der Bash. Bei der Kommandoersetzung wird ein Kommando in einer Kommandozeile ausgeführt und das Ergebnis wiederum in dieselbe Zeile eingefügt.

Ein einfaches Beispiel:

```
$ echo heute ist der $(date +"%d.%m.%Y")
heute ist der 09.12.2010
```

Wie immer erhält die Bash die gesamte Kommandozeile und interpretiert diese. Durch den Operator $(<kommando>) teilen Sie der Bash mit, dass das in Klammern stehende Kommando zuerst auszuführen und seine Ausgabe wieder in die ursprüngliche Kommandozeile einzufügen ist. Danach wird die Zeile vollständig ausgeführt.

Konkret: Der echo Befehl erwartet, wie bereits erwähnt, einen String. Um nun die Ausgabe von date – also das aktuelle Datum – von echo ausgeben zu lassen, weisen wir die Bash an, zunächst den date-Befehl auszuführen, das aktuelle Datum als String in die ursprüngliche Kommandozeile einzufügen und diese dann auszuführen. So gibt echo dann tatsächlich das Datum aus.

In Bash-Skripten findet man häufig folgende Konstruktionen:

```
$ echo heute ist der `date +"%d.%m.%Y"`
heute ist der 09.12.2010
```

Auch der `<kommando>`-Operator[4] zeigt der Bash eine Kommandoersetzung an. Die Notation stammt aus Zeiten der Bourne Shell. Welche Notation ist aber nun zu empfehlen?

Backticks sind auch in anderen Shells – wie eben der Bourne-Shell – einsetzbar; angesichts der Verbreitung von Bash-Skripten empfehlen wir jedoch auch deren spezifische Syntax mit dem Dollar/Klammer-Operator. Moderne Syntax ist aus unserer Sicht in diesem Falle sinnvoller als eine rein historisch begründete Kompatibilität.

Ein weiterer Vorteil der neuen Bash-Syntax liegt in der deutlich besseren Lesbarkeit, und zudem weiß nicht jeder Bash-Interessierte genau, welches Zeichen der Tastatur den Backticks entspricht. Darum empfiehlt sich gerade Anfängern, sich zunächst auf die Bash-Syntax zu konzentrieren.

---

[4] Man nennt ihn auch „Backticks", also nach hinten geneigte Strichlein.

Ein anderes alltägliches Beispiel: Auf einem Server läuft ein Tomcat-Dienst. Dieser erstellt Logfiles im Format `catalina.YYYY-MM-DD.log`. Sie starten den Server neu und möchten dann in das aktuelle `catalina.log` schauen.

```
$ invoke-rc.d tomcat5.5 restart ; tail \
-f /var/log/tomcat5.5/catalina.$(date +"%Y-%m-%d").log
```

2.3 Kommandolisten

Mit dem vorangegangen Beispiel sind wir auch schon bei den Kommandolisten. Während Pipelines Kommandoketten erzeugen, bei denen ein Kommando auf die Eingabe durch das vorhergehende angewiesen ist, dienen Kommandolisten dazu, Befehle nacheinander oder zeitgleich auszuführen.

Dazu zwei Beispiele:

```
$ cat /etc/fstab ; echo fertig
```

Hier wird zunächst das `cat`-Kommando ausgeführt, und nach dessen Beendigung folgt das `echo`-Kommando.

```
$ cat /etc/fstab & echo fertig
```

Im diesem zweiten Beispiel wird das `cat`-Kommando aufgerufen und in den Hintergrund gestellt. Danach wird das `echo` aufgerufen.

Für Kommandolisten steht also einerseits der Operator `;` zur Verfügung. Dieser erwartet den Abschluss des vorhergehenden Kommandos, bevor das nächste ausgeführt wird. Die Bash interpretiert `;` als Abschluss eines Programmaufrufs.

Für Kommandolisten steht zudem der Operator `&` zur Verfügung. Der sorgt dafür, dass das vorhergehende Kommando in den Hintergrund verlagert und das folgende unmittelbar gestartet wird. Beachten Sie bei dieser Variante, dass `stdin` zwar von dem Prozess im Hintergrund getrennt wurde, aber `stdout` immer noch z. B. auf der Konsole liegt und Ausgaben des Hintergrundprozesses die Ausgaben des zweiten Prozesses überdecken können.

Prozesse, die mit `&` in den Hintergrund verlagert wurden, können Sie übrigens mit `fg` (foreground) wieder in den Vordergrund holen. `jobs` liefert Ihnen eine Liste aller Hintergrundprozesse. Befinden sich mehrere Jobs im Hintergrund, so holen Sie einen bestimmten mit `fg <Job-Nr>` in den Vordergrund. Um einen laufenden Prozess in den Hintergrund zu bringen, nutzt man die Tastenkombination `[Strg]+[z]` und ruft anschließend `bg` auf.

Eine weitere Möglichkeit, Kommandos zu Listen zusammenzufassen, sind die Operatoren `()` und `{}`. Sie unterscheiden sich in der Art, wie bzw. wo die Kommandos in den Listen ausgeführt werden.

Der ()-Operator startet die Liste in einer Sub-Shell; alle Veriablenzuweisungen haben nur in der Shell der Liste Gültigkeit und nicht in der aufrufenden Shell:

```
$ ( foo=bar ) ; echo $foo
```

Das Kommando führt zu einer leeren Ausgabe, weil die Variablenzuweisung `foo=bar` nur in der mit den runden Klammern markierten Subshell gilt.[5]

Der {}-Operator führt die Listenkommandos in der aufrufenden Shell aus. In der Bash-Manpage wird diese Art der Kommandoliste als „group command" bezeichnet. Zwei Dinge sind zu beachten: Erstens handelt es sich bei { und } um reservierte Wörter, die von der Liste durch Leerzeichen getrennt werden müssen. Und zweitens muss das letzte Kommando mit einem ; abgeschlossen werden.

```
$ {date}
bash: {date}: command not found
$ { date }
>
$ { date; }
Fr 10. Dez 11:57:23 CET 2010
```

Im ersten Beispiel wird das Kommando wegen fehlender Leerzeichen nicht erkannt. Im zweiten wartet die Bash auf mehr Input, da der Abschluss durch das Semikolon fehlt. Allein die dritte Variante ist gültig und wird von der Bash ausgeführt.

2.4 Rückgabewerte

Kommen wir nun zu einem Thema, das die bisherigen Ausführungen sozusagen abrundet.

Jedes Linux-Programm hat einen Rückgabewert, und in Bash-Skripten ist es sehr wichtig, diese auswerten zu können, um den Programmfluss wunschgemäß anzupassen. Die Bash kennt mehr als nur Erfolg und Misserfolg. Folgende Rückgabewerte bzw. Rückgabewerte-Klassen kennt die Bash:

0
: Dieser Exit-Status zeigt Erfolg an.

ungleich 0
: Jeder Exit-Status, der nicht 0 ist, entspricht einem Misserfolg.

größer 125
: Diese Rückgabewerte zeigen spezielle Fehler an:

---

[5] Gültigkeitsbereiche von Variablen werden wir noch ausführlich in Abschnitt 4.5.1 behandeln.

126
: das Programm ist nicht ausführbar.

127
: das Programm wurde nicht gefunden.

128 plus Signalnummer
: zeigen besondere Ereignisse an. Erhält ein Kommando z. B. ein Term-Signal, so ist der Rückgabewert des Programms 143 (128 + 15).

Um den Rückgabewert eines Programms abzufragen, geben Sie einfach `echo $?` ein. Das Kommando gibt den Inhalt der Spezial-Variablen $? aus, die immer den Rückgabewert des letzten Kommandos speichert.

Nun ergibt sich die Möglichkeit, Programme bedingt miteinander zu verknüpfen. Für diese Aufgabe stehen die Operatoren && und || zur Verfügung.

```
$ cat /etc/fstab && echo das log existierte
```

War das `cat`-Kommando erfolgreich, wird das `echo` ebenfalls ausgeführt.

```
$ cat /etc/foobar || echo das log existierte nicht
```

Mit dem ||-Operator wird das zweite Kommando nur dann ausgeführt, wenn das erste nicht mit dem Rückgabewert 0 beendet wurde.

Rückgabewerte von Kommandolisten

Man kann auch den Rückgabewert von Kommandolisten und Kommandogruppen mit anderen Kommandos verknüpfen. Voraussetzung dafür ist, dass man den Rückgabewert einer Kommandoliste kennt.

Wird ein Kommando mit & abgeschlossen, wird es im Hintergrund gestartet, und der Rückgabewert ist 0. Verknüpft man Kommandos mit ;, so hat die Liste den Rückgabewert des letzten Kommandos.[6]

```
$ (date& test -f /dev/null) || echo foobar
```

Die Zeile hat als Rückgabewert den Exit-Status von `test -f /dev/null`. Das Kommando testet, ob es sich bei /dev/null um eine Datei handelt. Da /dev/null aber ein *Special Character Device* ist, wird 1 zurückgegeben.

```
$ (date& test -f /dev/null&) || echo foobar
```

Dieser Aufruf wird folglich nie zur Ausgabe von `foobar` führen, da der Rückgabewert der gesamten Liste 0 ist.

---

[6] Wollen Sie die Rückgabewerte aller Kommandos einer Pipe erfahren, lassen Sie sich die Shell-Variable $PIPESTATUS (echo ${PIPEPSTUS[*]}) ausgeben. Hierbei handelt es sich um ein Array, das alle Rückgabewerte der Pipe-Kommandos speichert.

Linux-Tools

Um mit der Bash gute und leistungsfähige Skripte schreiben zu können, benötigen Sie die mächtigen Linux-Tools. Dieses Kapitel geht auf einige dieser Tools ein und legt damit die Grundlage für erste umfangreiche Shell-Skripte. Da Linux-Systeme ihre Konfigurationsdaten meist in Textdateien organisieren, behandeln wir hauptsächlich Werkzeuge, die der raschen und flexiblen Manipulation solcher Dateien dienen, beispielsweise awk und sed. Abschließend widmen wir uns *regulären Ausdrücken* (RegEx) und der *Mustererkennung*.

3.1 Tools für den täglichen Bedarf

Betrachten wir also eine kleine Auswahl nützlicher Werkzeuge, von denen auf Linux-Systemen hunderte für die Arbeit zur Verfügung stehen. Hier geht es darum, mit möglichst wenigen möglichst viel zu erreichen, um das Verfahren des Bash-Scripting grundsätzlich kennenzulernen.

Auf den folgenden Seiten erfahren Sie, für welche Zwecke man die Programme nutzt und welche Parameter im Administratorenalltag häufig zum Einsatz kommen. Wer mehr über die einzelnen Tools und deren Parameter erfahren möchte, sei auf die entsprechenden Man-Pages bzw. Info-Seiten verwiesen.

3.1.1 cat

Mit `cat` können Dateien verbunden und nach `stdout` geschrieben werden. Im Alltag nutzt man `cat` oft, um einzelne Dateien ohne Hilfe eines Pager-Programms nach `stdout` auszugeben:

```
$ cat /etc/fstab
proc            /proc           proc    defaults        0       0
/dev/sda2       /               ext3    defaults        0       1
/dev/sda1       /boot           ext3    defaults        0       2
/dev/hda        /media/cdrom0   udf,iso9660 user,noauto 0       0
```

Das folgende Beispiel aus der Praxis erzeugt eine SSL-Pem-Datei. Sie enthält einen SSL-Key und ein SSL-Cert, das z. B. der Apache Web-Server verwendet, um SSL-verschlüsselte Verbindungen anzubieten. Mittels `cat` werden die beiden Ausgangsdateien ausgegeben und über den Operator > gemeinsam in eine neue Datei `www.pem` umgeleitet:

```
$ cat /etc/ssl/private/www.key \
  /etc/ssl/certs/www.crt > /etc/ssl/certs/www.pem
```

Folgende Aufruf-Parameter sind äußerst nützlich:

-E
: fügt an jedem Zeilenende ein $ ein; das ist besonders hilfreich, wenn man z. B. einen SSH-Key auf sein Format testen möchte. Ein SSH-Key besteht aus nur einer Zeile; es kommt aber vor, dass bei der Übertragung solcher Keys ein automatischer Umbruch bei z. B. 80 Zeichen erfolgt und er dann nicht mehr gültig ist.

-n
: fügt der Ausgabe von `cat` Zeilennummern hinzu, wie etwa bei komplexeren Code-Beispielen in diesem Buch.

3.1.2 wc

`wc` ist auf „das Zählen" spezialisiert, seien dies Zeilen, Wörter oder Bytes:

```
$ wc /etc/fstab
    9    52   536 /etc/fstab
```

Ohne Paramter aufgerufen, gibt `wc` alle Informationen in einer Zeile mit 4 Spalten aus. In der ersten Spalte steht die Zeilenanzahl; danach folgen Wortzahl, Zahl der Bytes und schließlich der Name der untersuchten Datei.

-l
: zeigt nur die Zeilennummern.

-w
: zeigt nur die Zahl der Wörter.

-c
: zeigt nur die Dateigröße in Bytes.

Um die Informationen von `wc` in Skripten verarbeiten zu können, muss die Ausgabe bearbeitet werden. Wie das geht, werden wir in späteren Beispielen noch sehen.

3.1.3 grep

Das Kommando `grep` haben wir bereits in einigen Beispielen genutzt. Es sucht in Dateien oder in der Standardeingabe nach einem Muster. Das Muster kann ein Wort oder ein regulärer Ausdruck sein (dazu mehr in Abschnitt 3.2).

Die folgenden Parameter sollte man im Umgang mit `grep` zur Hand haben:

-r
: Möchte man in mehreren Dateien in verschiedenen Verzeichnissen suchen, so ermöglicht dieser Parameter die rekursive Suche. Nach -r erwartet `grep` lediglich ein Verzeichnis als abschließenden Parameter.

```
$ grep -r inhalt /tmp/
/tmp/foo/2:inhalt aus datei 2
/tmp/foo/3:inhalt aus datei 3
/tmp/foo/1:inhalt aus datei 1
```

-i
: Wissen Sie beim gesuchten Muster nicht, ob es groß oder klein geschrieben ist, bietet sich eine Suche *case insensitive* an.

-c
: liefert nicht die Fundstelle, sondern nur die Anzahl der Treffer.

```
$ grep -c ext3 /etc/fstab
2
```

`-l`
: ändert die Ausgabe von `grep` dahingehend, dass nur die Dateinamen ausgegeben werden, die mindestens einen Treffer für das Suchmuster haben. Die Suche in den Dateien endet mit dem ersten Treffer.

```
$ grep -l inhalt /tmp/foo/*
/tmp/foo/1
/tmp/foo/2
/tmp/foo/3
```

Wie bei allen Linux-Programmen können Sie die Parameter auch kombinieren und das Verhalten des Programms sehr genau steuern. So ergeben sich Aufrufe wie

```
$ grep -ril <Muster> /path/to/dir
```

Hier wird zum Beispiel rekursiv nach `<Muster>` in `/path/to/dir` gesucht, ohne Groß- und Kleinschreibung zu unterscheiden; ausgegeben werden lediglich die Pfadangaben zu den Dateien mit Treffern.

3.1.4 tr

Mit `tr` löschen Sie Zeichen oder ersetzen sie durch andere. `tr` erwartet die Daten auf `stdin` und schreibt sie nach `stdout`.

```
$ cat lower
a b c
$ cat lower | tr [:lower:] [:upper:]
A B C
```

Ausgangspunkt des Beispiels ist eine Datei `lower`, in der lediglich Kleinbuchstaben stehen. Mit Hilfe von `tr` ersetzen wir die Klein- durch Großbuchstaben. Bei dieser Umwandlung nutzen wir sogenannte POSIX-Klassen, die wir in Abschnitt 3.3.1 noch näher erläutern.

3.1.5 cut

Mit `cut` geben Sie nur bestimmte Felder einer Anzeige aus. Die Eingabe erfolgt über `stdin`, die Ausgabe über `stdout`. So manipulieren Sie zum Beispiel das Ergebnis von `wc -l` derart, dass nur noch die Zeilenanzahl erscheint – ohne den Dateinamen. Substrings einer Eingabezeile von `cut` werden als Felder bezeichnet, die per Default durch Leerzeichen voneinander getrennt sind.

```
$ wc -l /etc/passwd | cut -d ' ' -f 1
25
```

Mit diesem Beispiel kommen wir auch direkt zu den gängigsten Parametern:

-d
> gibt das Trennzeichen an, das zwischen den einzelnen Feldern steht.

-f
> gibt das auszugebende Feld an; auch eine kommaseparierte Liste für mehrere Felder ist möglich. Das erste Feld wird mit 1 angegeben.

3.1.6 sort

Beispielsweise zur Erzeugung einer sortierten Eingabe-Datei dient das Programm `sort`. Es erwartet entweder eine Datei oder die Standardeingabe. Die Ausgabe erfolgt auf `stdout`.

Gehen wir von einem Webcluster mit drei Webnodes aus, die ihre Log-Einträge an einen Log-Server senden, wo sie in einer großen Datei gespeichert werden. Möchte man nun die Daten z. B. durch `webalizer`[1] analysieren lassen, müssen die Daten zunächst in die richtige zeitliche Reihenfolge gebracht werden.

Auf dem Log-Server findet sich ein Log-File wie das folgende:

```
$ cat access.log
192.0.2.175 - - [01/Apr/2011:16:31:51 +0000] GET "/"....
192.0.2.223 - - [05/Feb/2011:11:01:00 +0000] GET "/"....
192.0.2.155 - - [03/Apr/2011:08:25:03 +0000] GET "/"....
192.0.2.137 - - [04/May/2011:06:31:51 +0000] GET "/"....
192.0.2.180 - - [02/Apr/2011:01:00:07 +0000] GET "/"....
192.0.2.201 - - [01/Apr/2011:17:51:01 +0000] GET "/"....
192.0.2.155 - - [05/Apr/2011:03:43:33 +0000] GET "/"....
192.0.2.223 - - [03/Feb/2011:07:10:00 +0000] GET "/"....
192.0.2.175 - - [04/Apr/2011:09:06:53 +0000] GET "/"....
192.0.2.201 - - [02/May/2011:23:29:55 +0000] GET "/"....
192.0.2.180 - - [01/May/2011:22:03:38 +0000] GET "/"....
192.0.2.210 - - [05/Apr/2011:10:01:50 +0000] GET "/"....
192.0.2.121 - - [03/Apr/2011:06:29:41 +0000] GET "/"....
192.0.2.137 - - [04/Feb/2011:06:07:08 +0000] GET "/"....
192.0.2.155 - - [02/Feb/2011:06:38:27 +0000] GET "/"....
```

Für die richtige zeitliche Reihenfolge sind mehrere Sortierungen notwendig – zunächst nach dem Jahr, falls ein Jahreswechsel stattgefunden hat. Danach folgen Sortierungen nach Monat, Tag, Stunde, Minute und Sekunde. Erst dann ist das Log-File in einer Ordnung, die `webalizer` sinnvoll bearbeiten kann.

---

[1] Webalizer ist ein Tool, mit dem sich aus Logdaten eines Webservers Zugriffsstatistiken erstellen lassen. Mehr Informationen dazu unter `http://www.webalizer.org`.

Der Aufruf für die Sortierung sieht wie folgt aus:

```
$ sort -t ' ' -k 4.9n -k 4.5M -k 4.2n -k 4.14n -k 4.17n \
   -k 4.20n access.log
192.0.2.155 - - [02/Feb/2011:06:38:27 +0000] GET "/"....
192.0.2.223 - - [03/Feb/2011:07:10:00 +0000] GET "/"....
192.0.2.137 - - [04/Feb/2011:06:07:08 +0000] GET "/"....
192.0.2.223 - - [05/Feb/2011:11:01:00 +0000] GET "/"....
192.0.2.175 - - [01/Apr/2011:16:31:51 +0000] GET "/"....
192.0.2.201 - - [01/Apr/2011:17:51:01 +0000] GET "/"....
192.0.2.180 - - [02/Apr/2011:01:00:07 +0000] GET "/"....
192.0.2.121 - - [03/Apr/2011:06:29:41 +0000] GET "/"....
192.0.2.155 - - [03/Apr/2011:08:25:03 +0000] GET "/"....
192.0.2.175 - - [04/Apr/2011:09:06:53 +0000] GET "/"....
192.0.2.155 - - [05/Apr/2011:03:43:33 +0000] GET "/"....
192.0.2.210 - - [05/Apr/2011:10:01:50 +0000] GET "/"....
192.0.2.180 - - [01/May/2011:22:03:38 +0000] GET "/"....
192.0.2.201 - - [02/May/2011:23:29:55 +0000] GET "/"....
192.0.2.137 - - [04/May/2011:06:31:51 +0000] GET "/"....
```

Was geschieht hier?

-t
: setzt das Trennzeichen für Felder auf das gewünschte Zeichen. Im Beispiel auf ein einfaches Leerzeichen.

-k
: Auswahl eines Sortierfelds bzw. einer Sortierposition; im obigen Beispiel bedeutet -k 4.9n, dass nach dem neunten Zeichen (Jahreszahl) im vierten Feld (Datumsangabe) numerisch aufsteigend (n) sortiert wird.

-M
: monatsweise Sortierung. Hier ist Jan < Jul < Dec. Unbekannte Werte werden vor Jan einsortiert.

-n
: numerische Sortierung.

-r
: absteigende Sortierung.

Die Option -k können Sie mit allen anderen Sortier-Optionen (z. B. -n) kombinieren.

3.1.7 less

Auf allen Unix-Systemen findet sich mindestens ein Pager-Programm zur seitenweisen Betrachtung der Bildschirmausgabe. Im Unix-Umfeld ist der

Standard-Pager meist `more`, unter Linux hat sich hingegen `less` durchgesetzt. Der Funktionsumfang von `less` ist wesentlich größer als der von `more`; so können Sie Dateiinhalte auch zeilenweise lesen. Auch das Zurückblättern erlaubt `less`, und der Benutzer kann die Tastenkombinationen zur Navigation individuell anpassen. Besonders hilfreich sind die folgenden:

[/]<Muster>
: Durch die Eingabe eines / wird der Suchmodus aktiviert. Dem / folgt das Suchmuster, nach dem dann vorwärts gesucht wird. Mit [N] setzt man die Suche bis zum nächsten Treffer fort. Mit [Shift]+[N] erfolgt die Suche rückwärts.

[Shift]+[F]
: startet den *Follow*-Modus; die Ausgabe wird an das Ende der Datei gescrollt, und `less` versucht, die Datei weiter zu lesen. Wird der Datei neuer Inhalt hinzugefügt, wird dieser sofort angezeigt. Um den Follow-Modus zu verlassen, drücken Sie [Strg]+[C].

[Q]
: beendet das Programm.

3.1.8 time

`time` gibt Auskunft über den Verbrauch von System-Ressourcen durch ein Kommando. Es startet ein Programm mit allen Parametern und gibt nach dessen Beendigung den summierten Verbrauch der System-Ressourcen aus.

```
$ time dmesg &>/dev/null

real    0m0.003s
user    0m0.004s
sys     0m0.000s
```

`time` gibt den `real`-, `user`- und `system`-Time-Verbrauch auf `stderr` aus. Wird das an `time` übergebene Kommando mit einem Rückgabewert ungleich 0 beendet, gibt `time` zusätzlich eine Fehlermeldung aus. Die Spezial-Variable $? speichert den Rückgabewert des aufgerufenen Kommandos.

3.1.9 date

Mit `date` setzen Sie Systemzeit und -datum oder lassen sich diese anzeigen. Über Formatstrings passen Sie die Ausgabe Ihren Vorstellungen an.

```
$ date +"%Y-%m-%d"
2011-06-15
$ date +"Heute ist der %d.%m.%Y"
Heute ist der 15.06.2011
```

Eine weitere hilfreiche Funktion von `date` ist die Berechnung von Datumsangaben.

```
$ date --date="+ 1 year" +"%Y-%m-%d"
2011-12-15
$ date --date="2009-12-03 01:46:33 CET + 7 hours"
Do 3. Dez 08:46:33 CET 2009
```

Mit diesen Beispielen sind auch bereits die wichtigsten Parameter genannt:

+"<Format>"
: Das Pluszeichen leitet einen Formatstring ein; zwischen den doppelten Anführungszeichen können beliebige Zeichen stehen, meist sind es aber Vorgaben im Format %<Formatstring>. Besonders häufig sind die Strings %Y (Jahr), %m (Monat) und %d (Tag).

--date
: Über diesen Parameter geben Sie ein Datum vor oder starten eine Datumsberechnung.

3.1.10 mktemp

`mktemp` sichert ein Skript gegen Einflüsse anderer Programme ab. Benötigt man für sein Skript temporär eine Datei oder ein Verzeichnis, sollte man diese nicht selbst erzeugen; zu groß ist die Gefahr, dass vorhandene Daten überschrieben werden oder ein Konflikt zu den Daten anderer Programme entsteht. `mktemp` erzeugt darum eindeutige temporäre Dateien oder Verzeichnisse, deren Pfad(e) es auf `stdout` ausgibt.

```
$ mktemp
/tmp/tmp.JUczvYgKlE
$ ls -ld /tmp/tmp.JUczvYgKlE
-rw------- 1 cme cme 0 15. Dez 11:42 /tmp/tmp.JUczvYgKlE
$ mktemp -d
/tmp/tmp.PoDeqnKDbW
$ ls -ld /tmp/tmp.PoDeqnKDbW
drwx------ 2 cme cme 4096 15. Dez 11:43 /tmp/tmp.PoDeqnKDbW
```

Ohne Parameter aufgerufen, erzeugt `mktemp` eine Datei. Hier noch einige wichtige Parameter:

-d
: erzeugt ein Verzeichnis statt einer Datei.

-p <Verzeichnis>
: Per Default landet die temporäre Datei unter `/tmp`. Mit diesem Parameter geben Sie einen anderen Pfad an.

`<Template>`
: Gibt man am Ende des gesamten Kommandos ein eigenes Template an, wird die temporäre Datei in diesem Format erzeugt. Mit X geben Sie Platzhalter an.

```
$ mktemp -p ~/tmp/ mytempfile.XXXXX
/home/cme/tmp/mytempfile.UzGlo
```

3.1.11 uniq

Mit `uniq` entfernen Sie doppelte Zeilen aus einer sortierten Datei:

```
$ cut -d : -f 7 /etc/passwd | sort | uniq
/bin/bash
/bin/false
/bin/sh
/bin/sync
/usr/sbin/nologin
```

Das Kommando ermittelt, welche Login-Shells in der Datei `/etc/passwd` zugewiesen sind. Zur Wiederholung: Zunächst bestimmt `-d` für cut den Feldtrenner (in `/etc/passwd` ist das der Doppelpunkt); relevant ist das siebte Feld, das die Login-Shell enthält. Danach wird sortiert, und `uniq` entfernt anschließend alle Mehrfacheinträge.

`-c`
: fügt der Anzeige die Anzahl der Vorkommen in der Ausgabe hinzu.

`-d`
: gibt nur die Zeilen aus, die doppelt vorkommen.

Da `uniq` immer eine sortierte Liste erwartet, kann der Aufruf von `uniq` ohne Parameter auch über die entsprechende `sort`-Option erfolgen. Das spart einen geforkten Prozess und somit auch System-Ressourcen:

```
$ cut -d : -f 7 /etc/passwd | sort -u
/bin/bash
/bin/false
/bin/sh
/bin/sync
/usr/sbin/nologin
```

3.1.12 join

`join` führt zwei Dateien anhand eines Feldes zusammen und gibt sie nach `stdout` aus. Um die Arbeitsweise von `join` zu illustrieren, haben wir die beiden Dateien /etc/passwd und /etc/group mit Hilfe von sort anhand der gid sortiert. Die sortierten Dateien wurden im zweiten Schritt über die gid miteinander verknüpft und der username, der groupname und das homedir ausgegeben.

```
$ join -1 4 -2 3 -o 1.1 -o 2.1 -o 1.6 -t : tmp/passwd.sorted \
   tmp/group.sorted
root:root:/root
daemon:daemon:/usr/sbin
bin:bin:/bin
sys:sys:/dev
lp:lp:/var/spool/lpd
mail:mail:/var/mail
news:news:/var/spool/news
uucp:uucp:/var/spool/uucp
cme:cme:/home/cme
nobody:nogroup:/nonexistent
sshd:nogroup:/var/run/sshd
statd:nogroup:/var/lib/nfs
sync:nogroup:/bin
```

Kommen wir anhand des Beispiels zu den wichtigsten Optionen:

-1
: das Verknüpfungsfeld der ersten Eingabedatei.

-2
: das Verknüpfungsfeld der zweiten Eingabedatei.

-o
: definiert ein Ausgabefeld; hier: von der ersten Datei das erste Feld (1.1), von der zweiten Datei das erste Feld (2.1) und von der ersten Datei das sechste Feld (1.6).

-t
: gibt das Trennzeichen zwischen den Ausgabefeldern an.

3.1.13 tee

Wie bereits beschrieben, können Sie stdout in eine Datei umleiten. Was aber, wenn man Ausgaben sowohl auf dem Bildschirm als auch in einer Datei haben möchte? Für diesen Zweck gibt es tee.[2] Das Programm liest von stdin und schreibt in eine Datei sowie nach stdout.

[2] Der Name des Programm leitet sich von „T-Stück" ab, das einen Fluss in zwei Kanäle umleitet.

```
$ dmesg | tail | tee tmp/dmesg.out
[   13.454396] kjournald starting. Commit interval 5 seconds
[   13.454585] EXT3 FS on sda1, internal journal
[   13.454590] EXT3-fs: mounted filesystem with ordered data mode.
[   13.455681] kjournald starting. Commit interval 5 seconds
[   13.455873] EXT3 FS on dm-1, internal journal
[   13.455877] EXT3-fs: mounted filesystem with ordered data mode.
...
[   15.191494] NET: Registered protocol family 10
[   15.191742] lo: Disabled Privacy Extensions
[   25.276273] eth0: no IPv6 routers present
```

Bereits ohne Optionen leistet `tee` gute Dienste; zwei wichtige seien aber dennoch genannt:

`-a`
: hängt die Ausgabe an die genannte Datei an statt sie zuvor zu leeren.

`-i`
: ignoriert Unterbrechungssignale.

3.1.14 awk

Wenn es um die Bearbeitung von strukturierten Textdateien geht, stehen z. B. mit `grep`, `cut` oder `tr` bereits hilfreiche Werkzeuge zur Verfügung. Einen deutlichen Schritt weiter geht `awk`.[3]

Ursprünglich als Erweiterung für `grep` und `sed` (vgl. Abschnitt 3.1.15) gedacht, entwickelte sich `awk` zu einer komplexen Scriptsprache für die Bearbeitung und Verarbeitung von ASCII-Dateien. Mit `awk` lassen sich eigene Skripte schreiben, Sie können es aber auch in Bash-Skripten verwenden. Ein `awk`-Skript erwartet seine Eingaben von `stdin` bzw. von einer Eingabedatei, die als Parameter übergeben wird. Ergebnisse schreibt `awk` auf die Standardausgabe.

Syntax von awk

`awk`-Programme sind meist kurz. Die Syntax orientiert sich an der Programmiersprache C und lautet stets:

```
<Muster> { <Aktion> }
```

`awk` liest die Eingabe zeilenweise ein und teilt jede Zeile in Felder, die gewöhnlich durch Blanks getrennt sind. Andere Trennzeichen können Sie explizit angeben. Die einzelnen Felder lassen sich über Variablen ansprechen:

---

[3] Auf Linux-Systemen ist meist entweder `gawk` – eine Version der Free Software Foundation – oder `mawk` von Mike Brennan zu finden.

$0 steht für die gesamte Zeile, Variablen wie $1...$n referenzieren die einzelnen Felder. Mit diesem Wissen ermitteln Sie bereits beispielsweise alle Prozesse, die dem Benutzer `www-data` gehören:

```
$ ps ax -o "%U  %p  %a" | awk '$1 == "www-data" {print $0}'
www-data    9303  /usr/sbin/apache2 -k start
www-data    9304  /usr/sbin/apache2 -k start
www-data    9305  /usr/sbin/apache2 -k start
www-data    9306  /usr/sbin/apache2 -k start
www-data    9307  /usr/sbin/apache2 -k start
www-data   18038  /usr/sbin/apache2 -k start
```

`<Muster>` oder `<Aktion>` kann weggelassen werden. Verzichten Sie auf `<Aktion>`, ist `print` die Standardaktion. Ohne `<Muster>` matcht jede Zeile:

```
$ ps ax -o "%U  %p  %a" | awk '$1 == "www-data"'
www-data    9303  /usr/sbin/apache2 -k start
www-data    9304  /usr/sbin/apache2 -k start
www-data    9305  /usr/sbin/apache2 -k start
www-data    9306  /usr/sbin/apache2 -k start
www-data    9307  /usr/sbin/apache2 -k start
www-data   18038  /usr/sbin/apache2 -k start
```

Ein weiteres Beispiel:

```
$ ps aux | tail | awk '{print $1 " => " $11}'
www-data => /usr/sbin/apache2
www-data => /usr/sbin/apache2
www-data => /usr/sbin/apache2
www-data => /usr/sbin/apache2
www-data => /usr/sbin/apache2
www-data => /usr/sbin/apache2
www-data => /usr/sbin/apache2
root => sshd:
cme => sshd:
cme => -bash
```

awk-Skripte

In den Beispielen wurde `awk` direkt in der Shell aufgerufen. Es ist auch möglich, `awk`-Programme in einer Skriptdatei abzulegen:

```
#!/usr/bin/awk -f

$1 > 0 {print $1, " mit MwSt: ", $1*1.19}
```

Um das Skript nun zu nutzen, müssen Sie es mit `chmod +x MwSt.awk` ausführbar machen. Danach reicht der folgende Aufruf:

```
$ echo 100 | ./MwSt.awk
100  mit MwSt:  119
```

Anfang- und End-Aktionen

Es ist mit `awk` auch möglich, Aktionen nur einmal – am Anfang oder am Ende des Programms – auszuführen. Hier hilft eine erweiterte Syntax:

```
BEGIN { <Aktion> }
      { }
END   { <Aktion> }
```

So lässt sich beispielsweise die Ausgabe in ein ansehnliches Format bringen. Das folgende Skript sorgt etwa für eine „schönere" Prozesstabelle, indem es der Ausgabe Kopf- und Fußzeile hinzufügt. Im Tabellenkörper erscheinen der Benutzername und das jeweilige Programm.

```
#!/usr/bin/awk -f
BEGIN { printf("%10s => %-10s\n", "Benutzer", "Kommando") }
      {printf ("%10s => %-10s\n", $1, $11) }
END   { printf("------------------------------\n") }
```

Und das Ergebnis:

```
$ ps aux | tail | ./Format_ps.awk
  Benutzer => Kommando
  www-data => /usr/sbin/apache2
  www-data => /usr/sbin/apache2
  www-data => /usr/sbin/apache2
  www-data => /usr/sbin/apache2
  www-data => /usr/sbin/apache2
  www-data => /usr/sbin/apache2
  www-data => /usr/sbin/apache2
      root => sshd:
       cme => sshd:
       cme => -bash
------------------------------
```

Der `printf`-Befehl sorgt für eine formatierte Ausgabe.[4]

Variablen in awk

`awk` kennt zwei Arten von Variablen: zum einen vordifinierte, wie NF (Anzahl der Felder einer Zeile) oder NR (aktuelle Zeilennummer), von denen es eine ganze Reihe gibt (vgl. `man awk`).

Die zweite Gruppe von Variablen sind die „benutzerdefinierten". Die einzige Einschränkung liegt, wie in allen anderen Programmiersprachen, darin, dass keine reservierten Wörter für die Variablen-Definition verwendet werden den.

---

[4] Näheres dazu finden Sie in der Manpage von `printf`.

```
#!/usr/bin/awk -f

   { vsz = vsz + $5 }

END { print "Das System nutzt zur Zeit " vsz " Kilobyte virtuellen
Speicher.\n" }
```

Und der Aufruf des Skripts:

```
$ ps aux | ./vsz.awk
Das System nutz zur Zeit 5497280 Kilobyte virtuellen Speicher.
```

Für jede Eingabezeile weist das Skript der Variablen vsz das Ergebnis der Addition des Wertes von vsz und des fünften Feldes der Eingabezeile zu. Als Eingabe kommt das Kommando ps aux zum Einsatz. Da für die erste Eingabezeile noch kein Wert für vsz existiert, wird für die Addition der Wert 0 angenommen. Sind alle Zeilen bearbeitet, erhält der Benutzer die Summe des gesamten Verbrauchs von virtuellem Speicher.

Rechnen mit awk

Mit awk können Sie auch mathematische Berechnungen durchführen, seien dies Fließkommaberechnungen (MwSt.-Beispiel) oder Ganzzahlberechnungen (Beispiel zu virtuellem Speicher).

3.1.15 sed

Zum Abschluss dieser Liste wichtiger Linux-Tools werfen wir einen Blick auf den „Streaming Editor" sed, der nicht interaktiv arbeitet, sondern über „Editierkommandos". Diese Kommandos werden auf der Kommandozeile über die Option -e angegeben. Wird nur eine Bearbeitung durchgeführt, kann die Option entfallen. Alternativ zur Übergabe der Editierkommandos über die Kommandozeile können Sie diese auch über eine eigene Skriptdatei übergeben.

In solchen Skriptdateien werden die Editierkommandos durch Zeilenumbrüche oder durch ; voneinander getrennt.

```
#!/bin/sed -f

/root/d
/couch/d
/daemon/d
```

Das Beispiel zeigt, wie einfach ein sed-Skript gestaltet ist. Sie können es nun unmittelbar z. B. auf den Output von ps ax anwenden. Hier werden sämtliche Zeilen aus der Ausgabe von ps gelöscht (d), auf die einer der regulären Ausdrücke in den Slashes zutrifft (vgl. zu den regulären Ausdrücken die Beispiele weiter unten in diesem Abschnitt).

```
$ ps ax -o "%U %p %a" | ./remove-root.sed
USER        PID  COMMAND
postfix    3525  bounce -z -t unix -u -c
postfix    3555  cleanup -z -t unix -u -c
postfix    3557  local -t unix
postfix    3575  pickup -l -t fifo -u -c
postfix    3654  trivial-rewrite -n rewrite -t unix -u -c
postfix    3655  local -t unix
postfix    3656  bounce -z -t unix -u -c
cme        3825  sshd: cme@pts/1
cme        3826  -bash
cme        3979  ps aux
www-data   4716  /usr/sbin/apache2 -k start
www-data   4719  /usr/sbin/apache2 -k start
www-data   4723  /usr/sbin/apache2 -k start
```

Jedes Editierkommando besteht aus einem „Adressteil" und einem „Funktionsteil". Mit dem Adressteil wird bestimmt, welche Zeilen der Eingabedaten durch das Kommando bearbeitet werden sollen. Wurde kein Adressteil angegeben, wird jede Eingabezeile bearbeitet. Das Beispiel oben löscht also sämtliche Zeilen aus der Ausgabe von ps, die die Zeichenfolge root, couch oder daemon enthalten.

```
$ ps ax -o "%U %p %a" | tail | sed 'a eine Zeile einfügen'
www-data   4716  /usr/sbin/apache2 -k start
eine Zeile einfügen
www-data   4719  /usr/sbin/apache2 -k start
eine Zeile einfügen
www-data   4723  /usr/sbin/apache2 -k start
eine Zeile einfügen
www-data   4728  /usr/sbin/apache2 -k start
eine Zeile einfügen
www-data  23115  /usr/sbin/apache2 -k start
```

In diesem Beispiel wird über den Funktionsteil a eine Zeile nach stdout geschrieben. Da a ohne Adressteil aufgerufen wird, erscheint der Text eine Zeile einfügen jedes Mal, bevor die nächste Eingabezeile gelesen wird.

sed liest die Eingabedaten zeilenweise in den Arbeitsspeicher, vergleicht jede einzelne mit dem Adressteil und führt bei einer Übereinstimmung den Funktionsteil auf diesen Zeilen aus. Wurden mehrere Kommandos angegeben, werden die Funktionen der Kommandos in der Reihenfolge ihres Auftretens ausgeführt.

Adressiert werden Zeilen entweder über ihre Zeilennummer oder über einen regulären Ausdruck. Neben der genauen Position im Adressteil können Sie auch einen Bereich angeben; Start- und Endposition werden durch ein , voneinander getrennt.

```
$ ps ax -o "%U  %p  %a" | tail | sed '1,3a Zeile 1,2 oder 3'
www-data   4716  /usr/sbin/apache2 -k start
Zeile 1, 2 oder 3
www-data   4719  /usr/sbin/apache2 -k start
Zeile 1, 2 oder 3
www-data   4723  /usr/sbin/apache2 -k start
Zeile 1, 2 oder 3
www-data   4728  /usr/sbin/apache2 -k start
www-data  23115  /usr/sbin/apache2 -k start
www-data  23116  /usr/sbin/apache2 -k start
www-data  30956  /usr/sbin/apache2 -k start
www-data  30961  /usr/sbin/apache2 -k start
```

Wie im Beispiel zuvor wird eine Zeile mit dem Text Zeile 1, 2 oder 3 vor dem Einlesen der nächsten Eingabezeile nach stdout geschrieben. Hier wird der Funktionsteil aber nur auf die ersten drei Zeilen (1,3) angewendet.

Das $-Zeichen steht im Adressteil für die letzte Zeile. Wird die Endadresse als regulärer Ausdruck angegeben, ist der Ort des ersten Auftretens das Bereichsende.

```
$ ps ax -o "%U  %p  %a" | tail | sed '6,$d'
www-data   4716  /usr/sbin/apache2 -k start
www-data   4719  /usr/sbin/apache2 -k start
www-data   4723  /usr/sbin/apache2 -k start
www-data   4728  /usr/sbin/apache2 -k start
www-data  23115  /usr/sbin/apache2 -k start
```

tail gibt ohne Angabe einer Option die zehn letzten Zeilen einer Eingabedatei aus. In diesem Beispiel wurden von der Ausgabe von tail alle Zeilen von Zeile 5 bis zum Ende der Eingabe gelöscht.

Auch über reguläre Ausdrücke können Sie in sed adressieren. Um reguläre Ausdrücke als Adressfeld zu nutzen, muss das Muster in / (Slashes) eingeschlossen sein.[5]

Zeilen mit sed löschen

Auch im folgenden Beispiel löscht sed (über den Schalter d) alle Zeilen aus der Ausgabe von ps, die root enthalten. Hier wird auch deutlich, dass es sich bei den Zeichen zwischen den Slashes um einen regulären Ausdruck handelt (der Punkt steht für genau ein beliebiges Zeichen):

```
$ ps ax -o "%U  %p  %a" | sed -e '/ro.t/d'
postfix   3663  local -t unix
postfix   4071  cleanup -z -t unix -u -c
```

---

[5] In den folgenden Beispielen werden ausschließlich einfache reguläre Ausdrücke verwendet; diese sollten die Funktionsweise von regulären Ausdrücken in sed ausreichend illustrieren. Näheres zu regulären Ausdrücken folgt in Abschnitt 3.2.

```
postfix    4075   pickup -l -t fifo -u -c
postfix    4434   bounce -z -t unix -u -c
postfix    4589   trivial-rewrite -n rewrite -t unix -u -c
postfix    4590   local -t unix
postfix    4591   bounce -z -t unix -u -c
cme        4878   ps ax
www-data  13915   /usr/sbin/apache2 -k start
www-data  13919   /usr/sbin/apache2 -k start
www-data  13922   /usr/sbin/apache2 -k start
www-data  13925   /usr/sbin/apache2 -k start
www-data  28230   /usr/sbin/apache2 -k start
www-data  28271   /usr/sbin/apache2 -k start
www-data  30112   /usr/sbin/apache2 -k start
www-data  30113   /usr/sbin/apache2 -k start
cme       32760   sshd: cme@pts/0
cme       32761   -bash
```

Auch mit regulären Ausdrücken können Sie Bereiche angeben:

```
$ ps ax -o "%U %p %a" | sed '/root/,/postfix/d'
USER       PID  COMMAND
postfix    1971  qmgr -l -t fifo -u
daemon     1974  /usr/sbin/atd
postfix   19087  pickup -l -t fifo -u -c
postfix   19260  cleanup -z -t unix -u -c
postfix   19261  bounce -z -t unix -u -c
postfix   19346  bounce -z -t unix -u -c
postfix   19528  trivial-rewrite -n rewrite -t unix -u -c
cme       19834  ps ax
```

Zwei reguläre Ausdrücke in Slashes werden durch , voneinander getrennt. Das Beispiel löscht alle Teile aus der Anzeige von `ps ax`, die von `root` und `postfix` begrenzt werden. Bei regulären Ausdrücken als Begrenzer ist es wichtig zu wissen, dass die Grenzen ebenfalls gelöscht werden.

Der Einsatz von regulären Ausdrücken zur Adressierung in `sed` bestimmt den Alltag in der Administration und bei der Programmierung von Bash-Skripten. Eine ergänzende Möglichkeit ist der Einsatz von „Extended Regular Expressions" (ERE).[6] Um diese mit `sed` zu nutzen, müssen Sie die Option `-r` oder `--regexp-extended` verwenden.

Ersetzungen mit sed

`sed` kann aber mehr als nur Zeilen löschen oder hinzufügen. Ein viel genutztes Feature von `sed` ist das Ersetzen von Textteilen. Betrachten wir dazu nochmals das Beispielskript von Seite 37.

---

[6] Bei POSIX-RegEx unterscheidet man zwei Gruppen: „Basic Regular Expressions" (BRE) und „Extended Regular Expressions" (ERE), die wir in Abschnitt 3.2 näher betrachten.

```
$ ps aux | tail | ./Format_ps.awk | sed -e 's/www-data/Webserver/' -e \
 's/root/Sysop/' -e 's/cme/Chris/'
 Benutzer => Kommando
 Webserver => /usr/sbin/apache2
 Webserver => /usr/sbin/apache2
 Webserver => /usr/sbin/apache2
 Webserver => /usr/sbin/apache2
 Webserver => /usr/sbin/apache2
 Webserver => /usr/sbin/apache2
 Webserver => /usr/sbin/apache2
     Sysop => sshd:
     Chris => sshd:
     Chris => -bash
```

Hier gibt es genau drei Editierkommandos. Bei allen handelt es sich um sogenannte *Substitutions*. Diese werden durch den Schlüssel s eingeleitet, gefolgt von dem gesuchten Wert. Abschließend folgt der Wert, der den Such-String ersetzt. Daraus ergibt sich folgende allgemeine Syntax für Ersetzungen mit sed:

```
s/<Suchmuster>/<Ersetzung>/[<Modus>]
```

In diesem Format wird sed genau eine Ersetzung pro Zeile durchführen, um dann mit der nächsten Zeile fortzufahren. Mit <Modus> können Sie dieses Verhalten beeinflussen.

n
: Mit der Angabe einer Zahl zwischen 1 und 512 wird genau das n-te Auftreten ersetzt.

    ```
    $ echo foo foo foo | sed -e 's/foo/bar/2'
    foo bar foo
    ```

g
: Alle Vorkommen des Suchmusters werden ersetzt.

p
: Die Ausgabe erfolgt nach der ersten Ersetzung. Bei mehreren Editierkommandos werden diese nochmals auf die geänderte Zeile ausgeführt.

    ```
    $ echo foo bar baz | sed -e 's/foo/bla/p' -e 's/bar/fasel/p' \
      -e 's/baz/boe/p'
    bla bar baz
    bla fasel baz
    bla fasel boe
    bla fasel boe
    ```

    Bei dem letzten Kommando können Sie auf das p verzichten, da nach der Abarbeitung aller Editierkommandos ohnehin die Ausgabe auf stdout erfolgt.

Backreferences

Ein weiteres oft genutztes Feature von sed sind *Backreferences* (Backref). Hier speichert sed bei einer Suche über reguläre Ausdrücke Teile, auf die dann über eine Referenz im Ersetzungsteil zugegriffen wird.

```
$ echo "1 + 2" | sed 's/\(1\) + \(2\)/\1 + \2 entspricht \2 + \1/g'
1 + 2 entspricht 2 + 1
```

Im Suchstring werden die Bereiche, die für eine spätere Nutzung gespeichert werden sollen, in () eingeschlossen. Um die Sonderfunktion der runden Klammern zu aktivieren, müssen diese per Backslash escapet werden.[7]

Im Ersetzungsteil greift man nun über die Backrefs zu, indem man über \<N> die gespeicherte Referenz abruft. Backrefs werden der Reihe nach durchnummeriert, beginnend mit eins. Somit steht \1 für die erste Backref und \<N> für die N-te.

```
$ echo "1, 2, 3, 4, 5, 6, 7, 8, 9, 10" | \
  sed -r 's/(1), (2), (3), (4), (5), \
  (6), (7), (8), (9), (10)/\10, \9, \8 .../g'
10, 9, 8 ...
```

Im Ersetzungsteil können Sie problemlos auf Backrefs größer neun zugreifen. Im Beispiel wurden bereits EREs verwendet.

3.2 Reguläre Ausdrücke

In den vorangegangenen Abschnitten war bereits von *Mustern* die Rede; dies können einzelne Zeichen, Wörter oder auch *reguläre Ausdrücke* sein. Reguläre Ausdrücke sind Zeichenketten, die bestimmte Mengen oder Untermengen von Zeichenketten beschreiben. Sie folgen syntaktischen Regeln, deren Grundlagen wir uns hier etwas genauer ansehen. Im Verlauf dieses Buches werden wir uns der regulären Ausdrücke immer häufiger bedienen und auch zunehmend komplexe Beispiele kennenlernen.

Für Einsteiger verwirrend, aber unbedingt zu berücksichtigen ist, dass es verschiedene Typen von regulären Ausdrücken gibt, die sich nicht nur in der Funktionalität, sondern auch in der Syntax unterscheiden. Wir widmen uns hier den *einfachen regulären Ausdrücken* (*Basic Regular Expressions*, (B)RE), den erweiterten regulären Ausdrücken (*Extended Regular Expressions*, ERE) und den *Perl-kompatiblen regulären Ausdrücken* (*Perl Compatible Regular Expressions*, PCRE). Auf deren Besonderheiten und Einsatzgebiete gehen wir im Rahmen der Beispiele näher ein.

. steht für ein beliebiges Zeichen.

---

[7] In ERE verändert sich dieses Verhalten.

^
: steht für den Anfang einer Zeile.

$
: steht für das Ende einer Zeile.

\
: hebt die Sonderbedeutung des folgenden Zeichens auf (Escape-Sequenz).

RegEx stellen zudem einige Sonderzeichen für Wiederholungen bereit:

?
: Das vorangehende Zeichen kommt genau einmal oder gar nicht im String vor.

+
: Das gesuchte Zeichen kommt mindestens einmal im String vor.

*
: Das gesuchte Zeichen kommt nicht oder beliebig oft im String vor.

{m,n}
: Das vorangegangene Zeichen wird mindestens m- bis maximal n-mal wiederholt.

```
$ echo "Der Platzhalter wurde c" | sed -r 's/a?$/ersetzt/'
Der Platzhalter wurde cersetzt
```

Unmittelbar am Zeilenende ($) wird nach einem oder keinem (?) Vorkommen von a gesucht. Das Muster trifft zu – denn das letzte Zeichen ist ein c – also wird die Ersetzung durchgeführt und ersetzt eingefügt.

```
$ echo "Der Platzhalter wurde aa" | sed -r 's/a+$/ersetzt/'
Der Platzhalter wurde ersetzt
```

Hier wird nach mindestens einem (+) Vorkommen von a am Zeilenende gesucht. Das Muster trifft auf aa, so dass der gesamte String ersetzt wird.

```
$ echo "Der Platzhalter wurde aca" | sed -r 's/a+$/ersetzt/'
Der Platzhalter wurde acersetzt
```

Wieder wird nach einem oder beliebig vielen Vorkommen von a am Zeilenende gesucht. Der Suchstring „matcht" aber nur das letzte und ersetzt es.

```
$ echo "Der Platzhalter wurde aac" | sed -r 's/a*$/ersetzt/'
Der Platzhalter wurde aacersetzt
```

Das letzte Beispiel zeigt die Wirkung von *. Das Suchmuster passt auf alle Strings, die am Zeilenende kein (wie hier) oder beliebig viele a haben. Aus diesem Grund wird `ersetzt` an das Zeilenende gesetzt.

Es lassen sich nicht nur einzelnen Zeichen, sondern ganze Zeichenklassen repräsentieren, und auch die Gruppierung mehrerer RegEx ist möglich.

`[...]`
: die eckigen Klammern fassen Zeichen zu einer Klasse zusammen. Ein ^ in einer Klasse negiert diese.

`[a-z]`
: alle Kleinbuchstaben.

`[A-Z]`
: alle Großbuchstaben.

`[a-zA-Z]`
: alle Klein- und alle Großbuchstaben.

`[0-9]`
: alle Ziffern.

`(<A>|<B>)`
: gruppiert die beiden RegEx `<A>` und `<B>` und verbindet diese mit einem logischen Oder.

Mit diesem Wissen können Sie bereits sehr umfangreiche RegEx erstellen. Die nachfolgenden Beispiele sollen Ihnen die Arbeitsweise illustrieren:

`^Guten Tag`

Hier wird „Guten Tag, Herr Meissner" gefunden, aber nicht „Schönen guten Tag!" gefunden.

`B.s.`

Diese RegEx matcht z. B. Wörter wie `Bash`, `Bast`, aber nicht `Busch`.

`(25[0-5]|2[0-4][0-9]|[01]?[0-9][0-9]?)`

Die RegEx matcht genau ein Oktett einer IP-Adresse, bei der Werte zwischen 0 und 255 gültig sind. Zunächst ist der gesamte Ausdruck durch () gruppiert; er umfasst drei Ausdrücke, die mit einem logischen Oder verknüpft sind. Die einzelnen Ausdrücke setzen sich endweder aus Strings in Kombination mit Zeichenklassen oder aber mit Zeichenklassen unter Angabe der möglichen Wiederholungen zusammen.

`[abc]`
`[^abc]`

Abschließend noch ein Blick auf die Negierung von Zeichenklassen: Der Ausdruck in der ersten Zeile matcht in einem String `abcdef` genau die ersten drei Zeichen. Der zweite Ausdruck findet hingegen nur die letzten drei Zeichen.

Erweiterte reguläre Ausdrücke

Wir haben in Abschnitt 3.1.15 bereits erweiterte reguläre Ausdrücke (ERE) erwähnt. POSIX-RegEx kennen einfache und erweiterte reguläre Ausdrücke, die sich in der Anwendung deutlich unterscheiden. Einige Tools, wie z. B. `sed` oder `egrep`, unterstützen ERE und erleichtern in bestimmten Kontexten die Arbeit deutlich.

Betrachten wir als Beispiel für erweiterte reguläre Ausdrücke eine E-Mail, wie sie z. B. unter `/var/mail/cme` gespeichert ist:

```
From cme@example.com  Tue Dec 21 16:04:05 2010
Return-Path: <cme@example.com>
X-Original-To: cme@example.com
Delivered-To: cme@example.com
Received: by mail.example.com (Postfix, from userid 1000)
        id 969972017; Tue, 21 Dec 2010 16:04:05 +0100 (CET)
To: cme@example.com
Subject: Testmail
Message-Id: <20101221150405.969972017@example.com>
Date: Tue, 21 Dec 2010 16:04:05 +0100 (CET)
From: cme@example.com
Status: O
```

Nun möchten wir mit RegEx einen Absender finden, der uns eine Mail mit dem Betreff `Testmail` geschrieben hat. Wir suchen also nach Zeilen, die mit dem String `Subject: Testmail` beginnen, *und* solchen, die mit `From:` beginnen.

Mit ERE verwenden wir folgende Kommandozeile, bei der wir per Klammer und Pipe die beiden Such-Strings miteinander verknüpfen:

```
$ egrep '^(From:|Subject: Testmail)' /var/mail/cme
Subject: Testmail
From: cme@example.com
```

Dieselbe Suche sähe mit einfachen regulären Ausdrücken wie folgt aus:

```
$ egrep '^[FS][ru][ob][mj]e?c?t?: T?e?s?t?m?a?i?l?' /var/mail/cme
Subject: Testmail
From: cme@example.com
```

Hier können wir nur jeweils zwei alternative Zeichen in einer Klasse (eckige Klammern) zusammenfassen, was das Muster sehr unübersichtlich macht. Hinzu kommt, dass wir Zeichen, die in einer der beiden Zeilen auch *nicht* vorkommen können, mit einem nachgestellten ? kennzeichnen müssen.

Ein weiterer Nachteil dieses Vorgehens liegt in der Ambivalenz des Ausdrucks, denn auch Zeilen, die beispielsweise mit `Fubmet:` beginnen, wären Treffer.

Darüber hinaus eignen sich erweiterte reguläre Ausdrücke sehr gut für `sed` beim Einsatz von Backrefs:

```
$ echo "Sie heißen Meißner Christian" | sed \
  's/^.*\(Meißner\).*\(Christian\)/Mein Name \
  ist \2 \1/'
Mein Name ist Christian Meißner
$ echo "Sie heißen Meißner Christian" | sed \
  -r 's/^.*(Meißner).*(Christian)/Mein Name \
  ist \2 \1/'
Mein Name ist Christian Meißner
```

Im ersten `sed`-Aufruf wird auf erweiterte reguläre Ausdrücke verzichtet. Aufgrund der vielen Baskslashes ist die Eingabe des Suchstrings sehr fehleranfällig. Im zweiten Kommando ist `sed` mit der Option `-r` auf ERE eingestellt – entsprechend übersichtlicher ist der Suchstring.

Neben den Vorteilen seien aber auch die Nachteile von ERE erwähnt. Erweiterte reguläre Ausdrücke kennen den {m,n}-Operator nicht. Hier bleibt nur der Ausweg über die Operatoren + oder ?.

```
$ echo "aaa" | sed -r '/a\{1,5\}/a Treffer'
aaa
$ echo "aaa" | sed '/a\{1,5\}/a Treffer'
aaa
Treffer
$ echo "aaa" | sed -r '/a+/a Treffer'
aaa
Treffer
```

Das Fehlen des {m,n}-Operators macht den Einsatz erweiterten RegEx in vielen Fällen sogar unmöglich.

Perl-kompatible reguläre Ausdrücke

Um den Reigen der RegEx zu vervollständigen, seien hier auch die Perl-kompatiblen regulären Ausdrücke (PCRE) kurz vorgestellt. Sie werden von vielen Skriptsprachen, wie z. B. Perl oder PHP, unterstützt. Leider stehen sie nicht für `sed`, `grep` und Co. zur Verfügung.[8]

PCRE bieten einige sinnvolle Unterschiede zu POSIX-BRE und -ERE. So lassen sich die dort aufwendig zu schreibenden POSIX-Klassen (siehe Seite 50) durch einfache Operatoren wie \d (für numerische Zeichen) oder \w (für

---

[8] Der Autor verwendet PCRE gerne in Verbindung mit Perl auf der Kommandozeile. Da Perl aber nicht auf allen Systemen installiert sein muss, sollte man sich nicht immer auf den Einsatz von Perl verlassen.

Wortzeichen) angeben. Durch Angabe von Groß- statt Kleinbuchstaben in den Steuersequenzen kann man die Zeichenklasse negieren (z. B. \D (keine numerischen Zeichen).

```
$ echo a1b2c3d | perl -p -e 's/\d/ | hier standen Zahlen | \n/g'
a | hier standen Zahlen |
b | hier standen Zahlen |
c | hier standen Zahlen |
d
$ echo a1b2c3d | perl -p -e 's/\D/ | hier standen keine Zahlen | \n/g'
 | hier standen keine Zahlen |
1 | hier standen keine Zahlen |
2 | hier standen keine Zahlen |
3 | hier standen keine Zahlen |
 | hier standen keine Zahlen |
```

Ein weiterer Unterschied zwischen PCRE und POSIX-RegEx liegt in der sogenannten „Gierigkeit".[9] Per Default ist ein Muster in PCRE immer gierig, d. h. es matcht auf so viele Vorkommen wie möglich. Doch dieses Verhalten kann man beeinflussen. Betrachten wir den Einsatz der Operatoren * und *?.

```
$ echo mir ist sehr sehr kalt | perl -p -e 's/se.*r //'
mir ist kalt
$ echo mir ist sehr sehr kalt | perl -p -e 's/se.*?r //'
mir ist sehr kalt
```

In beiden Aufrufen wird ein String gesucht, der mit se beginnt, gefolgt von beliebigen Zeichen in beliebiger Häufigkeit, und der mit einem r und einem Leerzeichen beendet wird.

Der Unterschied in beiden Aufrufen liegt darin, dass der erste versucht, so viele Treffer wie möglich zu matchen, wodurch beide Vorkommen des Wortes sehr gelöscht werden.

Im zweiten Aufruf wird der *-Operator durch ein nachgestelltes ? angewiesen, einmal oder keinmal zu matchen. Aus diesem Grunde wird nur das erste sehr gefunden und entfernt.

Die Gierigkeit kann auf diese Weise für die Operatoren ?, *, + und {m,n} genutzt bzw. beeinflusst werden.

3.3 Mustererkennung

Mit dem *Pattern Matching*, also der *Mustererkennung*, bietet die Bash ein weiteres Feature, das ihre Flexibiliät begründet.[10] Gerade Bash-Neulinge

---

[9] In der Perl-Literatur spricht man auch von „greediness".
[10] Man findet in der Literatur (nicht aber in der Manpage der Bash) in diesem Zusammenhang auch häufig den Begriff *Globbing*, z. B. in Perl bei der Pfadnamen-Expansion.

verwechseln häufig reguläre Ausrücke mit der Mustererkennung, aber es gibt einen entscheidenden Unterschied: Die Mustererkennung erfolgt bei der Bash im Zuge der Kommandozeilen-Expansionen[11], während reguläre Ausdrücke von einigen der oben vorgestellten Tools implementiert und angewendet werden. RegEx nutzt die Bash lediglich in Bedingungen.

Mustererkennung in der Pfadnamen-Expansion folgt einer sehr einfachen Syntax, die aber eben häufig mit der regulärer Ausdrücke gleichgesetzt bzw. verwechselt wird. Beachten Sie daher, dass etwa der * oder der . in der Mustererkennung eine ganz andere Bedeutung hat als bei regulären Ausdrücken!

So matcht foo.* bei der Mustererkennung auf beispielsweise fooabar oder foo. und weitere. In regulären Ausdrücken wären nur foo, gefolgt von einem, keinem oder beliebig vielen Vorkommen bzw. einem weiteren beliebigen Zeichen, Treffer.

Die folgenden Listings zeigen nun die Verwendung und Funktionsweise der Mustererkennung.

*
    kein oder beliebig viele Zeichen

?
    genau ein beliebiges Zeichen

[abc]
    ein Zeichen, das in der Klammer steht

[a-z]
    ein beliebiges Zeichen aus dem angegebenen Bereich

[!ab]
    beliebige Zeichen außer den innerhalb der Klammern folgenden

Das folgende Beispiel zeigt im Verzeichnis /lib/security alle PAM-Module, die mit einen Buchstaben von a bis d beginnen:

```
$ ls -ld /lib/security/pam_[a-d]*
-rw-r--r-- 1 root root 15136 24. Mär 2009 /lib/security/pam_access.so
-rw-r--r-- 1 root root  7000 24. Mär 2009 /lib/security/pam_debug.so
-rw-r--r-- 1 root root  4136 24. Mär 2009 /lib/security/pam_deny.so
```

---

[11] Die Shell expandiert eine Reihe von Ausdrücken, bevor die übergebene Kommandozeile ausgeführt wird. Wir werden im Laufe des Buches immer wieder auf Expansionen eingehen.

Um Muster wie in regulären Ausdrücken zu gruppieren, haben auch Patterns eine eigene Systax. Hier werden die einzelnen Muster durch ein | verbunden.[12]

`?(<Muster>)`
:   ein oder kein Vorkommen von `<Muster>`

`*(<Muster>)`
:   beliebig viele Vorkommen von `<Muster>`

`+(<Muster>)`
:   ein oder mehrere Vorkommen von `<Muster>`

`@(<Muster>)`
:   genau ein Vorkommen von `<Muster>`

`!(<Muster>)`
:   führt immer zu einem Treffer, es sei denn, ein `<Muster>` wird erkannt

```
$ shopt -s extglob
$ ls -ld /+(u??|var)/
drwxr-xr-x 11 root root 4096 18. Okt 11:03 /usr/
drwxr-xr-x 15 root root 4096 20. Okt 16:57 /var/
$ ls -ld /+(u??|var)/?(share|log)
drwxr-xr-x 101 root root 4096  9. Nov 10:48 /usr/share
drwxr-xr-x   9 root root 4096 15. Dez 06:25 /var/log
$ shopt -u extglob
```

Im ersten Beispiel werden alle Verzeichnisse angezeigt, die entweder mit u beginnen und mit zwei beliebigen Zeichen enden, sowie eines mit Namen var. Das zweite Beispiel zeigt Verzeichnisse an, die ein oder kein share oder log im Pfad haben.

3.3.1 POSIX-Klassen

Nach regulären Ausdrücken und der Mustererkennung zum Abschluss der notwendigen Vorbereitungen noch ein Blick auf die POSIX-Klassen, von denen ja bereits die Rede war.

Sowohl RegEx als auch Pattern Matching unterstützen Zeichenklassen. Mit den POSIX-Klassen sind einige Zeichenklassen bereits vordefiniert, die folgenden Aufbau haben:

`[:<Schlüsselwort>:]`

---

[12] Um dieses Feature nutzen zu können, muss die Shell-Option `extglob` aktiviert sein. Shell-Optionen sind Thema von Kapitel 10.2 – dort finden Sie auch Weiteres zu `shopt`, das wir hier nicht näher erklären.

Hier einige häufig genutzte POSIX-Klassen:[13]

`[:alnum:]`
    alle alphanumerischen Zeichen

`[:alpha:]`
    alle Buchstaben in Groß- und Kleinschreibung

`[:digit:]`
    alle Ziffern

`[:blank:]`
    Leerzeichen und Tabulatoren

```
$ ls -ld [[:alpha:]]?[rza]
drwxr-xr-x 2 cme cme 4096  9. Dez 12:01 bar
-rw-r--r-- 1 cme cme  305 14. Dez 10:57 bla
```

In diesem Beispiel kommt die POSIX-Klasse für alle Groß- und Kleinbuchstaben zum Einsatz, um Dateien und Verzeichnisse zu finden, die mit einem Buchstaben beginnen, ein beliebiges zweites Zeichen haben und ein drittes Zeichen, das entweder ein r, z oder a ist.

Nutzen Sie POSIX-Klassen in Pattern Matchings, müssen diese nochmals in eckigen Klammern stehen. Warum das so ist, erklärt sich aus der Art und Weise, wie die Bash diese Zeile evaluiert: Zunächst wertet sie die POSIX-Klasse aus, und danach stehen folglich a-zA-Z in der eckigen Klammer. Demzufolge entspricht das oben gezeigte Kommando dem folgenden und führt zu dem gleichen Ergebnis.

```
$ ls -ld [a-zA-Z]?[rza]
drwxr-xr-x 2 cme cme 4096  9. Dez 12:01 bar
-rw-r--r-- 1 cme cme  305 14. Dez 10:57 bla
```

Das nächste Beispiel sucht nach Dateien und Verzeichnissen, die im Pfad `bar/` liegen und aus genau einer Ziffer bestehen.

```
$ ls -ld bar/[[:digit:]]
-rw-r--r-- 1 cme cme 0  9. Dez 12:02 bar/1
-rw-r--r-- 1 cme cme 0  9. Dez 12:02 bar/2
```

Suchen Sie Dateien, deren Name ausschließlich aus Ziffern, und zwar aus einer oder mehreren, besteht, so hilft folgendes Zeile:

```
$ shopt -s extglob
$ ls -ld bar/+([[:digit:]])
-rw-r--r-- 1 cme cme 0  9. Dez 12:02 bar/1
-rw-r--r-- 1 cme cme 0 20. Dez 20:27 bar/10
-rw-r--r-- 1 cme cme 0  9. Dez 12:02 bar/2
$ shopt -u extglob
```

---

[13] Für einen vollständigen Überblick sei **man regex** empfohlen.

4 Kapitel

Vom Einzeiler zum Skript

Da nun die Grundlagen gelegt oder auch aufgefrischt wurden, kann es mit der Arbeit auf der Bash losgehen. Es wird darum gehen, wie bestimmte Ausdrücke von der Bash interpretiert werden und wie deren geschickter Einsatz die tägliche Arbeit erleichtert. Bei dieser Gelegenheit kommen wir auch wieder auf das Thema Expansion zurück, das wir bereits im Abschnitt 3.3 angesprochen haben.

4.1 Klammerausdrücke

Klammerausdrücke oder *Brace Expansions* helfen bei der Definition beliebiger Zeichenketten. Sie werden mit geschweiften Klammern erzeugt, innerhalb derer eine kommaseparierte Liste von Strings oder eine Sequenz steht. Was vor und nach dem Klammerausdruck steht, wird nacheinander um die kommaseparierten Teile innerhalb des Ausdrucks erweitert. Es gilt also folgende Syntax:

```
X{n,...,m}Y
```

wird expandiert zu:

```
XnY X...Y XmY
```

Und gleich ein Beispiel:

```
$ ls -la /dev/{h,s}d{a,b,c}
ls: Zugriff auf /dev/hdb nicht möglich: Datei oder Verzeichnis nicht
gefunden
ls: Zugriff auf /dev/hdc nicht möglich: Datei oder Verzeichnis nicht
gefunden
ls: Zugriff auf /dev/sdb nicht möglich: Datei oder Verzeichnis nicht
gefunden
ls: Zugriff auf /dev/sdc nicht möglich: Datei oder Verzeichnis nicht
gefunden
brw-rw---- 1 root cdrom 3, 0 25. Nov 16:46 /dev/hda
brw-rw---- 1 root disk  8, 0 25. Nov 16:46 /dev/sda
```

Das kleine Beispiel macht deutlich, was Klammerausdrücke zu leisten in der Lage sind. Hier ist es ein Listing auf alle bekannten Festplattendevices, und zwar für jede Art von `hdX` oder `sdX`, in einem einzigen `ls`-Kommando.

Auch die `libX`-Verzeichnisse eines Debian-Mirrors können Sie auf diese Weise mit nur einer Kommandozeile erstellen.[1]

```
$ mkdir lib{{a..d},{0..4}}
$ ls -la
insgesamt 44
drwxr-xr-x 11 cme cme 4096 16. Dez 17:12 .
drwxr-xr-x  6 cme cme 4096 16. Dez 17:09 ..
drwxr-xr-x  2 cme cme 4096 16. Dez 17:12 lib0
drwxr-xr-x  2 cme cme 4096 16. Dez 17:12 lib1
drwxr-xr-x  2 cme cme 4096 16. Dez 17:12 lib2
drwxr-xr-x  2 cme cme 4096 16. Dez 17:12 lib3
drwxr-xr-x  2 cme cme 4096 16. Dez 17:12 lib4
drwxr-xr-x  2 cme cme 4096 16. Dez 17:12 liba
drwxr-xr-x  2 cme cme 4096 16. Dez 17:12 libb
drwxr-xr-x  2 cme cme 4096 16. Dez 17:12 libc
drwxr-xr-x  2 cme cme 4096 16. Dez 17:12 libd
```

Das Beispiel wurde zur besseren Übersicht gekürzt, denn ein Debian-Mirror hat üblicherweise `lib`-Verzeichnisse von `a-z` und von `0-9`. Sie sehen hier auch, wie man Sequenzen schachtelt.

Brace Expansion findet *vor* jeder anderen Expansion statt und ist strikt textorientiert, d. h. Sonderzeichen bleiben in einem Klammerausdruck von der Expansion unberührt und behalten in weiteren Expansions ihre Sonderfunktion.

---

[1] Natürlich wäre das auch mit einer `for`-Schleife zu erledigen, die wir uns aber erst später anschauen werden.

```
$ ls -ld /usr/{bin/,sbin/,local/{bin,s*}}
drwxr-xr-x 2 root root  20480  2. Dez 14:26 /usr/bin/
drwxrwsr-x 2 root staff  4096 15. Okt 18:31 /usr/local/bin
drwxrwsr-x 2 root staff  4096 15. Okt 18:31 /usr/local/sbin
drwxrwsr-x 4 root staff  4096 20. Okt 14:07 /usr/local/share
drwxrwsr-x 2 root staff  4096 15. Okt 18:31 /usr/local/src
drwxr-xr-x 2 root root   4096  9. Nov 10:48 /usr/sbin/
```

`/usr/local/s*` enthält ein Pattern, das anschließend in einer nächsten Expansionsrunde, der *Pathname Expansion*, erfasst wird.

Die Ausgabe des `ls`-Kommandos erfolgt alphabetisch, nicht aufgrund der Reihenfolge der Pfade, sondern aufgrund der Sortierung durch das Kommando `ls`.

Bei einem durch Klammerausdruck erzeugten String bleibt die Reihenfolge des Musters erhalten. `echo a{rn,ls,b}o` expandiert genau zu `echo arno als abo`.

In Klammerausdrücken ist bei der Verwendung bestimmter Zeichen Folgendes zu beachten:

{ bzw. }

Soll eine geschweifte Klammer innerhalb des Klammerausdrucks stehen, ist diese mit einem \ von ihrer Sonderfunktion zu befreien (escapen).

```
$ echo X{\{a,\|,b\}}Y
X{aY X|Y Xb}Y
```

Gehen wir noch einen Schritt weiter und escapen die inneren Klammern *nicht*:

```
$ echo X{{a,\|,b}}Y
X{a}Y X{|}Y X{b}Y
```

Was passiert? Zunächst haben wir es mit einer Schachtelung zu tun, d. h. ein geschweiftes Klammerpaar steht innerhalb eines anderen. Das innere enthält eine kommaseparierte Liste, wird also expandiert zu: a | b

Das äußere Klammerpaar, das ja keine Liste enthält und darum auch nicht expandiert wird, ist damit lediglich Teil eines Strings und wird von `echo` auch so behandelt bzw. ausgegeben: `X{` steht unmittelbar vor, `Y}` unmittelbar nach dem Klammerausdruck.

,

Auch ein Komma muss durch vorangestellten \ escapet werden.

${
: Um Konflikte mit der späteren Parameter-Expansion zu vermeiden, kann dieser String nicht in einem Klammerausdruck stehen. Wird er dennoch geschrieben, kommt es zu einer Fehlermeldung.

```
$ echo a{b,\,,c}
ab a, ac
$ echo a{${,b}
-bash: a{${,b}: bad substitution
```

4.2 Quotes

Mit Quotes beeinflussen Sie Evaluationen der Bash. Die Bash kennt drei Arten von Quotes:

\
: Der Backslash dient als „Entwertungszeichen". Wollen Sie ein Zeichen ausgeben, das für die Bash eine Sonderbedeutung hat, stellen Sie ein \ zur Aufhebung dieser Sonderbedeutung unmittelbar voran.

'...'
: Für Zeichenketten in Single Quotes wird keine Expansion durchgeführt. Ein Single Quote darf nicht innerhalb von Single Quotes stehen.

"..."
: Alle Zeichen eines in Double Quotes eingeschlossenen Strings behalten ihren Wert. Ausnahmen sind $, `, \ und unter bestimmten Bedingungen auch !.

echo haben wir zur Ausgabe auf der Bash bereits kennengelernt. Betrachten wir folgendes Beispiel:

```
$ echo eins    zwei    drei
eins zwei drei
```

Die Bash interpretiert eins, zwei und drei als Parameter, die durch mindestens ein Leerzeichen voneinander getrennt sein müssen. Mehrere Leerzeichen in Folge werden auf genau eines reduziert. Um nun die Zeichenkette wie in der Kommandozeile auszugeben, benötigt man Quotes:

```
$ echo eins \ \ \ zwei \ \ \ drei
eins    zwei    drei
```

Das Entwerten jeder Leerstelle mit einem \ ist möglich, aber auch fehleranfällig. Besser ist hier ein anderes Verfahren:

```
$ echo 'eins    zwei    drei'
eins    zwei    drei
```

Mit Single Quotes gestaltet sich das Beispiel bereits deutlich übersichtlicher.

```
$ echo 'Das letzte Kommando hatte den Rückgabewert: $?.'
Das letzte Kommando hatte den Rückgabewert: $?.
```

Nun haben Single Quotes aber die Folge, dass *alle* Sonderzeichen nicht mehr von der Bash interpretiert werden. Hier helfen Schachtelungen:

```
$ echo 'Das letzte Kommando hatte den Rückgabewert:' $?'.'
Das letzte Kommando hatte den Rückgabewert: 0.
```

Da auch Komplexität und somit Fehleranfälligkeit bei der Eingabe des Kommandos zunehmen, bieten sich in solchen Fällen Double Quotes an:

```
$ echo "Das letzte Kommando hatte den Rückgabewert: $?."
Das letzte Kommando hatte den Rückgabewert: 0.
```

Innerhalb von Double Quotes behalten alle Metazeichen ihre Sonderbedeutung, und auch Kommandoersetzungen sind möglich. Möchte man Metazeichen ausgeben, sind diese zu escapen:

```
$ echo "Der Wert von \$? ist $?."
Der Wert von $? ist 0.
```

4.3 Shellskripte vs. Batchdateien

Bislang haben wir sämtliche Beispiele – mit Ausnahme der `awk`-Skripte – direkt auf der Bash ausgeführt. Nun ist aber ein Feature einer modernen Shell, Kommandos über Skriptdateien auszuführen.

Skripte bieten sich besonders für die Aufgaben an, die immer wieder erledigt werden müssen. Sie dienen dem Administrator als Arbeitserleichterung und helfen Fehler bei der täglichen Arbeit zu vermeiden. Die einfachste Möglichkeit ist die Zusammenfassung von Kommandos in einer Textdatei:

```
cd ~/myscript/log
cat /dev/null > mylog
echo "Logs wurden bereinigt..."
```

In dieser Form werden die Kommandos *sequenziell* abgearbeitet.

4.3.1 Skripte Aufrufen

Um Skripte zu starten, haben Sie, wie so oft, mehrere Möglichkeiten:

`sh script.sh`
: Startet man ein Skript mit `sh`, werden alle Bash-Erweiterungen für das Skript deaktiviert.[2]

`bash script.sh`
: führt das Skript direkt in der Bash – mit all ihren Erweiterungen – aus.

`./script.sh`
: führt das Skript in der aktuellen Shell aus. Hierfür muss das Skript ausführbar (gemacht worden) sein (s. u.).

`source`
: Mit `source` laden Sie beliebigen Code in ein Skript nach. Auf diese Weise können Sie mit der Bash sehr modular arbeiten.

`.`
: Der Punkt-Operator entspricht dem `source`-Builtin.[3]

4.3.2 Skripte ausführbar machen

Wie bereits erwähnt, können Sie Skripte mit `./script.sh` ausführen. Voraussetzung ist deren Ausführbarkeit, die Sie auf einem Linux-System mit dem Kommando `chmod` regeln.

```
$ chmod +x script.sh
$ chmod 755 script.sh
$ chmod u+x script.sh
```

`chmod` bietet verschiedene Notationsweisen (oktal oder symbolisch) an – es geht jedoch stets darum, Dateirechte (lesen, schreiben, ausführen) für bestimmte Gruppen (Eigentümer, Gruppe, alle) zu gewähren bzw. nehmen.[4]

4.3.3 Namen von Skripten

Die Wahl des richtigen Namens für ein Skript ist nicht immer leicht, denn es gibt keine Konventionen – es sei denn, Ihre eigenen. Namen für Bash-Skripte sind frei wählbar, doch sollten Sie keine Namen von Systemprogrammen verwenden. Das folgende Beispiel – eine eigenes Skript namens `ls` – zeigt, warum:

---

[2] ...und gerade Neulinge raufen sich die Haare, warum korrekte Skripte nicht „à la Bash" funktionieren.

[3] Die Bash besitzt eine ganze Reihe von Builtin-Kommandos. In Laufe des Buches werden wir immer wieder Builtins verwenden und dann auch darauf hinweisen. In Kapitel 10.1 sind Bash-Builtins ausführlich beschrieben.

[4] Genauere Informationen bietet `man chmod`.

```
#!/bin/bash

echo "Ich bin nicht, was ich zu sein scheine"
echo "Ich bin nicht das \"ls\"-Kommando"
echo "Würde in mir ein \"rm\" stehen, könnte ich Schaden anrichten."
echo
echo "Es könnte ein \"rm /*\" aufgerufen werden."
```

Das Beispiel ist „ungefährlich", zeigt aber die Gefahren:

```
$ echo $PATH
/usr/local/bin:/usr/bin:/bin:/usr/games
$ PATH=.:$PATH
$ echo $PATH
.:/usr/local/bin:/usr/bin:/bin:/usr/games
$ ls
clearLogs.sh  log  ls
$ chmod +x ls
$ ls
Ich bin nicht, was ich zu sein scheine
Ich bin nicht das "ls"-Kommando
Würde in mir ein "rm" stehen, könnte ich Schaden anrichten.

Es könnte ein "rm /*" aufgerufen werden.
```

Bei der Suche nach einem Programm bedient sich die Bash der Variablen PATH – sie sucht in jedem Pfad, der in dieser Variablen angegeben wurde, nach dem Kommando des Aufrufs.

Wird das Kommando gefunden, beendet die Bash die Suche und führt das Kommando aus. Im o. g. Beispiel wurde der Variablen PATH der . hinzugefügt, also das aktuelle Verzeichnis.[5] Bevor das Beispiel-Skript mit dem Namen ls ausführbar gemacht wurde, findet die Bash noch das originale Kommando. Nachdem es jedoch mit chmod ausführbar gemacht wurde, findet die Bash auch das lokale ls-Kommando und führt es aus. Steht in einem solchen Kommando nun Schad-Code, können Sie sich die Folgen leicht ausmalen.

4.4 Shellskripte reloaded

Bei den ersten Skript-Beispielen handelte es sich eher um Batchdateien, wie man sie aus DOS-Zeiten kennt. Bash-Skripte können aber weit mehr und lassen sich zu „richtigen" Programmen ausbauen. Wir sprechen – auch im Titel des Buches – darum ganz bewusst vom *Programmieren* mit der Shell. Sehen wir uns also an, wie aus Batchdateien Shell-Skripte werden.

---

[5] Es wird dringend davon abgeraten, den . in den Pfad aufzunehmen, da dies die Sicherheit des Linux-Systems gefährden kann!

4.4.1 Kommentare

Wie jede Programmiersprache kennt auch die Bash Kommentare. Am Anfang eines jeden Bash-Skripts steht ein Spezialkommentar, der mit der Zeichenfolge #! beginnt.

Der Spezialkommentar gibt an, wie das gesamte Programm zu interpretieren bzw. auszuwerten ist. Man bezeichnet diesen Kommentar auch als *Magic Line* oder *Shabang*, was sich wiederum aus *Sharp* (für das Doppelkreuz) und *Bang* (Slang-Ausdruck für das Ausrufezeichen) zusammensetzt. Als Variante findet man auch die Bezeichnung *Shebang*.

Dem Shabang folgt ein vollständiger Pfad zu einem möglichen Interpreter, also zu (irgend)einem ausführbaren Programm:

```
#!/usr/bin/less
Das ist ein README

es folgt ein langer text

Lorem ipsum dolor sit amet, consetetur sadipscing elitr, sed diam
nonumy Duis autem vel eum iriure dolor in hendrerit in vulputate velit
esse molestie
```

In diesem Beispiel wird `less` aufgerufen, um das Skript zu interpretieren – es erfolgt also ein `less README`.

Für die Arbeit mit der Bash ist darum `#!/bin/bash` als erste Zeile eines Bash-Skripts üblich.

Jeder weitere Kommentar, der ebenfalls mit einem # beginnt, wird von der Bash nicht interpretiert und kann somit etwa der Dokumentation des eigenen Quelltextes dienen.[6]

4.4.2 Variablen

Auch die Bash versteht Variablen – betrachten wir das Beispiel von Seite 57 nochmals unter Verwendung von Variablen.

```
#!/bin/bash
#
# clearLogs2.sh
#
# leert alle Einträge in mylog
#

LOG_DIR="~/myscript/log"
```

---

[6] In der täglichen Arbeit sollten Sie sich rasch angewöhnen, ausführlich zu kommentieren. Selbst eigenen Code werden Sie manchmal nach wenigen Tagen nur noch mit Mühe überschauen können – gute Kommentare erleichtern die Arbeit ungemein!

```
cd $LOG_DIR

# leeren mylog
cat /dev/null > mylog

# gibt Info auf stdout aus
echo "Logs wurden bereinigt..."

exit
```

Hier wird nach einführenden Kommentaren eine Variable `LOG_DIR` definiert, die den Pfad zum Log-Verzeichnis enthält.

In der Bash müssen Variablen nicht extra deklariert werden, vielmehr beherrscht die Bash *Deklaration durch Zuweisung*:

```
<Variable>=<Wert>
```

Um auf eine Variable zuzugreifen, wird dem Variablennamen ein $-Zeichen vorangestellt.[7]

```
$ foo=bar
$ echo "In der Variablen \$foo steht \"$foo\"."
In der Variablen $foo steht "bar".
```

In Kapitel 5 werden wir uns Variablen noch genauer ansehen und unter anderem eine Reihe von Bash- und Spezial-Variablen vorstellen. An dieser Stelle begnügen wir uns mit dem Wissen, wie man Variablen erzeugt und referenziert.

4.4.3 Parameterübergabe

Um das Verhalten eigener Skripte bereits durch den Aufruf zu beeinflussen, möchte man Optionen übergeben können. Anders als bei anderen Skriptsprachen benötigt man für den einfachen Umgang mit Optionen in der Bash keine aufwendigen Bibliotheken. Optionen eines Skripts speichert die Bash in speziellen Variablen, den *Positionsparametern* (*Postitional Parameters*).

Positionsparameter werden mit einer oder mehreren Ziffern bezeichnet. Man greift mit Variablen `$1...$n` auf übergebene Optionen zu. Ab dem zehnten Positionsparameter muss dieser mit geschweiften Klammern umschlossen werden.[8]

---

[7] Beachten Sie, dass bei der Zuweisung kein `$`-Zeichen angegeben werden darf. Die Bash würde an dieser Stelle dann nämlich bereits versuchen, diese Variable zu expandieren.

[8] Vergisst man bei Positionsparametern größer als 9 die geschweiften Klammern, expandiert die Bash die Variable falsch.

Eine weitere Möglichkeit auf Positional Parameters zuzugreifen besteht in der Verwendung des Builtins `shift`. Mit `shift <n>` werden die Positionsparameter n+1 ... zu $1 ... umbenannt bzw. verschoben. Die frei gewordenen Parameter werden gelöscht.

```
$ set eins zwei drei vier fünf
$ echo $1, $2, $3, $4, $5
eins, zwei, drei, vier, fünf
$ shift 3
$ echo $1, $2, $3, $4, $5
vier, fünf, , ,
```

Das in diesem Beispiel benutze Builtin `set` wird unter anderem dazu benutzt, um Positionsparameter zur Laufzeit mit Werten zu füllen. Es werden somit fünf Positionsparameter erzeugt und in einem `echo` ausgegeben. Anschließend werden die Positionsparameter um drei Positionen nach links verschoben und es erfolgt eine zweite Ausgabe. Für die nun nicht mehr existierenden Parameter erfolgt keine Ausgabe.

Eine Sonderrolle spielt die Variable $0. Sie enthält immer den Namen des Programms, in dem die Variable aufgerufen wird. $0 gehört zu den speziellen Variablen, die wir ab Seite 75 genauer besprechen werden. Um auf alle Positionsparameter zuzugreifen, stehen die speziellen Variablen $@ und $*, und für die Anzahl der übergebenen Parameter die Variable $# zur Verfügung. Auch diese werden wir in Abschnitt 5.2 eingehend betrachten.

```
#!/bin/bash

echo "Diesem Programm wurden $# Parameter übergeben"
echo "Es handelt sich um die Parameter '$@'"
echo $1 $2
```

Der Aufruf liefert folgendes Ergebnis:

```
$ ./helloBash.sh Hello Bash
Diesem Programm wurden 2 Parameter übergeben
Es handelt sich um die Parameter 'Hello Bash'
Hello Bash
```

Das einfache Beispiel illustriert die Arbeit mit Positionsparametern und speziellen Variablen; letztere werden wir im nächten Kapitel noch ausführlich kennenlernen.

4.5 Paradigmen der Bash

Wie in anderen Programmier- und Skriptsprachen gilt es auch bei der Arbeit mit der Bash wichtige Paradigmen zu beachten, deren Kenntnis viele Stunden des Debuggings vermeiden hilft.

Die folgenden, kaum praxisrelevanten Beispiele dienen lediglich der Illustration bzw. theoretischen Fundierung; auch kommen einige Sprachelemente zum Einsatz, die bislang nicht erläutert wurden – da es hier aber nicht um die Syntax geht, wollen wir uns auch nicht mit deren Erläuterung aufhalten.

Sollte Ihnen dieser kurze Abschnitt zu abstrakt sein, so können Sie auch nach der Lektüre der folgenden Kapitel wieder hierher zurückkehren, um das Gesamtbild zu vervollständigen.

4.5.1 Subshells, Pipes und Scopes

Es geht in diesem kleinen Exkurs um wichtige Begriffe und Konzepte, deren Bedeutung sich erst im weiteren Verlauf an zunehmend komplexen Beispielen erschließen wird. Dennoch wollen wir hier bereits darauf zu sprechen kommen, weil schon das grundsätzliche Wissen um diese Konzepte auch den Lernprozess beschleunigt.

Subshell
: Wird ein Kommando in einer Subshell aufgerufen, wird in der aufrufenden Shell ein weiterer Shellprozess geforkt, in dem dann das entsprechende Kommando läuft.

Pipes
: Alle Kommandos einer Pipeline werden in separaten Prozessen ausgeführt.

Scopes
: Da Subshells und Pipes von der aufrufenden Shell geforkt werden, entstehen für diese Prozesse neue Bezugsrahmen für Variablen und Funktionen.

```
$ var1=abc ; for i in {1..10000} ; do [ 2 -gt 1 ] && ( var1=def ) ; \
done ; echo "Der Inhalt von \$var1 ist '$var1'"
Der Inhalt von $var1 ist 'abc'
```

Das Beispiel, dessen Ausführung je nach Rechner einige Sekunden in Anspruch nimmt, zeigt, wie Sie über (...) einen zusätzlichen Shell-Prozess forken.

Um das zu belegen, haben wir zunächst zu einem Server zwei `ssh`-Verbindungen aufgebaut. Auf der einen starten wir `pstree`;[9] der uns hier interessierende Teil sieht darin wie folgt aus:

```
|-sshd-+-sshd---sshd---bash---pstree
|      `-sshd---sshd---bash
```

[9] `pstree` visualisiert den Prozessbaum auf einem Linux-System.

Der `ssh`-Daemon stellt zwei Bash-Prozesse zur Verfügung (fett ausgezeichnet), und auf einem läuft das `pstree`.

Starten wir nun auf der zweiten Verbindung die oben genannte Kommandozeile mit der Subshell, erkennen wir über `pstree` auch einen weiteren `bash`-(Unter-)Prozess (wieder fett):

```
|-sshd-+-sshd---sshd---bash---pstree
|      `-sshd---sshd---bash---bash
```

Die Variablen innerhalb und außerhalb dieses Subprozesses haben – wie auch bei anderen Programmiersprachen – ihren jeweils eigenen Gültigkeitsbereich (*Scope*).

Zunächst wird eine Variable `var1` mit dem Wert `abc` erzeugt. In der folgenden Schleife wird einer Variablen selben Namens in einer Subshell immer wieder der Wert `def` zugewiesen. Nachdem die Schleife abgearbeitet ist, wird `var1` ausgegeben, die den Wert `abc` hat. Das bedeutet, dass Variablen, die innerhalb einer Subshell erzeugt werden, in der aufrufenden Shell keine Gültigkeit haben.

Betrachten wir nun den gleichen Aufruf ohne die Verwendung einer Subshell.

```
$ var1=abc ; for i in {1..10000} ; do [ 2 -gt 1 ] && { var1=def ; } ; \
  done ; echo "Der Inhalt von \$var1 ist '$var1'"
Der Inhalt von $var1 ist 'def'
```

Im Prozessbaum zu diesem Beispiel[10] sieht man, dass das Kommando vollständig in der Login-Shell ausgeführt wird:

```
|-sshd---sshd---sshd---bash---pstree
|      |-sshd---sshd---bash
```

Auch das Verhalten der Variablen-Zuweisung entspricht dem, was man mit dem Kommando erreichen wollte. Da die zweite Zuweisung innerhalb desselben Scope erfolgt wie die erste und auch das abschließende `echo`, wird auch der zuletzt zugewiesene Wert ausgegeben.

Pipes und Kindprozesse

Startet man Kommandos in eine Pipe, wird jedes Kommando als Kindprozess des aufrufenden Kontextes erzeugt.

```
$ tail -f myscript/log/mylog | grep Fehler
```

Mit `tail -f` beobachtet man ein Logfile im Follow-Modus und schränkt dann via `grep` die Ausgabe auf die relevanten Daten ein.

---

[10] Sollte die Abarbeitung des Kommandos zu schnell erfolgen, können Sie die Anzahl der Zuweisungen auch deutlich größer als 10000 setzen.

Ein Blick auf den Prozessbaum zeigt, dass von der Login-Shell – der aufrufenden Shell – beide Kommandos der Pipe als Kindprozesse auftauchen:

```
|-sshd---sshd---sshd---bash---grep
                            |-tail
```

Ressourcenverbrauch

Die gezeigten Beispiele weisen auf einen weiteren Punkt hin, den Sie bei der Entwicklung von Bash-Skripten immer im Auge haben sollten: Jeder Prozess verbraucht Ressourcen, so auch Subshells:

```
$ time for i in {1..1000} ; do [ 2 -gt 1 ] && { true ; true ; } ; done
real    0m0.012s
user    0m0.012s
sys     0m0.000s

$ time for i in {1..1000} ; do [ 2 -gt 1 ] && ( true ; true ; ) ; done
real    0m1.899s
user    0m0.324s
sys     0m1.572s
```

Das einfache Beispiel zeigt, dass ein Aufruf, der eine Subshell nutzt, deutlich mehr Rechenzeit benötigt als der gleiche Aufruf innerhalb eines Shell-Prozesses.

4.5.2 Expansionen

Von Klammerausdrücken war bereits die Rede – tatsächlich gibt es aber weitere Formen von Expansions, die für die Arbeit mit der Bash bedeutsam sind und auf die wir im Verlauf dieses Buches noch näher eingehen werden; es handelt sich um die folgenden, die auch in dieser Reihenfolge ausgeführt werden:

1. *Brace Expansion* (Klammerausdruck, Klammererweiterung)

   Ein Klammerausdruck dient der Erzeugung beliebiger Zeichenketten durch die reihenweise Verbindung mit optionalem Prä- und Postfix:

   ```
   <Prae>{<String1>,...,<StringN>}<Post>
   ```

   wird erweitert zu:

   ```
   <Prae><String1><Post> <Prae>...<Post> <Prae><StringN><Post>
   ```

   Ein konkretes Beispiel:

   ```
   $ echo a{1,2,3}z
   a1z a2z a3z
   ```

2. *Tilde Expansion* (Homedir- oder Tilde-Erweiterung)

   Ohne weitere Angabe expandiert die Tilde zum Heimatverzeichnis des aktuellen Benutzers:

   ```
   $ echo ~
   /home/cme
   ```

   Entsprechen die der Tilde unmittelbar folgenden Zeichen einer Benutzerkennung, so erfolgt die Eweiterung zum Homedir dieses Benutzers:

   ```
   $ echo ~cme
   /home/cme
   ```

   Die Tilde Expansion wird häufig genutzt, um schneller zwischen den Heimatverzeichnissen verschiedener Benutzer zu navigieren.

3. *Parameter Expansion* (Parameter- oder Variablen-Erweiterung)

   Diese Expansionen – zu erkennen an dem Dollar-Zeichen, dem ein Variablenname oder ein Ausdruck in geschweiften Klammern folgt – manipulieren die Inhalte von Variablen. In Bash-Skripten greift man häufig für Aufgaben, die elegant über Parameter Expansion zu lösen wären, auf externe Programme zurück, was vor allem auf die kryptische Syntax zurückzuführen sein dürfte. Wir behandeln das Thema ausführlich in Abschnitt 5.4.

4. *Command Substitution* (Kommandoersetzung)

   Bei einer Kommandoersetzung wird die Ausgabe eines Kommandos als Parameter an ein anderes Kommando übergeben; in Abschnitt 2.2 sind wir bereits darauf eingegangen.

5. *Arithmetic Expansion* (Arithmetische Ausdrücke)

   Sie bietet sich auch bei komplexen Rechenoperationen an, für die man keine externen Programme nutzen möchte. Wir behandeln die Arithmetic Expansion in Kapitel 8.

6. *Word Splitting* (Wortzerlegung)

   Nachdem die Shell Variablen-Manipulationen, Kommandoersetzungen und arithmetischen Ausdrücke ausgeführt bzw. ausgewertet hat, untersucht sie die Ergebnisse auf das Vorkommen von sog. *Internal Field Separators* (IFS), um das Ergebnis der Auswertungen in einzelne „Wörter" zu zerlegen. Beachten Sie, dass Word Splitting *nicht* stattfindet bei Ergebnissen der o.g. Expansionen, die zwischen doppelten Anführungszeichen stehen.

7. *Pathname Expansion* (Pfadnamenerweiterung)

   Die Pfaderweiterung zu Dateien und Verzeichnissen ist bei der Arbeit mit der interaktiven Shell besonders häufig. Bestimmte Sonderzeichen werden dabei als Platzhalter innerhalb eines Musters interpretiert, das dann zu einem Pfad expandiert wird (vgl. auch Abschnitt 3.3).

   Ein einfaches Beispiel ist `ls /usr/local/*` – hier wird der Ausdruck zu einer Liste von Pfaden expandiert, die sich unterhalb von `/usr/local/` befinden, und als Parameter für das Kommando `ls` verwendet.

8. *Quote Removal* (Quote Beseitigung)

   Nach allen anderen Expansionen entfernt die Bash alle unquotierten Vorkommen von \, ´ und ".

   ```
   $ echo "Hier kommt ein \"quotierter String\""
   Hier kommt ein "quotierter String"
   ```

   Diese Expansion ist nur durch mehrfaches Quotieren zu beeinflussen.[11]

   ```
   $ echo \"Hier kommt ein \\\"quotierter String\\\"\"
   "Hier kommt ein \"quotierter String\""
   ```

Auf Systemen die *Named Pipes* unterstützen, steht mit der *Process Substitution* eine weitere Expansion zur Verfügung. Dieses anspruchsvollere Verfahren betrachten wir noch ausführlich in Abschnitt 9.4.

Nur drei der o. g. Expansionen können die *Anzahl* der an die Kommandozeile übergebenen Parameter ändern: Brace Expansion, Word Splitting und Pathname Expansion. Es ist für einige Kommandos wichtig zu wissen, ob sich durch eine Expansion die Anzahl der Parameter verändert. Ein kleines Beispiel soll deutlich machen, warum man die Anzahl der Argumente immer im Auge behalten sollte:

```
$ foo=bar
$ test $foo = tmp/{foo,bla} && echo baz
-bash: test: too many arguments
```

Die Variable `foo` enthält einen String. In der folgenden Kommandozeile wird versucht, diesen String mit dem Ergebnis einer Pfadnamenerweiterung zu vergleichen. Diese liefert aber zwei Pfade zurück, wodurch der Ausdruck `bar = tmp/foo tmp/bla` entsteht. Ein Test auf Gleicheit erwartet aber immer genau zwei Argumente.

---

[11] Es ist allerdings nicht immer einfach, sämtliche Expansions zu überblicken und so zu bestimmen, welches Zeichen man wie oft quoten muss, um das gewünschte Ergebnis zu erzielen.

Variablen

Von Variablen war bereits die Rede: Wir haben Werte zugewiesen und spezielle Variablen kennengelernt.[1] Die Bash kann aber viel mehr, so dass wir in diesem Kapitel einen umfassenden Überblick über die Arbeit mit Variablen in der Bash geben wollen.

5.1 Skalare Variablen

In Kapitel 4.4 wurde bereits gezeigt, wie man skalare Variablen, also solche, die nur einen einzlenen Wert speichern, durch Zuweisung erzeugt:

```
<Variable>=<Wert>
```

---

[1] Die Manpage der Bash spricht in diesem Zusammenhang übrigens von *Parametern.* Wir benutzen hier beide Begriffe synonym, da in der Praxis ebenfalls beide Bezeichnungen vorkommen.

Variablen in der Bash sind nicht typisiert, der Programmierer muss sich also nicht – wie in anderen Programmier- oder Skriptsprachen – Gedanken um die richtige Typisierung machen.[2]

Bei der Wahl des Namens haben Sie in der Bash große Freiheit. Sie können alle Zeichen außer jenen der speziellen Variablen (siehe Abschnitt 5.2) verwenden. Variablennamen dürfen mit einem Buchstaben oder einem Unterstrich beginnen. Sie dürfen Ziffern enthalten, aber nicht mit einer Ziffer beginnen.

```
$ _a=foo
$ echo $_a
foo
$ _a*=foo
-bash: _a*=foo: command not found
$ _a?=foo
-bash: _a?=foo: command not found
$ 1a=foo
-bash: 1a=foo: command not found
```

Die Beispiele zeigen, wie die Bash einen Variablennamen mit einem Fehler quittiert, sobald Sie ein nicht erlaubtes Zeichen verwenden.

5.1.1 Zugriff auf Variablen

Es wurde bereits gezeigt, wie man auf Variablen in Bash-Skripten über den Namen mit einem vorangestellten $ zugegriffen.

Dabei ist jedoch zu beachten, dass beim Zugriff auf Positional Parameters größer neun der Variablenname in {} gesetzt wird oder man `shift` verwendet, um die Positionsparameter zu verschieben. Die geschweiften Klammern schützen also den Parameternamen vor der Umgebung.[3]

```
$ a=foo
$ echo $a bar
foo bar
$ echo $a_bar

$ echo ${a}_bar
foo_bar
```

Die Beispiele zeigen, wann es notwendig ist, den Parameternamen zu maskieren. Im ersten Beispiel wird die Variable $a durch Zuweisung des Wertes

---

[2] Mit dem Builtin `declare` ist es allerdings dennoch möglich, einem Parameter verschiedene Attribute zuzuweisen (vgl. Seite 193).

[3] Über den Einsatz von geschweiften Klammern gehen die Meinungen auseinander. Ob Sie etwa Variablennamen grundsätzlich in geschweiften Klammern abgrenzen oder nur, wenn es wirklich notwendig ist, sollten Sie für sich herausfinden oder gemäß den geltenden Coding-Richtlinien eines Projekts handhaben. Sehr anzuraten ist allerdings eine einheitliche Vorgehensweise.

foo erzeugt. Danach werden die Variable und der String `bar` als Parameter an `echo` übergeben. Da die Parameter von `echo` voneinander mit Leerzeichen getrennt sind, werden auch beide ausgegeben.

Trennt man, wie im zweiten Beispiel, Variable und String mit einem Unterstrich, erhält man eine leere Ausgabe, da die Bash den Unterstrich als Teil des Variablennamens interpretiert und eine Variable `$a_bar` nicht kennt.

Im dritten Beispiel wird der Variablenname durch geschweifte Klammern begrenzt, darum korrekt ausgewertet und gemeinsam mit dem String ausgegeben.

Eine weitere Form von Variablen, die in der Bash zur Verfügung stehen, sind *Arrays* – tatsächlich kann in der Bash *jede* Variable ein Array sein. Arrays der Bash können beliebig viele Elemente enthalten, doch lassen sich ausschließlich eindimensionale Arrays erzeugen (ob das ein Nachteil ist, sei dahingestellt).

```
$ a=foo
$ echo $a
foo
$ a[0]=bar
$ echo $a
bar
$ echo ${a[0]}
bar
$ a[1]=bla
$ a[2]=fasel
$ echo $a
bar
$ echo ${a[*]}
bar bla fasel
$ echo ${a[@]}
bar bla fasel
```

Zunächst wird der Variablen `a` ein skalarer Wert `foo` zugewiesen und danach ausgegeben. Anschließend füllen wir das erste Element eines Arrays `a` mit dem Wert `bar`. Gibt man nun `$a` im skalaren Kontext aus, so wird auch der Wert des ersten Array-Feldes ausgegeben.

Zur Kontrolle des Verhaltens wurden ferner die Felder 1 und 2 jeweils mit unterschiedlichen Strings befüllt. Ein `echo` der Variablen im skalaren Kontext gibt wieder nur den Wert von Feld 0 aus.

Mit `${a[*]}` und `${a[@]}` greift man auf alle Elemente des Arrays zu (zum Unterschied siehe Seite 74).

5.1.2 Erzeugen von Arrays

Mit folgender Syntax füllen Sie ein einzelnes Feld eines Arrays. Arrays in Bash Version kleiner 4 sind nur als numerisch indizierte Arrays möglich, wobei die Indizierung mit 0 beginnt. Es ist jedoch nicht notwendig, alle Elemente in Reihenfolge zu belegen.

```
<Variable>[<Num>]=<Wert>
```

Ab Version 4 stehen darüber hinaus assoziative Arrays zur Verfügung:

```
<Variable>[<Index>]=<Wert>
```

Hier folgt die Vergabe des Namens für den `<Index>` den Regeln für die Vergabe von Variablennamen. Assoziative Arrays müssen jedoch zuvor mit `declare -A` als solche definiert werden.

```
$ foo=([a]="erster Buchstabe" [b]="zweiter Buchstabe")
$ echo ${foo[*]}
zweiter Buchstabe
```

Ohne die Variable als assoziatives Array zu deklarieren, erkennt die Bash lediglich einen Key, der durch die eckigen Klammern gekennzeichnet ist. Da in diesen Klammern jedoch kein Integer steht, wird der Key auf den Wert 0 gesetzt, dem Index 0 also insgesamt zweimal ein Wert zugewiesen, weshalb nur der zweite Wert ausgegeben wird.

Anders, wenn wir vor der ersten Zuweisung die Variable als namen-indiziertes Array deklarieren:

```
$ declare -A foo
$ foo=([a]="erster Buchstabe" [b]="zweiter Buchstabe")
$ echo ${foo[*]}
erster Buchstabe zweiter Buchstabe
```

Eine weitere Option sind leere Arrays:

```
<Variable>=()
```

Hier wird die Variable als Array deklariert, ohne dass ihr Werte zugewiesen werden. Durch die runden Klammern haben Sie ferner die Möglichkeit, einem Array gleich mehrere Werte zuzuweisen.

```
$ a=(a b c d)
$ declare -p a
declare -a a='([0]="a" [1]="b" [2]="c" [3]="d")'
```

In diesem Beispiel rufen wir `declare` mit dem Schalter -p auf, um uns die Deklaration der Variablen a anzeigen zu lassen. Wir erhalten die Kommandozeile, die die Bash für die Definition des Arrays benutzt hat. Wenn man also `a=(a b c d)` auf der Kommandozeile angibt, wandelt die Bash diese Zeile in `declare -a a='([0]="a" [1]="b" [2]="c" [3]="d")'` um. Weitere Details zum Builtin `declare` folgen im Kapitel 10.

Die einzelnen Werte sind durch Leerzeichen voneinander getrennt. Sollen die Werte der Array-Felder ebenfalls Leerzeichen enthalten, so umschließt man diese mit doppelten Anführungszeichen.

```
$ b=("a b" "c d" "e f")
$ declare -p b
declare -a b='([0]="a b" [1]="c d" [2]="e f")'
```

In Skripten ist es sehr sinnvoll, Array-Zuweisungen zeilenweise zu schreiben:

```
#!/bin/bash

arr=(
    "Element 0"
    "Element 1"
    "Element 2"
    "Element 3"
    )

echo ${arr[0]}
echo ${arr[1]}
echo ${arr[2]}
echo ${arr[3]}
```

Das Vorgehen erhöht die Lesbarkeit des Programmcodes wesentlich; möchte man die Nummerierung noch hervorheben, bietet sich am Ende jeder Zeile ein Kommentar mit dem Array-Index an.

5.1.3 Zugriff auf Arrays

In den oben gezeigten Beispielen haben wir bereits auf Array-Elemente zugegriffen. Die allgemeine Syntax lautet:

```
${<Variable>[<Index>]}
```

Bis Bash-Version 3.x ist für `<Index>` nur ein numerischer Wert möglich. Ab Version 4 kann `<Index>` auch jeder andere Wert sein, der als Index-Wert verwendet werden darf.

Es ist besonders wichtig zu wissen, dass der Zugriff auf Arrays nur möglich ist, wenn der Variablenname inklusive Index mit geschweiften Klammern aufgerufen wird, da es sich bei dem Aufruf eines Array-Elements um eine Parameter-Expansion handelt und diese immer in geschweiften Klammern eingeschlossen sein müssen (ausgenommen die Ausgabe des Inhaltes einer skalaren Variablen).

```
$ foo=(bar)
$ echo $foo[0]
foo[0]
$ echo ${foo[0]}
bar
```

Wurde in der Bash-Version 4 ein Array als assoziatives Array deklariert, so kann man mit $<Variable> *nicht mehr* auf das erste Array-Element zugreifen.

```
$ declare -A a
$ a[foo]=bar
$ a[bla]=fasel
$ echo ${a[*]}
bar fasel
$ echo $a

$
```

Wie in den Beispielen gezeigt, stehen für Arrays zwei spezielle Indizes zur Verfügung, um alle Elemente eines Arrays auszugeben. Die folgenden Operatoren unterscheiden sich in ihrem Verhalten nur, wenn das Array mit Double Quotes umschlossen wurde.

${<Variable>[*]}
: expandiert alle Array-Elemente zu einem einzigen Wort, wobei die einzelnen Elemente durch den ersten Wert der Shell-Variablen $IFS[4] getrennt werden.

${var[@]}
: expandiert jedes Element des Arrays zu einem einzelnen Wert. Besitzt das Array keine Werte, so expandiert dieser Ausdruck zu keinem Wert.

Greifen wir Kapitel 6 kurz vor und sehen uns das Verhalten dieser beiden Ausdrücke in einer Schleife an:

```
$ b=("a b" "c d" "e f")
$ for i in "${b[*]}"; do echo $i; done
a b c d e f
$ for i in "${b[@]}"; do echo $i; done
a b
c d
e f
```

Zunächst wird ein Array erzeugt und mit Werten gefüllt, und zwar drei Strings, die jeweils ein Leerzeichen enthalten.

In der ersten Schleife expandiert der Ausdruck "$b[*]" alle Elemente zu einem Wort, wobei die einzelnen Array-Elemente durch Leerzeichen voneinander getrennt werden. Dieses Wort wird dem Parameter i zugewiesen und im Schleifen-Körper mit echo ausgegeben.

In der zweiten Schleife hingegen wird jedes Element des Arrays zu einem Wort expandiert und jeweils der Variablen i zugewiesen. Darum wird das echo im Schleifenkörper dreimal ausgeführt.

---

[4] Vgl. zur Shell-Variablen $IFS (*Internal Field Separator*) Seite 77.

Die Anzahl der Array-Elemente ermitteln Sie über die Parameter Expansion (vgl. dazu Seite 87).

5.2 Spezielle Variablen

Kommen wir damit zu den bereits mehrfach erwähnten „speziellen Variabeln" – die Bash kennt die folgenden neun:

$*
: expandiert zu allen Positionsparametern. Wird diese Variable in Double Quotes aufgerufen, expandiert sie zu einem String, wobei die Positionsparameter durch das erste Zeichen der Variablen $IFS getrennt werden.

$@
: umfasst ebenfalls alle Positional Parameters, doch ändert sich das Verhalten des Parameters, wenn er in doppelten Anführungszeichen steht. Hier expandiert jeder Parameter zu einem einzelnen String.

$#
: speichert die Anzahl der an ein Skript übergebenen Parameter.

$?
: enthält den Rückgabewert des letzten Kommandos.

$-
: speichert alle Optionen, die mit dem Builtin `set` gesetzt wurden.

$$
: enthält die Prozess-ID der aktuellen Shell. In einer Subshell expandiert $$ zur PID der Mutter-Shell.

$!
: speichert die PID des zuletzt in den Hintergrund verlagerten Programmaufrufs. Der Wert ändert sich durch das Beenden des betroffenen Prozesses nicht.

$0
: speichert den Namen der Shell oder des aktuellen Shell-Skripts. Wird die Bash mit einer Batchdatei aufgerufen, nimmt $0 den Namen dieser Datei an. Startet man ein Kommando in der Bash mit der Option -c, nimmt $0 den Wert des ersten Arguments nach dem auszuführenden String an.

5 Variablen

$_

Nach dem Start enthält dieser Parameter den absoluten Pfad der Shell oder des aufgerufenen Skripts. Anschließend expandiert er zu dem letzten Argument des letzten Kommandos. Wurden keine Argumente übergeben, so enthält der Parameter das letzte Kommando selbst.

Kommen wir damit zu einigen Beispielen und betrachten zunächst noch einmal das Listing helloBash von Seite 62, in dem die Parameter $# und $@ zum Einsatz kamen. Dieses erweitern wir nun wie folgt:

```
#!/bin/bash

echo "Diesem Programm wurden $# Parameter übergeben"
echo
echo "Ausgabe der Positionsparameter mit \$*"
echo "Es handelt sich um die Parameter '$*'"
echo
echo "Ausgabe der Positionsparameter mit \$@"
echo "Es handelt sich um die Parameter '$@'"
echo
echo "\$IFS wird auf ',' gesetzt"
IFS=,
echo
echo "Ausgabe der Positionsparameter mit \$* und \$IFS auf ','"
echo "Es handelt sich um die Parameter '$*'"
```

Hier werden die Positional Parameters einmal über die Variable $@, und einmal über $* ausgegeben. Im zweiten Teil des Skripts wird der Internal Field Separator auf das Komma (,) gesetzt und es werden die Positional Parameter nochmals über die Variable $* ausgegeben.

Die endgültige Ausgabe sieht nun wie folgt aus:

```
$ ./helloBash2.sh foo bar
Diesem Programm wurden 2 Parameter übergeben

Ausgabe der Positionsparameter mit $*
Es handelt sich um die Parameter 'foo bar'

Ausgabe der Positionsparameter mit $@
Es handelt sich um die Parameter 'foo bar'

$IFS wird auf ',' gesetzt

Ausgabe der Positionsparameter mit $* und $IFS auf ','
Es handelt sich um die Parameter 'foo,bar'
```

Den Einsatz von $? haben wir in den vergangenen Kapiteln bereits illustriert. In Abschnitt 6.1.2 werden wir uns noch damit beschäftigen, wie man durch die Verwendung von Bedingungen auf den Return Code eines Programms reagiert.

Die Parameter $_ und $- können beispielsweise dazu dienen, auf bestimmte Optionen bzw. Start-Parameter mit einem Skript zu reagieren und somit das Laufzeitverhalten zu beeinflussen.[5]

5.3 Shell-Variablen

Die Bash bringt zahlreiche Shell-Variablen mit, von denen wir uns nun jene anschauen, die in der täglichen Arbeit häufig zum Einsatz kommen. Die vollständige Liste finden Sie in der Manpage der Bash.

BASH
: vollständiger Pfad zu dem Programm, das die aktuelle Bash-Instanz initiiert hat.

EUID
: die effektive User-ID, mit der die aktuelle Shell-Session gestartet wurde. Hierbei muss es sich nicht um die UID des realen Benutzers handeln. Es gibt Programme in *nix-Umgebungen, die mit Superuser-Rechten laufen müssen (z. B. `passwd`) – führt man nun z. B. `passwd` aus, so steht die Effektive UID für dieses Kommando auf der des Benutzers `root`. Gleiches gilt natürlich für Shell-Skripte, die mit dem SETUID-Bit ausgestattet wurden.[6]

FUNCNAME
: Das Array enthält alle Funktionsnamen, die sich aktuell im Call Stack befinden. An Position 0 steht die aktuelle Funktion, an letzter Position die Hauptfunktion. Mit dieser Variablen lässt sich z. B. der Caller einer Funktion ermitteln. Diese Variable existiert nur innerhalb von Funktionsaufrufen, eine Zuweisung an sie hat einen Fehlerstatus als Rückgabewert zur Folge.

HOSTNAME
: der aktuelle Hostname der Maschine. Die Variable wird gerne in Skripten genutzt, die nur auf einem bestimmten Host laufen sollen.

OLDPWD
: speichert das vorherige Arbeitsverzeichnis. Die Variable wird von `cd` gesetzt. Zu Beginn einer interaktiven Shell-Session ist die Variable nicht gesetzt und gibt einen leeren String zurück.

---

[5] Zugegebenermaßen hat der Autor bislang in seiner Arbeit keinen Gebrauch davon gemacht und trotz Recherche auch kein praktisches Beispiel für den Einsatz dieser Variablen finden können.
[6] Mehr über das SETUID-Bit erfahren Sie z. B. in `info chmod`.

```
$ echo $OLDPWD

$ cd /tmp/foo/
$ echo $OLDPWD
/home/cme
$ cd $OLDPWD
$ pwd
/home/cme
$ echo $OLDPWD
/tmp/foo
```

Der Wechsel in das OLDPWD ist somit über die gleichnamige Variable möglich, allerdings kommt in der interaktiven Arbeit das Kommando cd - deutlich häufiger zu Einsatz, weil es kürzer und einfacher zu schreiben ist.

OPTARG
: der Wert des letzten von getopts bearbeiteten Arguments (zu getopts siehe Seite 188).

OPTIND
: speichert den Index des nächsten Arguments, das durch getopts verarbeitet werden kann. Beispiele für OPTARG und OPTIND werden wir in Kapitel 10.1 noch eingehend besprechen.

PIPESTATUS
: eine Liste aller Rückgabewerte der Kommandos einer Pipe. Da der Rückgabewert einer Liste – also auch einer Pipe – immer dem Rückgabewert des letzten Kommandos entspricht, ist es schwierig, den Rückgabewert aller Kommandos zu erhalten. Darum gibt es dieses Array.

PPID
: Prozess-ID des Mutterprozesses der aktuellen Shell. Ist es wichtig zu wissen, welcher Prozess den aktuellen erstellt hat, hilft diese Variable.

PWD
: Das Kommando cd setzt diese Variable auf das aktuelle Arbeitsverzeichnis. Zu Beginn einer interaktiven Shell-Session ist die Variable mit dem Home-Verzeichnist gefüllt bzw. mit dem Startverzeichnis, wenn der Wechsel in das Homedir nicht funktioniert hat.

RANDOM
: jeder Aufruf von $RANDOM liefert eine neue Zufallszahl im Bereich von 0-32767.[7]

---

[7] Die Verwendung von $RANDOM ist umstritten – für Zufallswerte in einem Programmdurchlauf mögen die Ergebnisse genügen; benötige Sie allerdings „richtige" Zufallswerte, sind die Special Character Devices /dev/random oder noch besser /dev/urandom zu empfehlen.

REPLY
> Benutzt man das `read`-Builtin, um Benutzereingaben zu lesen, und übergibt dem Kommando kein Argument, werden die Eingaben in dieser Variablen gespeichert.
>
> ```
> $ read i
> lala
> $ echo $i
> lala
> $ read
> foobar
> $ echo $REPLY
> foobar
> ```
>
> Hier wird zunächst ein String von `stdin` in eine Variable `i` gelesen und diese anschließend ausgegeben. Im zweiten `read`-Aufruf wird auf eine eigene Variable verzichtet, so dass die Eingaben in der Shell-Variablen `REPLY` landen.
>
> Gibt man mehrere Variablen an `read`, werden Werte, die durch Leerzeichen getrennt sind, separat in diese Variablen gespeichert. In diesem Fall nimmt `REPLY` keine Daten auf. Wurden mehr leerzeichengetrennte Strings übergeben als Variablen angegeben wurden, so nimmt die letzte Variable alle Daten bis zum Zeilenende auf.

SHELLOPTS
> enthält eine durch `:` getrennte Liste der aktuell aktivierten Shell-Optionen. Es werden nur die Optionen gelistet, die mit dem `set`-Builtin gesetzt werden können. Ähnlich wie der Special Parameter `$-` ist diese Variable zwar nur selten, dann aber äußerst hilfreich.

UID
> expandiert zur realen UID; es handelt sich um eine readonly-Variable. Während `EUID` bei jedem Programmaufruf den Wert ändern kann, darf `UID` nicht änderbar sein, weil andernfalls jeder Benutzer seine UID z. B. auf 0 setzen könnte und damit `root` wäre.

CDPATH
> Suchpfad für das `cd`-Kommando. Die Werte sind wie in der Variablen `$PATH` mit Doppelpunkt voneinander getrennt. Die Shell sucht hier nach den Zielverzeichnissen. Wurde in einem Pfad ein Verzeichnis gefunden, wird die Suche abgebrochen. Die Variable ist für die Arbeit in interaktiven Shells besonders nützlich, um etwa von einem Verzeichnis in ein anderes im selben Unterverzeichnis zu springen.
>
> ```
> $ CDPATH=/etc/apache2
> $ cd sites-available
> /etc/apache2/sites-available
> $ cd mods-available
> /etc/apache2/mods-available
> ```

COLUMNS
: definiert die Breite der Ausgabespalten z. B. für das `select`-Builtin. Aber auch auf der Konsole ist es sehr hilfreich, die Spaltenbreite für die Ausgabe anzupassen.

```
$ ps -eo pid,user,args|grep root
 2311 root      logger -p daemon.err -t mysqld_safe -i -t mysqld
 2434 root      /usr/lib/erlang/erts-5.6.3/bin/beam -Bd -- -root /
usr/lib/erlang -progname erl -- -home /var/lib/couchdb -noshell -
noinput -smp auto -sasl errlog_type error -pa /usr/lib/couchdb/er
lang/lib/couch-0.8.0-incubating/ebin /usr/lib/couchdb/erlang/lib/
mochiweb-r76/ebin -eval application:load(inets) -eval application
:load(crypto) -eval application:load(couch) -eval crypto:start()
-eval inets:start() -eval couch_server:start(), receive done -> d
one end. -couchini /etc/couchdb/cou
 2475 root      /usr/sbin/cron
 2495 root      /usr/sbin/apache2 -k start
 2512 root      /sbin/getty 38400 tty1

$ COLUMNS=30 ps -eo pid,user,args|grep root
 2311 root      logger -p daemo
 2434 couchdb   /usr/lib/erlang
 2475 root      /usr/sbin/cron
 2495 root      /usr/sbin/apach
 2512 root      /sbin/getty 384
```

In diesem Beispiel wurde einmal nach Prozessen gesucht, die dem Benutzer `root` gehören. In der ersten Anzeige wird die gesamte Kommandozeile des Prozesses `beam` mehrfach umbrochen, bevor sie letztlich doch abgeschnitten wird. Durch das Voranstellen der Zuweisung an COLUMNS wurden die Ausgabespalten reduziert, um nur noch die relevanten Informationen zu sehen.

FIGNORE
: eine Doppelpunkt-getrennte Liste mit Suffixen, die bei der Dateinamenvervollständigung ignoriert werden.

Die Dateinamenvervollständigung ist ein sehr hilfreiches Feature der Bash im interaktiven Modus.

```
$ ls *
testRANDOM.data  testRANDOM.sh foo bar
$ ls test[Tab][Tab]
testRANDOM.data  testRANDOM.sh
```

In einem Verzeichnis sind vier Dateien. Wir möchten nun aber jedoch `testRandom.sh` mit `ls` anzeigen lassen. Nun kommt die Dateinamenerweiterung zum Einsatz. Man tippt das Kommando und beispielsweise `test` gefolgt von [Tab], die Bash ergänzt den Dateinamen soweit das Pattern zuzuordnen ist. Im Beispiel bis `testRandom..` Nach nochmaligem Drücken der [Tab]-Taste listet die Bash alle noch zur

Verfügung stehenden Dateinamen und bietet nach der Ausgabe der Möglichkeiten wieder den Prompt zur Eingabe an. Diese Funktion steht nicht nur für Dateinamen, sondern auch für Verzeichnisnamen und Pfade zur Verfügung.

Mit FIGNORE kann man nun dafür sorgen, dass bestimmte Suffixe bei der Dateinamenvervollständigung ignoriert werden.

```
$ ls testRANDOM.[Tab]
testRANDOM.data   testRANDOM.sh
$ ls testRANDOM.
$ FIGNORE=.sh
$ ls testRANDOM.[Tab]
$ ls testRANDOM.data
```

Damit funktioniert die Dateinamenerweiterung natürlich auch nicht mehr für ./testRANDOM.sh selbst. Sie müssen also genau überlegen, in welchen Situationen der Einsatz von FIGNORE sinnvoll ist. Ein mögliches Szenario ist z. B. die Bearbeitung von C-Quelltexten. Hier möchte man nur die Dateien bearbeiten, die die Endung .c haben, nicht die mit .o. Möchte man zudem die Tilde ausschließen, muss diese bei der Zuweisung entwertet werden, weil sie andernfalls zum Homedir expandiert wird:

```
$ FIGNORE=.o:~
$ echo $FIGNORE
.o:/home/cme
$ FIGNORE=.o:\~
$ echo $FIGNORE
.o:~
```

GLOBIGNORE

Ähnlich wie FIGNORE enthält GLOBIGNORE eine durch Doppelpunkt getrennte Liste von Mustern. Jedoch werden diese bei der Pfadnamen-Expansion ignoriert.

```
$ touch {foo,bar}{1..2}.{c,o}
$ ls *
bar1.c  bar1.o  bar2.c  bar2.o  foo1.c  foo1.o  foo2.c  foo2.o
$ GLOBIGNORE=*.o
$ ls *
bar1.c  bar2.c  foo1.c  foo2.c
$ GLOBIGNORE=*.o:*2*
$ ls *
bar1.c  foo1.c
```

Dieses Beispiel zeigt, wie das Globbing durch GLOBIGNORE verändert werden kann.

Im Gegensatz zu FIGNORE, das nur in interaktiven Shells bei der Dateinamenvollständigung zur Auswertung kommt, kann GLOBIGNORE in Skripten sehr wertvoll sein. Möchten Sie beispielsweise aus einem Arbeitsverzeichnis verschiedene Dateien aus Zwischenzuständen der Entwicklung entfernen, könnten Sie natürlich Muster für die zu löschenden Dateien angeben. Alternativ bietet es sich aber an, mit GLOBIGNORE die Dateimuster zu definieren, die *nicht* gelöscht werden sollen:

```
GLOBIGNORE=*.c:*.tex
rm *
```

GLOBIGNORE sollte aber auch mit Vorsicht behandelt werden, denn ein falsches Pattern kann dafür sorgen, dass Globbing an sich nicht mehr funktioniert.

```
$ ls *
bar1.c  bar1.o  bar2.c  bar2.o  foo1.c  foo1.o  foo2.c  foo2.o
$ GLOBIGNORE=*
$ ls *
ls: Zugriff auf * nicht möglich: Datei oder Verzeichnis nicht
gefunden
$ ls bar?.c
ls: Zugriff auf bar?.log nicht möglich: Datei oder Verzeichnis
nicht gefunden
```

Hier wurde das Muster in GLOBIGNORE auf * gestellt. Das Pattern trifft auf jedes Vorkommen zu, und somit ist Globbing nicht mehr möglich.

Das Verhalten erklärt sich aus der Definition der Arbeitsweise dieser Variablen: Matcht ein Dateiname auf eine Pfadnamen-Expansion und zusätzlich auf ein Pattern in GLOBIGNORE, wird dieser Pfad aus der Ergebnisliste gestrichen.

HISTSIZE

In der Standardeinstellung speichert die Bash die 500 letzten Kommandos in der History. Um einen anderen Wert für jede Bash-Sitzung festzulegen, erfolgt die Zuweisung in einer Profildatei, beispielsweise in ~/.bash_profile. Der folgende Eintrag lädt den gewünschten Wert bei jedem Login bzw. Start der Bash:

```
export HISTSIZE=1000
```

HOME

speichert das Heimatverzeichnis des Benutzers. Der Inhalt dieser Variablen wird auch für die Tilde-Expansion herangezogen.

```
$ echo $HOME
/home/cme
$ HOME=/tmp
$ echo $HOME
/tmp
$ ls -la ~
```

5.3 Shell-Variablen

```
insgesamt 44
drwxrwxrwt 10 root root 4096 11. Jan 11:53 .
drwxr-xr-x 22 root root 4096 15. Okt 18:36 ..
drwxr-xr-x  2 root root 4096 11. Jan 10:03 hsperfdata_root
drwxrwxrwt  2 root root 4096 25. Nov 16:47 .ICE-unix
drwx------  2 cme  cme  4096 11. Jan 11:53 ssh-zQcaM23527
-rw-------  1 cme  cme     0 15. Dez 11:42 tmp.JUczvYgKlE
drwx------  2 cme  cme  4096 15. Dez 11:43 tmp.PoDeqnKDbW
drwx------  2 root root 4096 25. Nov 16:46 vmware-root
-rw-r--r--  1 root root   49 11. Jan 13:41 watcher.log
drwxrwxrwt  2 root root 4096 25. Nov 16:47 .X11-unix
```

IFS

Der *Internal Field Separator* dient der Aufteilung von Strings in einzelne Wörter. Das `read`-Builtin nutzt IFS für die Trennung von Zeilen in einzelne Wörter. Per Default werden Wörter durch die Werte [Space], [Tab] und [Newline] getrennt.

```
$ read user pass uid gid gecos homedir shell < <(head -1 \
/etc/passwd)
$ echo $user
root:x:0:0:root:/root:/bin/bash
$ echo $pass

$ IFS=: read user pass uid gid gecos homedir shell < <(head -1 \
/etc/passwd)
$ $user
root
$ echo $pass
x
```

In diesem Beispiel wird die erste Zeile der Datei /etc/passwd an read gesendet (zur Prozess-Substitution mit <(...) vgl. Abschnitt 9.4). read soll die Felder in den jeweiligen Variablen speichern. Im ersten Versuch landet aber die gesamte Eingabezeile in der ersten Variablen und die folgenden sind leer, weil read vergeblich versucht, die Eingabezeile anhand der Standardwerte von IFS zu trennen. Im folgenden Aufruf ändern wir den Wert von IFS auf den Doppelpunkt, der auch das Trennzeichen in der Datei passwd ist. Daraufhin werden die Variablen korrekt gefüllt.

LANG

speichert einen locale-String, der herangezogen wird, wenn in einer der Variablen LC_ kein entsprechender Wert eingetragen wurde.

LC_*

In den LC_-Variablen werden locale-Strings gespeichert. Diese werden z. B. dafür genutzt, um Fehlermeldungen der Bash zu lokalisieren.[8] Sämtliche LC_-Variablen setzt man über LC_ALL auf einen Wert.

---

[8] Für einen Überblick über alle LC_-Parameter sei ein Blick in `man locale` empfohlen.

5 Variablen

PATH
: speichert die Suchliste für Kommandos in einer durch Doppelpunkte getrennten Liste. Eine leere Liste – die durch einen einzelnen Doppelpunkt angegeben wird – lässt die Bash nur im aktuellen Verzeichnis nach Kommandos suchen. Genau wie der . in PATH stellt eine leere Liste ein erhebliches Sicherheitsrisiko dar, wenn Skripte Namen von Systemtools verwenden.

```
$ PATH=:
$ echo $PATH
:
$ ls
-bash: ls: command not found
$ cd myscript/
$ ls
Ich bin nicht, was ich zu sein scheine
Ich bin nicht das "ls"-Kommando
Würde in mir ein "rm" stehen, könnte ich viel schaden anrichten.

Es könnte ein "rm /*" aufgerufen werden.
```

Die Variable PATH wird in der Regel durch den Administrator gesetzt. Gängige Werte für nicht administrative Benutzer wären:

```
$ echo $PATH
/usr/local/bin:/usr/bin:/bin:/usr/games
```

Für einen administrativen Benutzer finden sich für gewöhnlich noch Einträge für /sbin und /usr/sbin, da dort Kommandos für die Systemverwaltung hinterlegt sind.

PS1
: Die Variablen PS* beeinflussen das Format des Shell-Prompts. PS1 definiert den Standard-Prompt der Bash.[9]

Ein gängige Konfiguration für den Prompt ist z. B.:

```
$ echo $PS1
\u@\h:\w\$
```

Sie können den Prompt auch farbig gestalten. Das ist vor allem dann sinnvoll, wenn man nicht privilegierte und privilegierte Nutzer unterscheiden möchte. Hierfür stehen diverse Farb- und Formatcodes für die Textformatierung zur Verfügung. Hier einige Beispiele:

\e[0;31m
: Farbe Rot

---

[9] Eine vollständige Liste der Steuersequenzen für die Darstellung von Texten – nicht nur für die PS-Variablen – finden Sie in der Bash-Manpage unter dem Suchbegriff PROMPTING.

`\e[0;32m`
: Farbe Grün

`\e[0m`
: Text Reset

Mit dem o. g. Formatcode „Text Reset" werden alle Formatierungen wieder auf den Standard zurückgesetzt.

Um den Prompt eines normalen Benutzers grün zu setzen, ist PS1 folgendermaßen zu belegen:

```
$ PS1="\e[0;32m\u@\h:\w\$\e[0m "
```

Damit ist der Prompt grün, und der geschriebenen Text erscheint weiterhin in der gewählten Vordergrundfarbe.

Da die Escape-Sequenzen für die farbige Darstellung von Text recht kryptisch sind, bieten sich dafür eigene Variablen an:

```
$ trot="\e[0;31m"
$ tgruen="\e[0;32m"
$ treset="\e[0m"
$ PS1="$tgruen\u@\h:\w\$$treset "
$ echo -e "$trotText in rot $treset"
Text in rot
```

PS2
: Mit PS2 beeinflussen Sie das Aussehen des zweiten Prompts, der per Default auf > steht. Es stehen dieselben Steuersequenzen wie für die anderen PS-Variablen zur Verfügung. PS2 wird immer dann verwendet, wenn die Eingabe auf der ersten Prompt-Zeile nicht beendet wurde.

```
$ echo "foo
> bar
> baz"
foo
bar
baz
```

PS3
: Mit dem `select`-Konstrukt (vgl. Seite 107) erzeugen Sie einfache Abfrage-Menüs, die per Default den Auswahl-Prompt im Format #? haben. Diesen gestalten Sie über PS3.

PS4
: PS4 ist die Variable Trace-Prompt, der beim Aufruf eines Skripts mit `bash -x` erscheint, und zwar vor jedem auszuführenden Kommando; Default ist +.

```
#!/bin/bash

export PS4='$0.$LINENO+ '
ls -l /etc/apache2/mods-available | wc -l
du -sh ~
```

Das vereinfachte Skript zeigt, wie man den Trace-Output in Bash-Skripten für sich verbessern kann. Zu Beginn des Skripts wird PS4 mit $0 und $LINENO, gefolgt von einem +, gefüllt. So wird beim Aufruf des Skripts mit `bash -x` ab Zeile 4 immer der Skriptname und die gerade bearbeitete Zeilennummer angezeigt, was etwa das Debugging von Bash-Skripten deutlich erleichtert.

In diesem Beispiel haben wir PS4 zwei Variablen zugewiesen und diese in einfache Anführungszeichen gekapselt. Das ist in diesem Fall besonders wichtig – bei doppelten Anführungszeichen würden die Variablen sofort zu ihren Werten expandiert; im Beispiel würde in PS4 folglich `debug.sh.3+` stehen.

Die einfachen Anführungszeichen verhindern also eine sofortige Expansion. Erst beim Aufruf des Skripts im Trace-Modus wird der Inhalt der Variablen mit jeder Tracezeile expandiert, wodurch man den Skriptnamen und die aktuelle Zeilennummer im Skript erhält:

```
$ bash -x debug.sh
+ export 'PS4=$0.$LINENO+ '
+ PS4='$0.$LINENO+ '
debug.sh.4+ ls -l /etc/apache2/mods-available
debug.sh.4+ wc -l
87
debug.sh.5+ du -sh /home/cme
87M     /home/cme
```

TMPDIR
: Ist die Variable gesetzt, benutzt die Bash diesen Pfad, um temporäre Dateien und Verzeichnisse zu erzeugen. Wird TMPDIR mit einem gültigen Wert exportiert, nutzen Programme wie z. B. `mktemp` die Variable für ihre Arbeit:

```
$ export TMPDIR=~/tmp
$ mktemp
/home/cme/tmp/tmp.FjJkiHCMCq
```

Die Änderung von Werten der Shell-Variablen – soweit man sie überhaupt ändern kann – beziehen sich nur auf die aktuelle Shell-Session. Möchten Sie die Änderungen für alle Kindprozesse festschreiben, geschieht dies über `export`. Sollen sie zudem über einen Logout hinweg gültig sein, sind entsprechende Eintragung z. B. in `~/.bash_profile` notwendig.

5.4 Parameter Expansion

Nach den Grundlagen von skalaren Variablen, Arrays und Shell-Variablen kommen wir zu einem mächtigen Feature der Bash: der *Parameter Expansion*, die man auch als Variablen-Manipulation beschreiben könnte. So ist es sehr einfach, bestimmte Teile eines Strings auszuschneiden oder die Zahl der Zeichen in einem String zu zählen.

Die Syntax der Parameter Expansion ist durchaus gewöhnungsbedürftig. Die wichtigste Regel lautet, den Variablennamen mit geschweiften Klammern zu maskieren.

Es ist eine sehr gute Idee, bei der Verwendung einer Variablen den Namen immer mit geschweiften Klammern zu umschließen. Auf diese Art und Weise ist sichergestellt, dass erstens die Bash nicht versucht einen Parameter zu expandieren, den es nicht gibt. Das kann vor allem dann passieren, wenn dem Variablennamen ein Zeichen folgt, der auch Teil des Namens selbst sein kann.

```
$ ls *
bar1.c   bar1.o   foo1.c   foo1.o
$ for obj in *.o; do mv $obj $obj_old; done
mv: Fehlender Zieldatei Operand hinter "bar1.o"
"mv --help" gibt weitere Informationen.
mv: Fehlender Zieldatei Operand hinter "foo1.o"
"mv --help" gibt weitere Informationen.
```

Warum kommt es zu diesen Fehlermeldungen? Die `for`-Schleife iteriert über alle Objekt-Dateien und speichert die jeweils aktuelle in der Variablen `obj`. Innerhalb der Schleife soll die Objektdatei umbenannt werden – der Datei soll der String `_old` angehängt werden.

Die Bash interpretiert jedoch `$obj_old` als Variablennamen, da der Unterstrich Teil des Namens sein kann. Diese Variable ist jedoch nicht definiert und wird somit zu einem Leerstring expandiert, wodurch dem `mv` keine Zieldatei übergeben wird.

```
$ for obj in *.o; do mv $obj ${obj}_old; done
$ ls *_old
bar1.o_old   foo1.o_old
```

Maskiert man die den Variablennamen durch ein Paar geschweifter Klammern, verhält sich die Bash erwartungsgemäß.

Ein anderer Fall, wo die geschweiften Klammern ebenfalls notwendig sind, ist die Expansion zweistelliger Positional Parameters (vgl. Abschnitt 4.4.3). Auch der Zugriff auf die einzelnen Elemente eines Arrays erfordert immer geschweifte Klammern (siehe 5.1.3 auf Seite 73). Hier werden die eckigen Klammern nicht als Teil des Variablennamens interpretiert, da sie bei Variablenzuweisungen ausschließlich der Angabe eines Index dienen. Bei z. B.

einem `echo` hingegen werden eckige Klammern als ausgebbare Zeichen interpretiert.

Angesichts der Vorteile geschweifter Klammern spricht also trotz des erhöhten Schreibaufwands einiges für deren Einsatz zur Maskierung von Variablennamen.

Einige Beispiele (wir nutzen im Folgenden die kürzere Schreibweise `var` und `val` für „Variable" bzw. „Wert"):

`${var:-val}`
: Ist `var` leer oder unset, wird stattdessen `val` genutzt – andernfalls der Wert von `var`.

```
#!/bin/bash

read -p "Bitte gib einen String ein: " r

echo "In der Variablen \$r steht jetzt \"${r:-"nichts"}\"."

echo "Und hier noch einmal der Inhalt von \$r: \"$r\""
```

Das kleine Skript liest einen String von `stdin` ein und gibt ihn mit einem kleinen Text wieder aus. Wurde ein leerer String eingegeben, wird stattdessen `nichts` ausgegeben.

```
$ ./default.sh
Bitte gib einen String ein:
In der Variablen $r steht jetzt "nichts".
Und hier noch einmal der Inhalt von $r: ""
$ ./default.sh
Bitte gib einen String ein: mein String
In der Variablen $r steht jetzt "mein String".
Und hier noch einmal der Inhalt von $r: "mein String"
```

Im Beispiel ist schön zu erkennen, dass zwar im ersten `echo` der gewünschte Default-Wert benutzt wird, jedoch nicht im zweiten. Einen Ausweg aus diesem Dilema bietet die nächste Variante.

`${var:=val}`
: Ist `var` leer oder unset, wird `val` der Variablen zugewiesen und expandiert.

```
#!/bin/bash

read -p "Bitte gib einen String ein: " r

echo "In der Variablen \$r steht jetzt \"${r:="nichts"}\"."

echo "Und hier noch einmal der Inhalt von \$r: \"$r\""
```

In der leicht veränderten Version des vorangegangenen Beispiels erfolgt die Zuweisung eines Default-Werts statt dessen reiner Ausgabe.

```
$ ./default2.sh
Bitte gib einen String ein:
In der Variablen $r steht jetzt "nichts".
Und hier noch einmal der Inhalt von $r: "nichts"
```

Der im ersten `echo` benutzte String wird hier nicht nur ausgegeben, sondern der Variablen auch zugewiesen. Diese Manipulation eignet sich besonders gut, um Variablen von User-Eingaben mit Default-Werten zu belegen, wenn diese mehrfach benutzt werden sollen. Das wäre auch über Bedingungen und Zuweisungen zu erreichen, jedoch ist die gezeigte Vorgehensweise eleganter und schneller.

${var:?val}
: gibt eine Meldung mit dem Inhalt von `val` auf `stdout` aus. Wird kein Wert für `val` angegeben, erscheint eine Standardfehlermeldung.

```
$ echo ${var:?"Die Variable ist leer"}
-bash: var: Die Variable ist leer
$ echo ${var:?}
-bash: var: parameter null or not set
```

Mit dieser Parameter Expansion reagieren Sie ohne großen Aufwand auf Fehleingaben bei der Interaktion mit dem Benutzer.

${var:+val}
: Ist `var` leer oder unset, wird nichts ersetzt, andernfalls wird `val` ersetzt.

```
$ echo ${foo:+baz}

$ foo=bar
$ echo ${foo:+baz}
baz
```

Diese Manipulation wird auch als *Alternativ-Wert* bezeichnet. Unabhängig vom Inhalt einer Variablen wird immer der angegebene Wert ausgegeben. Wichtig ist zu beachten, dass hier keine Zuweisung stattfindet.

${var:offset} bzw. ${var:offset:length}
: gibt den den Inhalt der Variablen ab `offset` bis zum Ende aus. Wurde `length` ebenfalls angeben, wird der Inhalt ab `offset` mit der Länge `length` ausgegeben.

```
$ var=blafasel
$ echo ${var:3}
fasel
$ echo ${var:0:3}
bla
```

${!name*} bzw. ${!name@}
: expandiert zu einer Liste von Variablennamen, die mit name beginnen. Die Namen werden mit dem ersten Zeichen aus IFS getrennt.

```
$ echo ${!BA*}
BASH BASH_ARGC BASH_ARGV BASH_COMMAND BASH_LINENO
BASH_SOURCE BASH_SUBSHELL BASH_VERSINFO BASH_VERSION
$ echo ${!BA@}
BASH BASH_ARGC BASH_ARGV BASH_COMMAND BASH_LINENO
BASH_SOURCE BASH_SUBSHELL BASH_VERSINFO BASH_VERSION
```

${!var[@]} bzw. ${!var[*]}
: Handelt es sich bei var um ein Array, so expandiert dieser Ausdruck zu einer Liste der Indizes, die in einem Array vergeben wurden. Handelt es sich bei var um kein Array, so expandiert der Ausdruck zu 0. Wurde @ genutzt und der Ausdruck in doppelte Anführungszeichen gesetzt, so expandiert der Ausdruck jeden Index zu einem eigenen Wort.

```
$ var=(a b c d)
$ echo ${!var[*]}
0 1 2 3
$ var[100]="Wert von 100"
$ echo ${!var[*]}
0 1 2 3 100
```

Wie das Beispiel zeigt, expandiert der Ausdruck nur zu den Indizes, die wirklich mit Werten belegt sind. In der Bash ab Version 4 expandiert der Ausdruck auch zu Indizes assoziativer Arrays:

```
$ declare -A var
$ var[foo]=1
$ var[bar]=2
$ var[baz]=3
$ echo ${!var[*]}
bar baz foo
```

Bei assoziativen Arrays können auch Indizes mit Leerzeichen verwendet werden. Hier ist der Ausdruck ${var[@]} sehr hilfreich, um z. B. über die Array-Elemente zu iterieren.

```
#!/home/cme/bin/bash

declare -A arr

arr[foo]=1
arr[bar]=2
arr[baz]=3
arr['bla fasel']=4

for i in ${!arr[*]}
```

```
do
        echo -n "Wert von '$i' ist: "
        echo ${arr[$i]}
done
```

Das Skript erstellt ein assoziatives Array und füllt es mit vier Werten. Mit `${var[*]}` soll nun über die Elemente des Arrays interiert werden – ein Blick auf das Ergebnis entspricht allerdings nicht unseren Erwartungen:

```
$ ./bash4arrayInteration.sh
Wert von 'bla' ist:
Wert von 'fasel' ist:
Wert von 'bar' ist: 2
Wert von 'baz' ist: 3
Wert von 'foo' ist: 1
```

Aus dem Index `bla fasel` werden zwei separate Werte gemacht, womit der Zugriff auf das richtige Element scheitert. Ein Ausweg aus diesem Problem bietet der Ausdruck `${var[@]}`. Er wurde nun zur Iteration über die Array-Elemente benutzt. Um jedes Array-Element als eine Iteration zu erhalten, wurde der Ausdruck noch von doppelten Anführungszeichen umschlossen.

```
#!/home/cme/bin/bash

declare -A arr

arr[foo]=1
arr[bar]=2
arr[baz]=3
arr['bla fasel']=4

for i in "${!arr[@]}"
do
        echo -n "Wert von '$i' ist: "
        echo ${arr[$i]}
done
```

Nun stimmt auch das Ergebnis:

```
$ ./bash4arrayInteration2.sh
Wert von 'bla fasel' ist: 4
Wert von 'bar' ist: 2
Wert von 'baz' ist: 3
Wert von 'foo' ist: 1
```

Bei der Arbeit mit assoziativen Arrays fällt auf, dass die Indizes nicht in der Reihenfolge der Zuweisung, sondern in alphabetischer Sortierung ausgegeben werden. Das Verhalten entspricht dem von numerisch indizierten Arrays.

$#var
: speichert die Anzahl der Zeichen des Variablenwerts. Wird für `var` * oder @ verwendet, erhält man die Anzahl der Positionsparameter. Gibt man für `var` ein Array mit dem Index * oder @ an, wird der Ausdruck zu der Anzahl der Array-Elemente expandiert.

```
$ var=blafasel
$ echo ${#var}
8
$ set foo bar baz
$ echo $*
foo bar baz
$ echo ${#*}
3
$ arr=(1 2 3 4)
$ echo ${#arr[*]}
4
```

Das Listing zeigt die Anwendung des Ausdrucks $#var bei verschiedenen Variablentypen. Das erste Beispiel erzeugt eine skalare Variable durch Zuweisung und gibt die Anzahl der Zeichen des Strings aus.

Im nächsten Beispiel werden drei Positionsparameter mit `set` gesetzt und zur Kontrolle die Werte der Positional Parameter nochmals ausgegeben. Anschließend wird die Anzahl der gesetzten Positionsparameter mit ${#*} nach stdout geschrieben.

Das letzte Beispiel erzeugt ein Array mit vier Elementen und gibt die Anzahl der Array-Elemente aus. Zur Ausgabe der Anzahl der Positionsparameter und der Array-Elemente hätte man statt * auch @ verwenden können.

${var#muster}
: führt eine Prefix-Eliminierung durch. Für `muster` gelten die Regeln der Pfadnamen-Expansion. Der Ausdruck entfernt die kürzeste Entsprechung von `muster` aus dem Inhalt von `var` und expandiert den Rest des Strings.

```
$ today=$(date +"%d.%m.%Y")
$ echo $today
12.01.2011
$ echo "wir befinden uns im Monat ${today#*.}"
wir befinden uns im Monat 01.2011
$ echo $today
12.01.2011
```

Im Beispiel weisen wir der Variablen `today` das aktuelle Datum zu, schneiden mithilfe der Prefix-Eliminierung den Teil bis zum ersten Punkt ab – der kürzeste Teil – und geben den Rest des Strings aus.

Beachten Sie, dass es sich hier um eine Veränderung des zu expandierenden Strings, nicht um eine Zuweisung handelt. Möchten Sie den veränderten String speichern, müssen Sie ihn der Originalvariablen zuweisen.

`${var##muster}`
: ebenfalls eine Prefix-Eliminierung, doch wird hier der längst mögliche Teil, der auf das Muster passt, ausgeschnitten und der Rest expandiert. Man spricht hier auch vom *Longest Path*.

```
$ echo "wir befinden uns im Jahr ${today##*.}"
wir befinden uns im Jahr 2011
$ echo $today
12.01.2011
```

`${var%muster}`
: Neben der Prefix-Eliminierung steht auch eine Suffix-Eliminierung zur Verfügung, für die ebenfalls die Regeln der Pfadnamen-Expansion gelten. In dieser Variante wird die kürzeste Entsprechung (*Shortest Path*) aus dem Inhalt von var ausgeschnitten und der Rest expandiert.

```
$ cut=/usr/bin/cut
$ dirname $cut
/usr/bin
$ echo ${cut%/*}
/usr/bin
```

Das Beispiel zeigt, dass es wie immer mehr als einen Weg zum Ziel gibt: Zunächst weisen wir der Variablen cut den vollständigen Pfad zum Kommando cut zu. Mit dirname gibt man von einer Datei (oder einem Verzeichnis) den Pfad aus. Da es sich bei dirname jedoch um ein eigenes Programm handelt, führt der Aufruf zu einem neuen Kindprozess. Der zweite Weg über die Suffix-Eliminierung ist darum ressourcenschonender.

`${var%%muster}`
: Mit doppeltem % wird die längste Entsprechung von muster aus dem Inhalt von var entfernt und der Rest ausgegeben. Hier spricht man ebenfalls vom *Longest Path*.

```
$ passwd=$(head -1 /etc/passwd)
$ echo ${passwd%%:*}
root
```

Im Beispiel wird die erste Zeile aus der Datei /etc/passwd gelesen. Das folgende echo gibt mithilfe der Suffix-Eliminierung das erste Feld aus, indem alle Zeichen bis einschließlich des letzten Doppelpunkts ausgeschnitten werden.

${var/muster/ersatz}
: Hier folgt muster den Regeln der Pfadnamen-Expansion, und der größtmögliche Teil in var wird durch ersatz ersetzt. Beginnt muster mit einen Slash, werden alle Treffer ersetzt – sonst nur der erste. Beginnt muster mit #, muss die Ersetzung am Beginn des Strings stattfinden. Mit einem % am Anfang von muster muss die Ersetzung am Ende stattfinden. Wird für var * oder @ angegeben, wird die Ersetzung auf jeden Positionsparameter angewendet. Wurde für var ein Array mit dem Index-Wert * oder @ angegeben, wird die Ersetzung auf die Array-Elemente angewendet.

```
$ umlaut="<p>Bücher sind toll und ich habe viele Bücher</p>"
$ echo ${umlaut/ü/&uml;}
<p>B&uml;/cher sind toll und ich habe viele Bücher</p>
$ echo ${umlaut//ü/&uml;}
<p>B&uml;/cher sind toll und ich habe viele B&uml;cher</p>
```

Das Beispiel weist einer Variablen einen HTML-String zu und ersetzt im zweiten Schritt den angegebenen Umlaut durch eine HTML-Entity. Das zweite Beispiel zeigt die Wirkung des vorangestellten /.

Hier ein Beispiel zur Muster-Ersetzung für Positionsparameter:

```
$ set Bücher Küche
$ echo ${*/ü/ue}
Buecher Kueche
```

set erzeugt zwei Positionsparameter, und im anschließenden echo-Aufruf werden die Umlaute vor der Ausgabe durch ihre vokale Entsprechung ersetzt.

```
$ arr=(Bücher Küche)
$ echo ${arr[*]/ü/ue}
Buecher Kueche
```

Hier wird ein Array mit zwei Elementen erzeugt, die jeweils zwei Strings mit Umlauten enthalten; anschließend findet eine Muster-Ersetzung auf diese Elemente statt.

Auch hier ist zu beachten, dass die Ersetzung lediglich während der Expansion stattfindet und dass es zu keiner Zuweisung der geänderten Werte kommt.

Mit den gezeigten Ausdrücken beherrschen Sie bereits den größten Teil der Paramter Expansion; Bash Version 4 führt vier weitere ein, die wir nachfolgend näher betrachten wollen. Es handelt sich um Ausdrücke, die auf die Groß-/Kleinschreibung von gespeicherten Strings einwirken.

${var^muster}
: dient der einfachen Umwandlung von Klein- in Großschreibung. Mit einem einzelnen ^ wird lediglich die erste Entsprechung von muster ersetzt. Ist muster nicht angegeben, erfolgt die Ersetzung für das erste Zeichen.

${var^^muster}
: Mit dem Doppel-Caret werden alle Vorkommen von muster in Großbuchstaben umgewandelt – ohne Angabe von muster alle Zeichen.

```
$ string=abc
$ echo ${string^}
Abc
$ echo ${string^^}
ABC
```

${var,muster}
: Eine Umwandlung von Groß- in Kleinbuchstaben erreicht man über diesen Ausdruck. Ein einzelnes Komma sorgt dafür, dass das erste Vorkommen von muster umgewandelt wird. Ohne Angabe von muster wird es wie ? interpretiert und matcht folglich alle Zeichen.

${var,,muster}
: Das doppelte Komma sorgt dafür, dass alle Vorkommen von muster in Großbuchstaben gewandelt werden. Auch hier gilt: Wurde muster nicht angegeben, so findet die Umwandlung auf den gesamten String statt.

```
$ string2=ABC
$ echo ${string2,}
aBC
$ echo ${string2,,}
abc
```

Wird in den Ausdrücken zur Veränderung der Schreibweisen für var ein * oder ein @ angegeben, werden die Umwandlungen auf alle Positionsparameter angewendet.

```
$ set abc def
$ echo ${*^}
Abc Def
```

Um die Umwandlung auf alle Elemente eines Arrays anzuwenden, ist für var eine Variable mit dem Index * oder @ anzugeben.

```
$ arr=(uvw xyz)
$ echo ${arr[*]^^}
UVW XYZ
```

Programmstrukturen

Neben Variablen gehören Programmstrukturen zu den wichtigsten Bestandteilen, will man nicht nur einfach Batchdateien, sondern umfangreiche Programme entwickeln.

Zum Beispiel reichen Shell-Variablen und Rückgabewerte von Ausdrücken nicht, um den Programmablauf eine Skripts zu strukturieren, es sind auch Bedingungen notwendig: Eventuell möchten Sie Benutzereingaben auf Validität prüfen oder den Programmverlauf anhand von Programmoptionen ändern – all dies setzt Programmstrukturen voraus.

6.1 Verzweigungen

Verzweigungen sind – neben Schleifen – elementarer Bestandteil von Programmiersprachen. Von einer Verzweigung spricht man, wenn eine oder mehrere Bedingungen festlegen, welcher Programmabschnitt ausgeführt wird, wobei es auch mehr als zwei Alternativen geben kann.

6.1.1 Bedingungsausdrücke

Verschaffen wir uns also einen Überblick über die wichtigsten Bedingungsausdrücke.[1] Für Bedingungen rund um Dateien stehen die folgenden Ausdrücke zur Verfügung:

-d pfad
> wahr, wenn pfad existiert und ein Verzeichnist ist.

-f pfad
> wahr, wenn pfad existiert und eine Datei ist.

-r pfad
> wahr, wenn pfad existiert und lesbar ist.

-s pfad
> wahr, wenn pfad existiert und größer als 0 Byte ist.

-w pfad
> wahr, wenn pfad existiert und schreibbar ist.

-x pfad
> wahr, wenn pfad existiert und ausführbar ist.

pfad1 -nt pfad2
> wahr, wenn pfad1 neuer als pfad2 ist.

pfad1 -ot pfad2
> wahr, wenn pfad1 älter als pfad2 ist.

Wichtige String-Vergleiche:

-z string
> wahr, wenn string eine Länge von 0 hat.

-n string
> wahr, wenn string eine Länge ungleich 0 hat.

string1 == string2
> wahr, wenn string1 gleich string2. Es kann auch = verwendet werden, wenn man dem POSIX-Standard folgen möchte.

string1 != string2
> wahr, wenn string1 ungleich string2 ist.

---

[1] Für eine Liste aller Bedingungsausdrücke siehe **man bash** (Abschnitt CONDITIONAL EXPRESSIONS) bzw. **man test**.

string1 < string2
: wahr, wenn `string1` alphabetisch vor `string2` eingeordnet werden kann. Hierbei werden beide Strings anhand der aktuellen `locales` verglichen.

string1 > string2
: wahr, wenn `string1` alphabetisch nach `string2` einzusortieren ist. Auch dieser Vergleich findet anhand der aktuellen `locales` statt.

Für mathematische Vergleiche kann man die folgenden Ausdrücke verwenden. Hierbei erhält man einen wahren Wert, wenn:

arg1 -eq arg2
: `arg1` gleich `arg2` ist.

arg1 -ne arg2
: `arg1` ungleich `arg2` ist.

arg1 -lt arg2
: `arg1` kleiner `arg2` ist.

arg1 -le arg2
: `arg1` kleiner oder gleich `arg2` ist.

arg1 -gt arg2
: `arg1` größer `arg2` ist.

arg1 -ge arg2
: `arg1` größer oder gleich `arg2` ist.

6.1.2 Bedingungen mit if

Die einfachste Form der Verzweigung stellt die sogenannte bedingte Anweisung dar. Sie besteht aus einer Bedingung und einem Codeblock, der aus einer oder mehreren Codezeilen besteht. Bei der Programmausführung wird die Bedingung bei Erreichen der bedingten Anweisung geprüft und der entsprechende Codeblock ausgeführt. Nach der Abarbeitung der bedingten Anweisung wird der übrige Code im Programm abgearbeitet.

Eine bedingte Anweisung hat in der Bash die folgende Syntax:

```
if <Bedingung> ; then <Block> ; fi
```

Hat <Bedingung> einen Rückgabewert 0, wird <Block> ausgeführt. Erweitert man das Beispiel von Seite 60 um einen Test, ob der ausführende Benutzer `root` ist, erhält man folgenden Code:

6 Programmstrukturen

Listing 6.1:
clearLogs3.sh

```
 1  #!/bin/bash
 2  #
 3  # clearLogs3.sh
 4  #
 5  # leert alle Einträge in mylog
 6  #
 7
 8  # testen, ob das Programm von 'root' gestartet wurde
 9  if [ "$EUID" != "0" ]
10  then
11          echo "Das Programm muss von root gestartet werden"
12          exit 1
13  fi
14
15  LOG_DIR="~/myscript/log"
16
17  cd $LOG_DIR
18
19  # leeren mylog
20  cat /dev/null > mylog
21
22  # gibt Info auf stdout aus
23  echo "Logs wurden bereinigt..."
24
25  exit
```

In Zeile 9-13 wurde die Überprüfung der effektiven UID eingefügt. Betrachtet man die Syntax dieses einfachen `if`-Konstrukts, fällt auf, dass die Bedingung in eckigen Klammern steht. Zwischen dem `if` und der öffnenden eckigen Klammer muss ein Leerzeichen stehen, ebenso zwischen den eckigen Klammern und der Bedingung.

Bei `[` handelt es sich in der Bash um ein Synonym für das Builtin `test`. Die Bestandteile der Bedingung stellen Argumente von `test` dar. Da Argumente vom Kommando und allen weiteren Argumenten durch mindestens ein Leerzeichen getrennt werden müssen, ist auch nach der öffnenden eckigen Klammer ein Space notwendig. Als letztes Argument erwartet `[` immer `]`.

Bei der Bildung von Bedingungen finden die Regeln der Bedingungsausdrücke Anwendung. Man sieht im Beispiel, dass sowohl die Variable als auch der Vergleichsstring in doppelten Anführungszeichen stehen. Diese Anführungszeichen sind notwendig, um Fehler durch nicht gesetzte Variablen abzufangen.

```
$ a=a
$ test $a == a && echo "'$a' == 'a'"
'a' == 'a'
$ test $b != a && echo "'$b' != 'a'"
-bash: test: !=: unary operator expected
$ test "$b" != "a" && echo "'$b' != 'a'"
'' != 'a'
```

6.1 Verzweigungen

Das Beispiel zeigt, wie Bedingungen in einer Situation funktionieren können, in einer anderen jedoch nicht. Um immer das gewünschte Ergebnis zu erhalten, sollte man also in Vergleichen sowohl Variablen als auch Strings immer quoten.

Nach der bedingten Anweisung betrachten wir nun die einfache Verzweigung. Hierbei gibt es eine Bedingung und zwei Codeblöcke. Bei der Abarbeitung des Programmcodes wird die Bedingung geprüft; ist das Ergebnis wahr, wird der erste Codeblock ausgeführt. Ergibt die Bedingung unwahr, wird der zweite Codeblock abgearbeitet. Nach der Bearbeitung eines der Codeblöcke wird mit dem Code nach der einfachen Verzweigung fortgefahren.

In der Bash hat die einfache Verzweigung die folgende Syntax:

```
if <Bedingung> ; then <Block> ; else <Block> ; fi
```

Zur Verdeutlichung betrachten wir eine weitere Variante des oben beschriebenen Skripts und führen dort eine Benutzerabfrage ein:

Listing 6.2: clearLogs4.sh

```
1  #!/bin/bash
2  #
3  # clearLogs4.sh
4  #
5  # leert alle Einträge in mylog
6  #
7
8  LOG_DIR="/home/cme/myscript/log"
9
10 cd $LOG_DIR
11
12 read -p "Möchten Sie die Logs leeren j/N? "
13
14 if [ "${REPLY}" == "j" -o "${REPLY}" == "J" ]
15 then
16         # leeren mylog
17         cat /dev/null > mylog
18 else
19         # breche ab
20         echo "Logs wurden nicht bereinigt..."
21         exit 0
22 fi
23
24 # gibt Info auf stdout aus
25 echo "Logs wurden bereinigt..."
26
27 exit 0
```

Durch einfache Verzweigung werden drei mögliche Fälle der Eingabe abgeprüft, obwohl es nur zwei bedingte Codeblöcke gibt – zunächst, ob der Benutzer ein j oder J eingegeben hat. Um diese beiden Bedingungen zu verknüpfen, wurde der Operator -o verwendet, er steht für ein logisches Oder. Möchte man zwei Bedingungen mit einem logischen Und verbinden, verwendet man den Operator -a. Wurde einer der geprüften Werte j oder J eingegeben, wird der erste Codeblock ausgeführt. Bei der Eingabe jedes anderen Strings wird eine Meldung auf `stdout` ausgegeben und das Programm mit einem Exit-Status 0 beendet.

Eine weitere Option für die Arbeit mit `if`-Verzweigungen sind mehrfache Verzweigungen:

```
if <Bedingung>; then <Block>; elif <Bedingung>; then <Block>;
else <Block>; fi
```

Hier gibt es mindestens zwei Bedingungen: Die erste gehört in den `if`-Teil, jede weitere in einen `elif`-Teil. Ein `elif`-Teil folgt denselben Regeln, die für den `if`-Teil dargestellt wurden, ein `else`-Teil ist optional.

Listing 6.3: dayOfWeek.sh

```
1   #!/bin/bash
2
3   LC_ALL=de_DE.UTF-8
4   today=$(date +"%A")
5
6   if [ "$today" == "Montag" ]
7   then
8           echo "Montag, ich bin noch ganz schön müde"
9   elif [ "$today" == "Dienstag" -o "$today" == "Mittwoch" ]
10  then
11          echo "Jetzt aber ran, dann schaffen wir das"
12  elif [ "$today" == "Donnerstag" ]
13  then
14          echo "Wann ist denn endlich Wochenende?"
15  elif [ "$today" == "Freitag" ]
16  then
17          echo "Juhu, nur noch ein Tag"
18  else
19          echo "WOCHENENDE"
20  fi
```

Zu Beginn des Skripts wird eine Variable mit dem Namen des aktuellen Wochentags gefüllt und in der folgenden mehrfachen Verzweigung für verschiedene Wochentage jeweils ein anderer Satz ausgegeben. Bei genauerer Betrachtung des Codes fällt auf, dass zu jedem `elif`-Teil ein `then` gehört; wird es vergessen, erhält man eine Fehlermeldung und die weitere Verarbeitung wird abgebrochen.

```
$ if [ "a" = "b" ]
> then
> echo foo
> elif [ "a" = "a" ]
> echo bar
> fi
-bash: syntax error near unexpected token `fi'
```

Bedingungen in if-Konstrukten

In den Beispielen zur bedingten Anweisung oder zur einfachen und mehrfachen Verzweigung wurde bereits mit Bedingungen gearbeitet, in denen Strings bzw. numerische Werte verglichen wurden. Es ist aber auch möglich, direkt den Rückgabewert eines Programms in einer Bedingung zu nutzen.

Listing 6.4: checkHashes.sh

```
#!/bin/bash

# checken ob files Kommentare enthalten
# gesucht wird nach hashes (#)

# definiere Kommandos und Verzeichnisse
GREP=/bin/grep
TDIR=/home/cme/myscript

if [ -d "${TDIR}" ]
then
        cd ${TDIR}
        ${GREP} '#[^!]' * > /dev/null
        if [ "$?" -eq "0" ]
        then
                echo "sehr gut, es wurde kommentiert"
                exit 0
        else
                echo "hmm, da muss wohl noch was gemacht werden"
                exit 2
        fi
        # ...
else
        echo "Zielverzeichis (${TDIR}) existiert nicht ... ABBRUCH"
        exit 1
fi
```

In diesem Beispiel werden zwei verschachtelte Bedingungen geprüft – in der äußeren, ob das Verzeichnis, das in `TDIR` gespeichert ist, existiert und ein Verzeichnis ist. Ist das der Fall, wird in dieses Verzeichnis gewechselt. Danach wird eine Suche nach Hashes mit `grep` gestartet. Die Ausgaben sind unwichtig, weshalb sie nach `/dev/null` umgeleitet werden. Nach Ausführung des `grep`-Kommandos wird in der nächsten Verzweigung der Rückgabewert des letzten Kommandos – also `grep` – getestet. War der `grep`-Aufruf erfolgreich, wird eine entsprechende Meldung ausgegeben und das Programm mit einem Rückgabewert von 0 beendet. Für die Fälle, dass das Zielverzeichnis nicht existiert oder nicht kommentiert wurde, beendet sich das Programm mit einem Rückgabewert ungleich 0, was einen Fehler signalisiert.

Das Beispiel ist noch verbesserungsfähig. Betrachten wir daher die folgenden Möglichkeiten, den Bash-Code zu optimieren:

Listing 6.5:
checkHashes2.sh

```
1   #!/bin/bash
2
3   # checken ob files Kommentare enthalten
4   # gesucht wird nach hashes (#)
5
6   # definiere Kommandos und Verzeichnisse
7   GREP=/bin/grep
8   TDIR=/home/cme/myscript
9
10  if [ -d "${TDIR}" ]
11  then
12          cd ${TDIR}
13          if ${GREP} -q '#[^!]' *
14          then
15                  echo "sehr gut, es wurde kommentiert"
16                  exit 0
17          else
18                  echo "hmm, da muss wohl noch was gemacht werden"
19                  exit 2
20          fi
21          # ...
22  else
23          echo "Zielverzeichis (${TDIR}) existiert nicht ... ABBRUCH"
24          exit 1
25  fi
```

Der Code gleicht dem des Programms von Beispiel 6.4. Lediglich Zeile 13 enthält kleine Änderungen. Erstens wurde für das grep-Kommando der Parameter -q genutzt, um es im *Quiet*-Modus zu starten. zweitens – und das ist die wichtigere Änderung – wurde das Kommando direkt als Bedingung für den if-Teil eingefügt.

Diese Arbeitsweise ist möglich, da die Überprüfung von Bedingungen im if-Konstrukt in der Bash vollständig über den Rückgabewert erfolgt. Wie weiter oben bereits dargestellt, ist [ein Synonym für das Builtin test. D. h. bei einer Bedingung im Format [-d pfad] handelt es sich lediglich um einen Aufruf von test -d pfad. Existiert pfad und ist es ein Verzeichnis, gibt test 0 zurück. Auch für Bedingungen gelten die Regeln der Rückgabewerte, wie in Abschnitt 2.4 beschrieben.

6.1.3 Bedingungen mit case

Mit dem if-elif-else-Konstrukt ist es möglich, mehrfache Verzweigungen zu erstellen, es hat jedoch auch einen Nachteil: Mit jeder weiteren Bedingung steigen die Komplexität und der Umfang des Codes.

Eine andere Möglichkeit, mehrfache Verzweigungen zu realisieren, bietet das case-Konstrukt. Hier wird ein Ausdruck expandiert und der Inhalt gegen diverse Patterns getestet:

6.1 Verzweigungen

```
case <Ausdruck> in <Muster> ) <Block> ;; esac
```

In der Abarbeitung wird bei einem `case` erst `<Ausdruck>` expandiert. Dabei finden Tilde Expansion, Parameter Expansion, Arithmetic Expansion, Command Substitution, Process Substitution und Quote Removal statt. Anschließend wird versucht, `<Ausdruck>` gegen jedes der folgenden `<Muster>` zu matchen. Bei einem Treffer wird der zugehörige `<Block>` ausgeführt. Nach dem ersten Treffer findet keine weitere Überprüfung statt. Hier verhält sich die Bash anders als z. B. das `switch`-Konstrukt in C.

Der Exit-Status des gesamten Konstrukts ist 0, wenn kein Match gefunden wurde, andernfalls entspricht er dem des zuletzt ausgeführten Kommandos. Wurde die Shell-Option `nocasematch` aktiviert, findet die Musterüberprüfung ohne Beachtung der Groß- und Kleinschreibung statt.

Listing 6.6: clearLogs5.sh

```
1   #!/bin/bash
2   #
3   # clearLogs5.sh
4   #
5   # leert alle Einträge in mylog
6   #
7
8   PS4='$0.$LINENO+ '
9   LOG_DIR="/home/cme/myscript/log"
10
11  cd $LOG_DIR
12
13  read -p "Möchten Sie die Logs leeren j/N? "
14
15  case "$REPLY" in
16          j|J)
17                  # leeren mylog
18                  cat /dev/null > mylog
19                  ;;
20          n|N)
21                  # breche ab
22                  echo "Logs wurden nicht bereinigt..."
23                  exit 0
24                  ;;
25  esac
26
27  # gibt Info auf stdout aus
28  echo "Logs wurden bereinigt..."
29
30  exit 0
```

Hier ist das `if`-Konstrukt von Beispiel 6.2 durch `case` ersetzt. Die Prüfung der verschiedenen Schreibweisen der Eingabe erfolgt über ein einfaches Pipe-Symbol |. Es ist besonders wichtig, jeden `<Block>` mit einem doppelten ; abzuschließen – andernfalls wird die Verarbeitung mit einer Fehlermeldung abgebrochen.

6 Programmstrukturen

```
$ case  "$h" in
> Hallo) echo "in \$h steht Hallo"
> Bye) echo "in \$h steht Bye"
-bash: syntax error near unexpected token `)'
```

Die Strichpunkte grenzen erstens die Liste – wie bei der Verwendung von {} – und zweitens den Matching-Block vom folgenden Block ab. Ein beliebter Fehler ist die Annahme, dass bei fehlenden ;; die Bash mit der Abarbeitung des folgenden Blocks fortfährt, wenn der erste passt. Es gibt aber keine Möglichkeit, nach einem Treffer einen zweiten Block zu matchen.

Ein Blick auf das Skript während der Ausführung offenbart aber Probleme:

```
$ bash -x clearLogs5.sh
+ PS4='$0.$LINENO+ '
clearLogs5.sh.9+ LOG_DIR=/home/cme/myscript/log
clearLogs5.sh.11+ cd /home/cme/myscript/log
clearLogs5.sh.13+ read -p 'Möchten Sie die Logs leeren j/N? '
Möchten Sie die Logs leeren j/N? Nein
clearLogs5.sh.15+ case "$REPLY" in
clearLogs5.sh.28+ echo 'Logs wurden bereinigt...'
Logs wurden bereinigt...
clearLogs5.sh.30+ exit 0
```

Startet man das Skript im Trace-Modus und gibt einen nicht erwarteten Wert ein, wird das Problem deutlich: Die Eingabe Nein wird im case bearbeitet, es kommt aber zu keinem Match. Stattdessen fährt die Abarbeitung nach dem case in Zeile 28 fort, und die Meldung Logs wurden bereinigt wird ausgegeben. Diese sollte aber nicht erscheinen.

Um das Problem zu umgehen, benötigen wir ein Sprachelement wie else – dieses Element stellt das Pattern * dar.

Listing 6.7: clearLogs6.sh

```
 1  #!/bin/bash
 2  #
 3  # clearLogs6.sh
 4  #
 5  # leert alle Einträge in mylog
 6  #
 7
 8  PS4='$0.$LINENO+ '
 9  LOG_DIR="/home/cme/myscript/log"
10
11  cd $LOG_DIR
12
13  read -p "Möchten Sie die Logs leeren j/N? "
14
15  case "$REPLY" in
16          j|J)
17                  # leeren mylog
18                  cat /dev/null > mylog
19                  # gibt Info auf stdout aus
```

```
20                    echo "Logs wurden bereinigt..."
21                    ;;
22         n|N)
23                    # breche ab
24                    echo "Logs wurden nicht bereinigt..."
25                    exit 0
26                    ;;
27         *)
28                    # catch
29                    echo "Falsche Eingabe '$REPLY'"
30                    echo "Logs wurden nicht bereinigt..."
31                    exit 1
32                    ;;
33   esac
34
35   exit 0
```

Der Code des Beispiels 6.6 wurde von Zeile 27-32 um einen Block erweitert, der alles abfängt, was nicht gewünscht ist. Dieser Block führt auch zu einem Programmabbruch mit einem Return-Code von 1. Somit werden Fehleingaben sauber abgefangen, und es kommt nicht zu unerwünschten Ausgaben. Ferner wurde die Meldung, dass die Logs bereinigt wurden, in den entsprechenden `case`-Zweig verschoben.

6.1.4 Verzweigungen bei Benutzereingaben

In den vergangenen Beispielen haben wir bereits mit Benutzereingaben gearbeitet. Möchten Sie dem Benutzer nun ein einfaches Auswahlmenü zur Verfügung stellen, hilft das `select`-Element. Dessen Syntax lautet:

```
select <Var> in <Liste> ; do <Block> ; done
```

In `<Liste>` sind die Alternativen aufgeführt, die `select` nun nacheinander nach `stderr` ausliest. Dabei nutzt es die Shell-Variable COLUMNS, um zu ermitteln, wie viele Einträge auf eine Zeile geschrieben werden können. Vor jedem Eintrag erscheint eine Zahl mit einer schließenden runden Klammer. Diese Zahl stellt das Auswahlkriterium dar.

Nach der Ausgabe der Alternativen folgt die Ausgabe von PS3, und `select` wartet auf eine Eingabe auf `stdin`. Wählt der Benutzer eine der angegebenen Alternativen über die vorangestellte Zahl aus, wird `<Var>` mit dem korrespondierenden Wert aus der Liste gefüllt und `<Block>` ausgeführt.

Nach der Abarbeitung von `<Block>` kehrt die Bash zum Select zurück und gibt erneut PS3 aus. Wurde ein Wert außerhalb der Alternative gewählt, wird `<Var>` auf `null` gesetzt und `<Block>` ausgeführt. Wurde eine leere Zeile eingelesen – z.B. weil der Benutzer nur Enter gedrückt hat –, wird erneut PS3 ausgegeben.

6 Programmstrukturen

Zur Verdeutlichung der Arbeitsweise von `select` haben wir das Beispiel von Seite 102 so verändert, dass der Benutzer auswählen kann, welchen Tag der Woche das Skript bearbeiten soll:

Listing 6.8: dayOfWeek2.sh

```
 1  #!/bin/bash
 2
 3  PS4='$0.$LINENO+ '
 4  PS3="Welcher Tag ist heute: "
 5  COLUMNS=10
 6
 7  select c in "Montag" "Dienstag" "Mittwoch" "Donnerstag" "Freitag" "Samstag" "Sonntag"
 8  do
 9          case "$c" in
10              "Montag")
11                      echo "Montag, ich bin noch ganz schön müde"
12                      ;;
13              "Dienstag")
14                      echo "Jetzt aber ran, dann schaffen wir das"
15                      ;;
16              "Mittwoch"|"Donnerstag")
17                      echo "Wann ist denn endlich Wochenende?"
18                      ;;
19              "Freitag")
20                      echo "Juhu, nur noch ein Tag"
21                      ;;
22              "Samstag"|"Sonntag")
23                      echo "WOCHENENDE"
24                      break
25                      ;;
26          esac
27  done
28
29  echo "Ich schlafe am Wochenende gerne lang"
```

Zunächst gestalten wir den Prompt für die Benutzereingabe in Zeile 4 etwas aussagekräftiger. In Zeile 5 ist COLUMNS verringert, um zu gewährleisten, dass die Alternativen untereinander stehen. In Zeile 7 beginnt das `select`-Konstrukt. Eine Variable c wird der Reihe nach mit den Namen der Wochentage gefüllt, um das Auswahlmenü aufzubauen. Nach dem Menü wird PS3 ausgegeben und das Skript wartet auf eine Eingabe auf `stdin`.

Nachfolgend starten wir das Skript im Trace-Modus und prüfen den Ablauf:

```
$ bash -x dayOfWeek2.sh
+ PS4='$0.$LINENO+ '
dayOfWeek2.sh.4+ PS3='Welcher Tag ist heute: '
dayOfWeek2.sh.5+ COLUMNS=10
dayOfWeek2.sh.7+ select c in '"Montag"' '"Dienstag"' '"Mittwoch"' '"Donnerstag"' '"Freitag"' '"Samstag"' '"Sonntag"'
1) Montag
2) Dienstag
```

```
3) Mittwoch
4) Donnerstag
5) Freitag
6) Samstag
7) Sonntag
Welcher Tag ist heute: 1
dayOfWeek2.sh.9+ case "$c" in
dayOfWeek2.sh.11+ echo 'Montag, ich bin noch ganz schön müde'
Montag, ich bin noch ganz schön müde
Welcher Tag ist heute: 7
dayOfWeek2.sh.9+ case "$c" in
dayOfWeek2.sh.23+ echo WOCHENENDE
WOCHENENDE
dayOfWeek2.sh.24+ break
dayOfWeek2.sh.29+ echo 'Ich schlafe am Wochenende gerne lang'
Ich schlafe am Wochenende gerne lang
```

Sind die gewünschten Variablen durch Zuweisung erzeugt, startet in Zeile 7 das `select`-Kommando. Danach erfolgt – ohne vorangestellten PS4-Prompt – die Ausgabe des `select` inklusive PS3-Prompt. Gibt man nun den Wert 1 ein, geht es mit Zeile 9 des Skripts weiter; das `case`-Konstrukt prüft den Inhalt der Variablen c auf eine Übereinstimmung und gibt den entsprechenden Text aus.

Danach wird wieder PS3 ausgegeben und eine weitere Eingabe erwartet. Diesmal wurde die 7 gewählt und der entsprechende Codeblock ausgeführt. In diesem Block wird in Zeile 24 das Kommando `break` ausgeführt; es sorgt dafür, dass die weitere Ausführung des `select` abgebrochen und mit dem übrigen Code fortgefahren wird.

Das Beispiel zeigt, wie man aus einem `select`-Block aussteigt. Möglich wäre auch `exit`, jedoch würde dann die Programmausführung vollständig beendet werden – mit einem `break` verlässt man nur den `select`-Block und fährt mit der Bearbeitung der nachfolgenden Kommandos fort.

6.2 Schleifen

Neben Verzweigungen stellen Schleifen einen weiteren wichtigen Bestandteil der Flusskontrolle in Programmen dar. Mit Schleifen lassen sich Programmabschnitte wiederholt bis zum Erreichen einer bestimmten Bedingung oder unendlich oft ausführen.

In der Bash finden sich gängige Schleifen-Konstrukte, die denen anderer Programmiersprachen in nichts nachstehen. Es sei jedoch erwähnt, dass die Bash keine Schleife mit nachgelagerter Bedingung kennt, wie z. B. die `do-while`-Schleife in C. Jedoch stellt das Fehlen keinen Nachteil dar, da durch den richtigen Einsatz der vorhandenen Schleifen das Verhalten einer Schleife mit nachgelagerter Bedingung simuliert werden kann.

Um mit Schleifen zu arbeiten, wollen wir uns kurz mit Rechenoperationen beschäftigen, da viele Schleifen solche Operationen verwenden. Mehr zu den arithmetischen Fähigkeiten der Bash finden Sie in Kapitel 8.

6.2.1 while-Schleife

Die einfachste Form der Schleife ist die `while`-Schleife. Der Schleifenkörper wird so lange ausgeführt, wie die zu prüfende Bedingung im Ergebnis wahr ist. In der Bash hat die `while`-Schleife die folgende Syntax:

```
while <Bedingung> ; do <Block> ; done
```

Eine Zählschleife etwa, die so lange läuft, bis eine bei 0 beginnende Zählvariable bei einer Schrittweite von 1 den Wert 5 erreicht hat, sieht wie folgt aus:

Listing 6.9: countTo5while.sh

```
1  #!/bin/bash
2
3  i=0
4  while [ $i -le 5 ]
5  do
6          echo $i
7          ((i++))
8  done
```

Zu Beginn muss die Zählvariable `i` initialisiert werden. Im Schleifenkopf wird der Basissyntax folgend eine Bedingung erstellt. Im Schleifenkörper wird die Zählvariable ausgegeben und um eins erhöht. Für das Erhöhen der Zählvariable kommt ein einfacher arithmetischer Ausdruck zum Einsatz, auf den wir unter anderem in Kapitel 8 eingehen werden. In der Bedingung ließe sich übrigens statt `-le 5` auch `-ne 6` oder `-lt 6` verwenden.

Im Zusammenhang mit der `while`-Schleife müssen wir uns noch einmal mit dem Thema Scopes beschäftigen und benötigen dafür ein einfaches Beispiel. In Listing 6.5 wurde geprüft, ob in einem Verzeichnis Dateien mit Kommentaren existieren. Möchte man nun wissen, wie viele Codezeilen Kommentare sind, benötigt man eine Zählschleife. Wir lassen `grep` ermitteln, wie viele Zeilen einer Datei ein Hash enthalten:

```
$ grep -c '#[^!]' *
bash-4.1.sh:0
bash4arrayInteration2.sh:0
bash4arrayInteration.sh:0
checkHashes2.sh:5
checkHashes.sh:5
```

In der Ausgabe taucht der Dateiname auf – ihn wollen wir noch entfernen:

```
$ grep -c '#[^!]' * | cut -d ":" -f 2
0
0
0
5
5
```

Somit erhält man die reinen Zahlwerte. Im nächsten Schritt müssen dies der Reihe nach an die `while`-Schleife übergeben werden. Hier nutzen wir das `read`-Builtin, da `grep` die Werte zeilenweise liefert. Mit einer Pipe lassen sich zwei Kommandos oder Kommandolisten verknüpfen, und auch bei einer Schleife handelt es sich um eine Kommandoliste – daraus ergibt sich der folgende Code:

Listing 6.10: countHashesWhile.sh

```
1  #!/bin/bash
2
3  grep -c '#[^!]' * | cut -d : -f 2 | while read i
4  do
5          ((count+=i))
6  done
7  echo "Es wurden $count Kommentarzeilen geschrieben"
```

Die Schleife liest so lange zeilenweise Werte ein, bis EOF erreicht ist. Die in `i` gespeicherten Werte werden jeweils einer Sammelvariablen addierend zugewiesen. Die Sammelvariable wird bei der ersten Addition erzeugt.

Nach Beendigung der Schleife wird der Wert der Sammelvariablen ausgegeben. Das Programm liefert folgende Ausgabe:

```
$ ./countHashesWhile.sh
Es wurden   Kommentarzeilen geschrieben
```

Was ist passiert? Durch die gepipete `while`-Schleife erzeugen wir einen neuen Scope, in dem die Sammelvariable erzeugt wird. Nach dem Abarbeiten der Schleife existiert dieser Gültigkeitsbereich nicht mehr und das `echo` gibt eine nicht initialisierte Variable aus.

Kontrollieren wir das, z. B. durch ein einfaches `echo` im Schleifenkörper nach der Zuweisung; dann liefert das Skript folgende Ausgabe:

```
$ ./countHashesWhile.sh
0
0
0
5
10
14
19
```

Die Lösung liegt darin, die Zuweisung im gleichen Scope stattfinden zu lassen wie das Erzeugen der Einzelwerte. Somit steht uns die Eingabe direkt über `stdin` – z. B. per Eingabeumleitung – zur Verfügung:

Listing 6.11:
countHashesWhile2.sh

```
1  #!/bin/bash
2
3  # Tempfile erzeugen
4  TF=$(mktemp)
5
6  # Daten zwischenspeichern
7  grep -c '#[^!]' * | cut -d : -f 2 >> $TF
8
9  # zeilenweise einlesen
10 while read i
11 do
12         ((count+=i))
13 done < $TF
14
15 # Ausgabe
16 echo "Es wurden $count Kommentarzeilen geschrieben"
17
18 # Aufräumen
19 rm $TF
```

Lässt man das Programm laufen, so erhält man etwa:

```
$ ./countHashesWhile2.sh
Es wurden 78 Kommentarzeilen geschrieben
```

Hier wurden die Werte, die die `grep-cut`-Pipe erzeugt, in eine Datei geschrieben, die dann als Eingabedatei der `while`-Schleife über eine Eingabeumleitung zur Verfügung gestellt wird. Das Einlesen der Zählvariablen `i` findet so im gleichen Scope statt wie die Erzeugung der Sammelvariablen `count` und das anschließende `echo`.

Es ist auch möglich, vollständig auf den Einsatz einer temporären Datei zu verzichten; wir kommen darauf erst ab Seite 169 zu sprechen.[2]

6.2.2 until-Schleife

Bei der `until`-Schleife handelt es sich im Grunde um eine `while`-Schleife mit negierter Bedingung. Die Syntax lautet:

```
until <Bedingung>; do <Block>; done
```

Das heißt, <Block> wird so lange ausgeführt, wie die <Bedingung> im Ergebnis unwahr ist – im Gegensatz zu einer `while`-Schleife, in der <Block> so lange ausgeführt wird, wie <Bedingung> im Ergebnis wahr ist.

Für das Beispiel einer Variableniteration mit einer Schrittweite von 1 aus Listing 6.9 ergibt sich für eine `until`-Schleife folgender Code:

---

[2] Das im Beispiel gezeigte Ergebnis lässt sich übrigens mithilfe eines Einzeilers recht elegant erzielen:
`find . -maxdepth 1 -type f -exec cat {} \; | grep -c '#[^!]'`

```
1  #!/bin/bash
2
3  i=0
4  until [ $i -gt 5 ]
5  do
6          echo $i
7          ((i++))
8  done
```

Listing 6.12:
countTo5until.sh

Für das Beispiel-Skript aus Listing 6.11 dann entsprechend:

```
1   #!/bin/bash
2
3   # Tempfile erzeugen
4   TF=$(mktemp)
5
6   # Daten zwischenspeichern
7   grep -c '#[^!]' * | cut -d : -f 2 >> $TF
8
9   # zeilenweise einlesen
10  until ! read i
11  do
12          ((count+=i))
13  done < $TF
14
15  # Ausgabe
16  echo "Es wurden $count Kommentarzeilen geschrieben"
17
18  # Aufräumen
19  rm $TF
```

Listing 6.13:
countHashesUntil.sh

Für `until`-Schleifen, in die per Pipe an `stdin` etwas übergeben wird, gelten übrigens dieselben Regeln bezüglich Scopes wie für `while`-Schleifen.

Um die Bedingung im Beispiel zu negieren, wurde ihr ein `!` vorangestellt.

6.2.3 do-while simulieren

Viele Sprachen kennen, wie erwähnt, Schleifen mit Post-Conditions, also einer nachgelagerten Bedingung. In C sieht ein `do-while`-Loop beispielsweise so aus:

```
do {
   <Kommando>;
} while (<Bedingung>);
```

Um dieses Verhalten in der Bash zu simulieren, gibt es verschiedene Möglichkeiten, einige wollen wir im Folgenden zeigen.

Listing 6.14:
doWhileLoop.sh

```
1   #!/bin/bash
2
3   echo -n "Bitte geben Sie ein Passwort ein: "
4   # Bildschirmausgaben ausschalten
5   stty -echo
6   read pass
7   # Bildschirmausgaben einschalten
8   stty echo
9   echo
10  while [ "${#pass}" -lt "8" ]
11  do
12      echo -n "Das Passwort war zur kurz, versuchen Sie bitte ein neues: "
13      stty -echo
14      read pass
15      stty echo
16      echo
17  done
18
19  echo "Sie haben das Passwort '$pass' eingegeben."
```

Das kleine Skript zeigt, wie man mit einer while-Schleife eine do-while-Schleife simuliert. Da die Bedingung zu Beginn der Schleife getestet wird, muss die erste Ausführung der Kommandos im Schleifenkörper bereits vor Erreichen der Schleife stattfinden. Mithilfe einer Funktion ließe sich die Dopplung des Codes natürlich eliminieren, wir werden uns mit Funktionen aber erst im weiteren Verlauf des Buchs beschäftigen.

Alle Sprachelemente im Beispiel – mit Ausnahme des stty-Kommandos – sollten bekannt sein. Mit stty sind Sie in der Lage, Terminaleinstellungen zu ändern – mit der Option -echo schaltet man die Bildschirmausgabe aus und mit echo wieder an.

Eine weitere Möglichkeit, das oben gezeigte Skript umzuschreiben, ist der Einsatz einer Endlosschleife mit einem break, das an eine Ausstiegsbedingung geknüpft wird:

Listing 6.15:
doWhileLoop2.sh

```
1   #!/bin/bash
2
3   while :
4   do
5       if [ -z $pass ]
6       then
7           echo -n "Bitte geben Sie ein Passwort ein: "
8       else
9           echo -n "Das Passwort war zur kurz, versuchen Sie bitte ein neues: "
10      fi
11      stty -echo
12      read pass
13      stty echo
```

```
14      echo
15      test "${#pass}" -ge "8" && break
16   done
17
18   echo "Sie haben das Passwort '$pass' eingegeben."
```

Die Endlosschleife realisieren wir mit dem Operator : – ein weiteres Shell Builtin; es gibt immer 0 als Rückgabewert zurück, und so ergibt sich ein Ausdruck, der immer wahr ist, wodurch die Schleife endlos laufen würde. Im Rest des Skripts wird die Ausgabe angepasst, je nachdem, ob die Schleife das erste Mal oder häufiger durchlaufen wird. In Zeile 15 wird bei jedem Durchlauf getestet, ob das eingegebene Passwort lang genug ist; ist das der Fall, wird die Schleife mit `break` verlassen.

Mit diesem Beispiel soll der Ausflug in die Simulation von Schleifen mit nachgelagerten Bedingungen enden, es bleibt festzuhalten: Jede *Post Conditional Loop* lässt sich auch mit einer vorgelagerten Bedingung realisieren.

6.2.4 for-Schleife

In den beiden letzten Beispielen haben wir Zählschleifen mit den Sprachkonstrukten `while` und `until` dargestellt. Nun kennen die meisten Programmiersprachen aber auch „echte" numerische Schleifen. Numerische Schleifen sind in der Bash sogenannte ausdrucksorientierte Schleifen, das heißt, im Schleifenkopf findet man ausschließlich Ausdrücke, die ausgewertet werden (dazu später mehr).

Zunächst widmen wir uns der „klassischen" `for`-Schleife in der Bash; sie hat die folgende Syntax:

```
for <Var> [ in <Liste> ] ; do <Block> ; done
```

In dieser Form ist die `for`-Schleife eher mit einer `foreach`-Schleife z. B. aus PHP vergleichbar. Der Variablen `<Var>` werden nacheinander die Werte aus `<Liste>` zugewiesen. Für jeden Durchlauf, also die Zuweisung eines Wertes zu `<Var>`, wird `<Block>` ausgeführt.

Anders als in beispielsweise C wird `<Var>` im gleichen Gültigkeitsbereich erstellt wie der der `for`-Schleife folgende Code. Somit hat `<Var>` über die Schleife hinaus Gültigkeit.

```
1   #!/bin/bash
2
3   for i in {0..5}
4   do
5       echo $i
6   done
```

Listing 6.16: countTo5for.sh

Mit diesem einfachen Skript lässt sich mit einer `for`-Schleife das Verhalten aus Listing 6.9 nachbilden. Möchte man das Verhalten etwas dynamischer gestalten, z. B. durch die Verwendung variabler Grenzen für den Wertebereich, muss der Code etwas angepasst werden.

Listing 6.17:
countTo5for2.sh

```
1  #!/bin/bash
2
3  read -p "Geben Sie einen Startwert ein: " s
4  read -p "Geben Sie einen Endwert ein: " e
5
6  for i in $(seq $s $e)
7  do
8          echo $i
9  done
```

In diesem Beispiel wird der Benutzer aufgefordert, einen Start- und Endwert anzugeben. Für das Erzeugen der Liste wird dann das Kommando seq[3] in einer Subshell ausgeführt.

Nun können Sie diese Form der for-Schleife aber nicht nur für Zählschleifen nutzen; sie iterieren damit unter anderem auch über die Elemente eines Arrays:

```
$ arr=(a b c d)
$ for element in ${arr[*]} ; do echo "\$arr[$element] hat \bsl
   den Wert'$element'" ; done
$arr[a] hat den Wert 'a'
$arr[b] hat den Wert 'b'
$arr[c] hat den Wert 'c'
$arr[d] hat den Wert 'd'
```

Dies ist die einfachste Variante, die Elemente eines Arrays zu durchlaufen.

Möchte man nun mithilfe einer for-Schleife die Anzahl der kommentierten Code-Zeilen in einem Verzeichnis ermitteln, könnte eine mögliche Lösung wie folgt aussehen:

Listing 6.18:
countHashesFor.sh

```
1  #!/bin/bash
2
3  for i in $(grep -c '#[^!]' * | cut -d : -f 2)
4  do
5          ((count+=i))
6  done
7  echo "Es wurden $count Kommentarzeilen geschrieben"
```

Zur Kontrolle das Ergebnis:

```
$ ./countHashesFor.sh
Es wurden 79 Kommentarzeilen geschrieben
```

[3] Mit seq lassen sich einfach numerische Werte – Ganz- oder Fließkommazahlen – erstellen. Dazu übergibt man dem Kommando Start- und Endwert; die Schrittweite ist ebenfalls wählbar (vgl. man seq).

Auch in der Bash gibt es seit einiger Zeit die Möglichkeit, mit ausdrucksorientierten Schleifen, speziell der ausdrucksorientierten `for`-Schleife, zu arbeiten. Die Syntax ähnelt der anderer Sprachen sehr, wobei ein Unterschied in der Klammerung besteht.

```
for (( <Ausdruck1> ; <Ausdruck2> ; <Ausdruck3> )) ; do <Block> ; done
```

Bei der Abarbeitung folgt die Bash dem folgenden Muster:

1. Handelt es sich bei `<Ausdruck1>` um eine Zuweisung, wird diese ausgeführt.
2. Ist `<Ausdruck2>` wahr, wird `<Block>` ausgeführt.
3. Nach der Abarbeitung von `<Block>` wird `<Ausdruck3>` ausgeführt. Hierbei handelt es sich in der Regel um eine Berechnung.
4. Anschießend wird mit Schritt 2 fortgefahren.

Die Ausdrücke sind, wie im Beispiel zu sehen, von doppelten runden Klammern umgeben, die dafür sorgen, dass der gesamte Ausdruck nach den Regeln mathematischer Auswertungen der Bash erfolgt. Im Übrigen verhält sich die `for`-Schleife der Bash wie in vielen anderen Sprachen.

Listing 6.19: countTo5for3.sh
```
#!/bin/bash
for (( i=0 ; i<=5; i++ ))
do
        echo $i
done
```

Mit dieser Form der `for`-Schleife ist es besonders leicht, Zählschleifen umzusetzen oder über Arrays zu iterieren.

```
for (( i = 0 ; i < ${#arr[@]} ; i++ ))
do
echo ${arr[$i]}
done
```

Wird dieser Code auf ein Array der Form `arr=(a b c d)` angewendet, erhält man eine Ausgabe, wie man sie erwartet. Jedoch gibt es ein Problem, wenn das Array die Form `arr=([0]=a [1]=b [2]=c [100]=d)` hat. Hier sind die Elemente 0-2 und das Element 100 belegt, die Elemente 3-99 hingegen unbelegt. Mit einem Array dieser Form erhält man folgende Ausgabe:

```
$ arr=([0]=a [1]=b [2]=c [100]=d)
$ for (( i = 0 ; i < ${#arr[@]} ; i++ )); do echo ${arr[$i]}; done
a
b
c
```

Das Verhalten lässt sich sehr einfach erklären. Im Kopf der for-Schleife wird eine Zählvariable i mit 0 initialisiert. Die Schleife soll durchlaufen werden, solange die Zählvariable i kleiner ist als die Menge der Elemente. In unserem Fall gibt es vier Elemente, nach jedem Durchlauf wird die Zählvariable i um eins erhöht. Somit nimmt die Zählvariable die Werte 0-3 an, das Feld 3 ist jedoch, wie oben erläutert, nicht gesetzt, weshalb eine leere Ausgabe erfolgt. Der Wert des Feldes 100 wird mit dieser Schleife nicht ausgegeben. Mit der for-Schleife in der klassischen Form werden hingegen alle Werte ausgegeben:

```
$ for c in ${arr[*]} ; do echo $c ; done
a
b
c
d
```

Das rührt daher, dass hier die Variable c jeweils die Werte der Array-Elemente annimmt; dabei spielt der Index des Elements keine Rolle. Es wird deutlich, dass es sicherer ist, über die Liste der Werte der Array-Elemente zu iterieren statt über die Indizes.

7 Kapitel

Funktionen

Im Beispiel auf Seite 114 mussten wir für die Schleifenkonstruktion Teile des Codes doppeln. Um Fehler durch das Kopieren von Code-Passagen zu umgehen, sollte man aber vermeiden, Programmteile doppelt zu pflegen. Ein Paradigma der strukturierten Programmierung ist der Verzicht auf Sprünge im Programm; durch Kontrollstrukturen wie Verzweigungen und Schleifen lässt sich dieser Anspruch erfüllen. Eine weitere Forderung ist die nach Modularisierung, und dabei helfen uns in der Bash Funktionen.

Funktionen grenzen sich von Prozeduren dahingehend ab, dass sie Module mit einem Rückgabewert sind. Durch den Einsatz von globalen Variablen können Seiteneffekte entstehen, die die Grenze zwischen Funktionen und Prozeduren verschwimmen lassen (dazu später mehr). Für den Einsatz von Funktionen in Bash-Skripten spricht vor allem:

Bessere Lesbarkeit
: Ein Programm kann schnell hunderte von Programmzeilen umfassen. Um hier den Überblick zu behalten, ist eine Modularisierung mit Funktionen unerlässlich.

Wiederverwendbarkeit
  Während der Entwicklung tauchen Passagen auf, die mehrfach benötigt und benutzt werden. Oft werden verschiedene Teile auch in mehreren Skripten verwendet. Mit der Auslagerung von Code in Funktionen gewährleisten Sie Wiederverwendbarkeit.

Wartbarkeit
  Bugs im Code lassen sich durch Funktionen leichter finden und beheben, da man nur an einer Stelle suchen muss. Das Hinzufügen neuer oder erweiterter Funktionalitäten ist durch den Einsatz von Funktionen ebenfalls einfacher.

7.1 Funktionsdefinition

Um Funktionen in der Bash zu erstellen, kommt die folgende Syntax zum Einsatz:

```
[ function ] <Name> () <Block> [ <Umleitungen> ]
```

Auf das reservierte Wort `function` können Sie bei der Definition auch verzichten. Nutzen Sie `function`, können Sie wiederum auf die runden Klammern () verzichten.

Der Funktionskörper `<Block>` darf jede Kommandoliste enthalten, was gegebenenfalls Überlegungen hinsichtlich Scope und Ressourcenverbrauch notwendig macht. In der Regel wird `<Block>` in {} eingeschlossen. Nach dem Funktionskörper können Umleitungen definiert werden; es sind all jene Umleitungen möglich, die wir in Abschnitt 2.1.2 behandelt haben.

Mit Funktionen lässt sich nun das Beispiel von Seite 114 optimieren:

Listing 7.1: askPasswd.sh
```
1  #!/bin/bash
2
3  # Funktion definieren, die eine Eingabe fordert
4  function ask(){
5      # Bildschirmausgaben ausschalten
6      stty -echo
7      read pass
8      # Bildschirmausgaben einschalten
9      stty echo
10     echo
11 }
12
13 echo -n "Bitte geben Sie ein Passwort ein: "
14 ask
15
16 while [ "${#pass}" -lt "8" ]
17 do
18     echo -n "Das Passwort war zur kurz, versuchen Sie bitte ein
```

```
   neues: "
19         ask
20   done
21
22   echo "Sie haben das Passwort '$pass' eingegeben."
```

Mithilfe der Funktion `ask` (Zeilen 4-11) haben wir doppelten Code eliminiert. Das Beispiel führt jedoch zu einem anderen Problem, den sogenannten *Seiteneffekten*.

7.2 Seiteneffekte in Funktionen

In Listing 7.1 wirken sich die Seiteneffekte durch den Einsatz globaler Variablen positiv aus. In Zeile 7 des Skripts wird eine Variable `pass` erzeugt, auf die auch außerhalb der Funktion (in Zeile 22) zugegriffen wird. Für das vorliegende Skript stellt das natürlich kein Problem dar, in Programmen mit hunderten von Codezeilen aber kann sich der Einsatz solcher globalen Variablen als problematisch erweisen.

Um solche Seiteneffekte zu vermeiden, sollten in Funktionen – soweit möglich – lokale Variablen zum Einsatz kommen.

Listing 7.2:
askPasswd2.sh

```
1   #!/bin/bash
2
3   pass=""
4
5   function ask(){
6       # lokale Variable erstellen
7       local p
8       stty -echo
9       read p
10      stty echo
11      echo $p
12  }
13
14  echo -n "Bitte geben Sie ein Passwort ein: "
15  pass=$(ask)
16  echo
17
18  while [ "${#pass}" -lt "8" ]
19  do
20      echo -n "Das Passwort war zur kurz, versuchen Sie bitte ein neues: "
21      pass=$(ask)
22      echo
23  done
24
25  echo "Sie haben das Passwort '$pass' eingegeben."
```

Hier haben wir in Zeile 7 eine lokale Variable p mithilfe des `locale`-Builtins erzeugt. Sie ist nur innerhalb der Funktion gültig. Um den Inhalt der lokalen Variable an eine Variable außerhalb der Funktion zu übergeben, wird p in Zeile 11 per `echo` ausgegeben und in den Zeilen 15 bzw. 21 per Kommandosubstitution der Variable `pass` zugewiesen.

Durch den Einsatz der lokalen Variablen ist klarer, wann welcher Wert in welcher Variablen zur Verfügung steht. D. h. die Funktion verändert nie den Inhalt einer Variablen außerhalb ihres Gültigkeitsbereichs.

Ein Beispiel soll illustrieren, was beim Einsatz von globalen und lokalen Variablen zu erwarten ist.

Listing 7.3:
localGlobal.sh

```
1   #!/bin/bash
2
3   local_var="lokal"
4   global_var="global"
5
6   function foo(){
7       local local_var="lokal in foo"
8
9       echo "foo(): $local_var"
10      echo "foo(): $global_var"
11
12      global_var="in foo geändert"
13  }
14
15  echo "main: $local_var"
16  echo "main: $global_var"
17  echo
18
19  foo
20
21  echo
22  echo "main: $local_var"
23  echo "main: $global_var"
```

Hier werden die Variablen `local_var` und `global_var` im Hauptteil des Skripts definiert und gefüllt.

In der Funktion `foo` wird eine lokale Variable `local_var` erstellt und ein Wert zugewiesen. Wurden beiden Variablen `local_var` und `global_var` mit `echo` ausgegeben, wird der Variablen `global_var` in der Funktion ein Wert zugewiesen. Führt man das Skript aus, verhält es sich wie folgt:

```
$ ./localGlobal.sh
main: lokal
main: global

foo(): lokal in foo
foo(): global
```

```
main: lokal
main: in foo geändert
```

Zu erkennen ist, dass die globale Variable durch die Funktion `foo` verändert wurde. Ganz im Gegenteil zu der als lokal definierten Variablen `local_var`.

7.3 Rückgabewert

Im vorangegangenen Abschnitt haben wir gezeigt, wie man Werte von einer Funktion in den Hauptscope übergeben kann. Im Gegensatz etwa zu Perl ist es nicht möglich, über den Rückgabewert mehr als Erfolg oder Misserfolg zurückzumelden.

Bei Funktionen in der Bash handelt es sich immer um Funktionen – nicht etwa um Prozeduren, da sie immer einen Rückgabewert besitzen. Wird kein spezieller Rückgabewert in der Funktion definiert, wird immer der Rückgabewert des letzten Kommandos benutzt.

```
$ foo() { ls foobar.txt; } >& /dev/null
$ foo
$ echo $?
2
```

Das Beispiel zeigt eine Funktion `foo`, die ein `ls`-Kommando ausführt und alle Ausgaben nach `/dev/null` schreibt. Die Datei `foobar.txt` existiert nicht, was für das `ls` zu einem Exit-Status 2 führt.

Der Aufruf der Funktion `foo` führt ebenfalls zu einem Rückgabewert von 2, da der Rückgabewert des letzten Kommandos für die Funktion verwendet wurde.

Wie in Abschnitt 2.4 bereits beschrieben, ist es immer sinnvoll, explizit einen Rückgabewert anzugeben, da man nur so in der Lage ist, gezielt auf das Ergebnis der Funktion zu reagieren. In Verbindung mit Verzweigungen soll folgender Code als Beispiel dienen:

Listing 7.4: fileExists.sh

```
1  #!/bin/bash
2
3  FILE="foobar.txt"
4
5  checkFile(){
6          if [ -f "$FILE" ]
7          then
8                  return 0
9          else
10                 return 1
11         fi
12 }
13
```

```
14  if checkFile
15  then
16      echo "Die Datei existiert"
17      ls -ls "$FILE"
18  else
19      echo "Die Datei existiert nicht"
20  fi
21
22  exit 0
```

In den Zeilen 5-12 wird die Funktion `checkFile` erstellt. Sie prüft, ob eine Datei existiert, und gibt jeweils in den Zeilen 8 bzw. 10 über das Builtin `return` einen Rückgabewert zurück. Hierbei gelten die gleichen Regeln wie für Rückgabewerte von Programmen. Der Unterschied zu einem `exit` besteht darin, dass mit einem `return` lediglich die weitere Abarbeitung der Funktion abgebrochen wird, nicht das gesamte Skript.

In Zeile 14 wird die Funktion dann als Bedingung für die folgende Verzweigung benutzt. Da die Datei `foobar.txt` nicht existiert, gibt die Funktion 1 – also Misserfolg – zurück, und der `else`-Zweig der Verzweigung wird ausgeführt.

Das gesamte Skript wird abschließend mit einem Exit Status 0 beendet. Mit Rückgabewerten kann der Programmierer das Ergebnis einer Funktion steuern und gezielt reagieren.

7.4 Funktionsparameter

Die bis hierher gezeigten Funktionen waren eingeschränkt in ihrem Umfang und der Fähigkeit, auf Vorgaben zu reagieren. Durch den Einsatz von Parametern, die der Funktion übergeben werden können, werden Funktionen dynamischer und können mehr als nur eine spezielle Aufgabe erfüllen. So ist es z. B. möglich, Funktionen über Parameterübergabe soweit zu generalisieren, dass sie eine allgemeine Aufgabe wie Logging erledigen.[1]

Listing 7.5: logging.sh
```
1  #!/bin/bash
2
3  logMsg(){
4      local _msg="$1"
5      local _date=$(date +"%Y-%m-%d %H:%M")
6      printf "$_date\tINFO: $_msg\n"
7  } >> log/mylog.info
8
```

[1] In größeren Skript-Projekten ist es immer sinnvoll, eine Funktion zur Hand zu haben, die das Logging abwickelt. Dadurch hat man die Möglichkeit, in allen Projektteilen auf ein und dieselbe Log-Instanz zuzugreifen, und erhält immer gleich formatierte Logzeilen.

```
 9  logMsg 'eine Ausgabe auf stdout ausgeben'
10  echo "Hier kommt eine Ausgabe"
```

Das kurze Beispiel zeigt eine mögliche globale Log-Funktion. Hier übernimmt die Funktion einen Parameter, der in einer lokalen Variablen `_msg` gespeichert wird. Ferner wird eine zweite lokale Variable `_date` erzeugt, die das Datum der Logzeile enthält.

Mithilfe von `printf` wird die Logzeile dann formatiert und ausgegeben, alle Ausgaben der Funktion landen im Logfile `log/mylog.info`. Wir wählen den `append`-Modus, damit alte Logzeilen in der Datei erhalten bleiben. Zeile 9 zeigt, wie man die Logfunktion nutzt und eine Logmeldung übergibt. Zudem illustriert das Skript, wie Funktionsparameter angegeben und abgefragt werden können.

Für Funktionsparameter kommen wieder die *Positional Parameters* zum Einsatz. Für die Zeit des Funktionsaufrufs werden die Positionsparameter des Programms von denen der Funktion überdeckt, auch die speziellen Variablen $#, $* und $@. Lediglich die Variable $0 behält ihren Wert – den Programmnamen – bei.

Für die Parameterübergabe an Funktionen gelten alle Regeln, die für die Übergabe von Programmoptionen gelten (nachzulesen auf Seite 61). Einzelne Parameter, die an eine Funktion übergeben werden sollen, werden durch Leerzeichen voneinander getrennt. Möchte man einem Positionsparameter einen Wert übergeben, der selbst Leerzeichen enthält, so muss dieser in einfache oder doppelte Anführungszeichen eingeschlossen sein. Auch ist es möglich, an eine Funktionen den Inhalt von skalaren Variablen zu übergeben, hierbei nehmen die Positionsparameter die Werte der Variablenwerte an.

```
$ foo="abc"
$ bar="123"
$ f1(){ echo $1 ; echo $2 ; }
$ f1 $foo $bar
abc
123
```

In diesem Beispiel werden die Werte der Variablen `foo` und `bar` der Funktion `f1` übergeben und in der Funktion über die Positionsparameter ausgegeben.

Wie verhält sich die Bash aber bei der Übergabe von Arrays? Ein erster Versuch, eine Funktion zu schreiben, die Arrays als Parameter übernimmt, könnte wie folgt aussehen:

Listing 7.6: arrayAsParameter.sh

```
1  #!/bin/bash
2
3  a1[1]=foo
4  a1[2]=bar
5  a2[1]=bla
```

```
 6   a2[2]=fasel
 7
 8   f1()
 9   {
10       local array1copy=( ${1[@]} )
11       local array2copy=( ${2[@]} )
12       echo "${array1copy[@]}"
13       echo "${array2copy[@]}"
14   }
15
16   f1 "${a1[@]}" "${a2[@]}"
```

Führt man dieses Skript aus, erkennt man jedoch, dass die Lösung falsch scheint.

```
$ ./arrayAsParameter.sh
./arrayAsParameter.sh: line 10: ${1[@]}: bad substitution
```

Was ist hier passiert? Zunächst ist es wichtig, sich nochmals vor Augen zu führen, dass es sich bei Positionsparametern um skalare Variablen handelt. Das heißt, man kann nicht einfach Arrays an eine Funktion übergeben – zur Lösung sind einige Anstrengungen notwendig:

Listing 7.7:
arrayAsParameter2.sh

```
 1   #!/bin/bash
 2
 3   a1[1]=foo
 4   a1[2]=bar
 5   a2[1]=bla
 6   a2[2]=fasel
 7
 8   f1()
 9   {
10       local array1copy=( $(eval echo \${$1[@]}) )
11       local array2copy=( $(eval echo \${$2[@]}) )
12       echo "${array1copy[@]}"
13       echo "${array2copy[@]}"
14   }
15
16   f1 a1 a2
```

Mithilfe des Shell-Builtins `eval` schreiben Sie Funktionen, denen Sie Arrays übergeben können. Achten Sie darauf, der Funktion die Arrays *nicht* mit einem vorangestellten $ zu übergeben. Erst in der Funktion selbst werden aus den Namen die Arrays referenziert, die Funktion übernimmt also lediglich die Namen der Arrays, nicht den Inhalt. In den Zeilen 10 und 11 wird mit dem `eval`-Ausdruck dafür gesorgt, dass als erstes $1 expandiert, danach wird durch das `eval`-Kommando das `echo` auf die Arrays angewendet. Die ausgegebenen Strings werden dann den lokalen Arrays in der Funktion zugewiesen.

Dieses Beispiel simuliert aber leider nur die Variablenübergabe von Arrays an eine Funktion, es wird nach wie vor mit den Original-Arrays gearbeitet. Auch ensteht bei diesem Beispiel ein Problem, wenn im Array nicht alle Elemente durchgehend belegt sind; wären in einem Array beispielsweise das Element 1 und 100 belegt, so würde die Zuweisung in der Funktion dazu führen, dass im lokalen Array die Elemente 0 und 1 belegt werden.

Das Problem ist bei numerisch indizierten Arrays sicher zu vernachlässigen, bei der Arbeit mit assoziativen Arrays ist es jedoch von Belang, dass die Indizes erhalten bleiben. Aber auch hier lässt sich mit `eval` eine Lösung finden, hier ein Vorschlag:

Listing 7.8: arrayAsParameter3.sh

```
1  #!/usr/local/bin/bash
2
3  declare -A foo
4  foo[a]=123
5  foo[b]=456
6
7  f1()
8  {
9      local -A arrayCopy
10     for i in $(eval echo \${!$1[@]})
11     do
12         arrayCopy[$i]=$(eval echo \${$1[$i]})
13     done
14     echo "Indizes: ${!arrayCopy[@]}"
15     echo "Werte:   ${arrayCopy[@]}"
16  }
17
18  f1 foo
```

Im Grunde basiert auch diese Lösung hauptsächlich auf dem Einsatz von `eval`. Mithilfe der Parameter Expansion erhält man eine Liste aller Indizes und hat nun über die `for`-Schleife die Möglichkeit, eine 1:1-Kopie des Arrays in der Funktion zu erstellen.

7.5 Funktionsbibliotheken

Wie bereits dargestellt, nutzt man Funktionen, um wiederkehrenden Code an nur einer Stelle im gesamten Programm zu pflegen. Auch lassen sich Code-Abschnitte, z. B. die Logging-Funktion aus Listing 5, in mehreren Skripten verwenden.

Solche Programmteile werden in anderen Skript- und Programmiersprachen für gewöhnlich in Programmbibliotheken ausgelagert. Die Bash kennt zwar keine Programmbibliotheken wie z. B. Python oder Perl, es ist aber möglich, Code in das aktuelle Skript nachzuladen, und zwar über das Built-in `source`:

7 Funktionen

Listing 7.9: lib/messages

```
1  # Ein Log-Funktion für INFO-Messages
2  test -z $infoLog && infoLog=log/mylog.info
3  logMsg(){
4      local _msg="$1"
5      local _date=$(date +"%Y-%m-%d %H:%M")
6      printf "$_date\tINFO: $_msg\n"
7  } >> $infoLog
8
9  # Ein Log-Funktion für ERR-Messages
10 test -z $errLog && errLog=log/mylog.err
11 errMsg(){
12     local _msg="$1"
13     local _date=$(date +"%Y-%m-%d %H:%M")
14     printf "$_date\tERROR: $_msg\n"
15 } >> $errLog
```

In dieser Bibliothek befinden sich zwei Funktionen: die bereits bekannte Funktion `logMsg` und eine abgewandelte Funktion `errMsg`. Beide schreiben ihre Ausgaben in eine Datei, die entweder in `$infoLog` oder `$errLog` gespeichert wird. Wurden diese Variablen nicht definiert, werden in den Zeilen 2 bzw. 10 Standardwerte zugewiesen.

Listing 7.10: useLib.sh

```
1  #!/bin/bash
2
3  test -f lib/messages && source lib/messages
4
5  infoLog=log/useLib.info
6  errLog=log/useLib.err
7
8  test -x $0 && logMsg "$0 ist ausführbar"
9
10 test -d $0 || errMsg "$0 ist kein Verzeichnis"
```

Im Beispielskript `useLib.sh` sehen wir den Einsatz der Funktionsbibliothek. In Zeile 3 wird getestet, ob die Bibliotheksdatei `lib/messages` existiert und eine Datei ist. Ist das der Fall, wird sie mit dem `source`-Builtin in das aktuelle Skript geladen. Alternativ zu `source` können Sie auch einen Punkt verwenden, doch ist das ausgeschriebene Kommando besser lesbar.

Eine weitere Funktion, die viele Programmierer nutzen, kümmert sich um die Ausgabe von Fehlermeldungen und das Handling von Rückgabewerten:

Listing 7.11: raiseError

```
17 raiseError(){
18     local errCode=$1
19     if [ -z "$errArr" ]
20     then
21         errArr[0]="erfolgreich beendet"
22         errArr[65534]="Fehler im Programm"
23         defErr=1
24     else
25         defErr=0
```

7.5 Funktionsbibliotheken

```
26      fi
27      if [ "$errCode" == "0" ]
28      then
29          logMsg "\"${errArr[$errCode]}"\"
30      else
31          if [ "$defErr" == "1" ]
32          then
33              errMsg "\"${errArr[65534]}"\"
34              exit 65534
35          fi
36          errMsg "\"${errArr[$errCode]}"\"
37      fi
38      exit $errCode
39   }
```

Übergibt man der Funktion `raiseError` einen Fehler-Code, schreibt sie eine verständliche Fehlermeldung in die richtige Log-Datei und das Programm wird mit dem übergebenen Return-Code beendet.

Damit Ihr Skript zu den Fehler-Codes auch die richtigen Fehlermeldungen in die Log-Datei ausgibt, müssen Sie die Variable `$errArr` im Hauptprogramm pflegen. Sollte diese Variable nicht existieren, wird eine Defaultvariable erzeugt, die aber nur zwei Fälle abdeckt, Erfolg und Misserfolg. Die Funktion lässt sich dann auf die folgende Weise einsetzen:

Listing 7.12: useLib2.sh

```
1   #!/bin/bash
2
3   test -f lib/messages && source lib/messages
4
5   infoLog=log/useLib2.info
6   errLog=log/useLib2.err
7
8   errArr=(
9       "$0 erfolgreich beendet"
10      "konnte Verzeichnis nicht erstellen"
11      "konnte Datei nicht erstellen"
12      "konnte Verzeichnis nicht löschen"
13   )
14
15   TMPDIR=$(mktemp -d)
16
17
18   mkdir $TMPDIR/foobar || raiseError 1
19
20   touch $TMPDIR/foobar/baz || raiseError 2
21
22   rm -Rf $TMPDIRr >& /dev/null || raiseError 3
23
24   raiseError 0
```

Das Skript inkludiert die erweiterte Funktionsbibliothek und definiert die Logfiles sowie das Array mit den Fehlermeldungen. Jedes Kommando, das nun potentiell Fehler hervorrufen kann, wird über ein logisches Oder || mit der Funktion `raiseError` kombiniert. Über den Funktionsparameter gibt man den Fehlercode an, der dazu führt, dass die Funktion die richtige Fehlermeldung in das entsprechende Log schreibt und das Programm mit dem gewünschten Return-Code beendet.

Die Beispiele können nur ein erster Einstieg in die Arbeit mit Funktionsbibliotheken sein. Sie werden im Laufe der Zeit sicher einen beachtlichen Satz an Funktionen anlegen, die – in einer Bibliothek ausgelagert – immer wieder zum Einsatz kommen.

8 Kapitel

Rechnen mit der Bash

Ganzzahlberechnungen lassen sich mit der Bash von Haus aus ganz einfach durchführen. Für Fließkommaberechnungen muss man auf externe Tools zurückgreifen. In diesem Kapitel geht es um die Fähigkeiten der Bash und entsprechender Programme zur Lösung mathematischer Aufgabenstellungen.

8.1 Arithmetische Ausdrücke

In der Bash stehen eine Reihe arithmetischer Ausdrücke zur Verfügung, die wir im Folgenden kurz vorstellen. Sie können diese in der arithmetischen Expansion oder bei der arithmetischen Evaluation einsetzen. Eine arithmetische Evaluation ist von doppelten runden Klammern ((...)) umschlossen. Für eine arithmetische Expansion gilt die Syntax $((...)).

`var++`, `var--`

Um eine Variable nach der ersten Verwendung zu inkrementieren oder zu dekrementieren, nutzt man die Postinkrement- und Postdekrement-Operatoren.

```
$ a=1
$ b=$((a++))
$ echo a: $a, b: $b
a: 2, b: 1
```

In diesem einfachen Beispiel wird der Wert von a der Variablen b zugewiesen und danach der Wert von a um eins erhöht. Gleiches gilt für das Postdekrement, hier wird der Wert erst verwendet, um danach dekrementiert zu werden.

`++var`, `--var`

Die Pendants zu Postinkrement und -dekrement sind Preinkrement und -dekrement. Hier wird der Wert einer Variablen erst verändert und dann verwendet.

```
$ b=$((--a))
$ echo a: $a, b: $b
a: 1, b: 1
```

Über das Postinkrement wurde der Wert von a dekrementiert und dann der Variablen b zugewiesen.

`-`, `+`

Mit dem monadisches Plus oder Minus bestimmt man das Vorzeichen eines einzelnen Operators. So ist es möglich, negative Ganzzahlen zu deklarieren.

```
$ a="-2"
$ echo $(($a+2))
0
```

Der Variablen a wurde mit dem monadischen Minus ein negativer Wert zugewiesen. Die Addition eines gleichlautenden positiven Wertes zum Wert von a führt zu einem Wert von 0.

`!`, `~`

Diese Operatoren erlauben eine logische bzw. bitweise Negation.

`**`

dient der Berechnung von Potenzen.

```
$ a=3
$ echo $((10**$a))
1000
```

Die Variable a wird mit einem Wert 3 initialisiert und dann über den Operator `**` die dritte Potenz von 10 gebildet.

`*, /, %`

Multiplikation, Division und Modulo. Bei der Modulo-Operation handelt es sich um die Berechnung des unteilbaren Rests bei einer Division.

```
$ echo $((5 % 2))
1
$ echo $((5 % 3))
2
```

Für die beiden Beispielrechnungen heißt das: 5 : 2 = 2 × 2, Rest ist 1 und 5 : 3 = 1 × 3, Rest ist 2.

`+, -`

Arithmetische Addition bzw. Subtraktion

`<<, >>`

Bitweise Verschiebungen nach links bzw. rechts, über die z. B. (schnellere) Multiplikationen und Divisionen auf binärer statt auf numerischer Grundlage möglich sind.

```
$ a=8
$ echo $(($a >> 1))
4
$ echo $((a >> 2))
2
$ echo $((a >> 3))
1
```

`<=, >=, <, >`

Unter den arithmetischen Ausdrücken stehen die Vergleichsoperatoren kleiner gleich, größer gleich, kleiner und größer zur Verfügung.

```
$ if ((1 < 2)) ; then echo foo ; fi
foo
```

Die Vergleichsoperatoren der arithmetischen Ausdrücke verhalten sich genau wie die Vergleichsoperatoren der Bedingungsausdrücke in Abschnitt 6.1.2. Als Beispiel: < entspricht dem Operator -lt, >= entspricht -ge in der Gruppe der Bedingungsausdrücke.

`==, !=`

Vergleich auf Gleichheit oder Ungleichheit.

```
$ if ((1 == 1)) ; then echo bar ; fi
bar
```

`&`

Die Verknüpfung von Werten mit dem bitweisen Und. Dabei müssen alle Bits 1 sein, damit das Resultat 1 ist.

8 Rechnen mit der Bash

```
$ a=1
$ b=3
$ echo $(($a & $b))
1
```

Dieses Ergebnist ist richtig weil:

```
1 = 001
3 = 011
-------
1 = 001
```

|

Durch das bitweise Oder (Pipe-Symbol) erhält man eine 1, wenn ein Bit 1 ist.

```
$ r=1
$ w=2
$ x=4
$ echo $(($r | $w | $x))
7
```

Betrachtet man die Binärschreibweise, kann man die Verknüpfung nachvollziehen:

```
1 = 001
2 = 010
4 = 100
-------
7 = 111
```

^

Mit dem Caret werden Werte mit einem exklusiven bitweisen Oder verknüpft. Das heißt, beide Bits müssen unterschiedliche Zustände haben.

```
$ a=14
$ b=7
$ echo $(($a ^ $b))
9
```

Betrachten wir wieder die Bitschreibweise:

```
14 = 1110
 7 = 0111
---------
 9 = 1001
```

&&

Arithmetische Ausrücke lassen sich über den Operator && mit einem logischen Und verknüpfen. Der gesamte Ausdruck ist wahr, wenn alle Teilausrücke wahr sind. Hierbei stehen 0 für falsch, und Werte größer 0 für wahr.

```
$ if ((1 && 1)) ; then echo foo ; fi
foo
```

||

Eine Verknüpfung mit einem logischen Oder wird durch eine Doppel-Pipe angegeben. Der Ausdruck ist wahr, wenn mindestens ein Teilausdruck wahr ist, andernfalls ist der Gesamtausdruck falsch.

```
$ if ((1-1 || 4-2)) ; then echo foo ; else echo bar ; fi
foo
$ if ((1-1 || 2-2)) ; then echo foo ; else echo bar ; fi
bar
```

Ausdruck?Ausdruck:Ausdruck

Bei bedingten Operationen sind für Ausdruck nur arithmetische Operationen möglich.

```
$ echo $((1+1?999:777))
999
$ echo $((1-1?999:777))
777
```

=, *=, /=, %=, +=, -=, <<=, >>=, &=, ^=, |=

Hierbei handelt es sich um Zuweisungsoperatoren. Der erste Operator ist der *reine*, bei den übrigen handelt es sich um kombinierte Zuweisungsoperatoren – nämlich kombiniert aus Multiplikation, Division, Modulo, Addition und Subtraktion sowie Bitweise-Operatoren.

```
$ i=8
$ i=$((i >> 1))
$ echo $i
4
$ ((i >>= 1))
$ echo $i
2
$
```

In diesem Beispiel wurde der Variablen jeweils eine bitweise Rechtsverschiebung zugewiesen, im ersten Fall „klassisch" über die Zuweisung des Ergebnisses des arithmetischen Ausdrucks, im zweiten Fall durch den kombinierten Zuweisungsoperator. Diese Operatoren lassen sich auch mit den klassischen arithmetischen Operationen verwenden:

```
$ j=8
$ j=$((j / 2))
$ echo $j
4
$ ((j /= 2))
$ echo $j
2
```

Ausdruck1 , Ausdruck2
: Der Komma-Operator wird hauptsächlich in Schleifen benötigt, um z. B. zwei Zählvariablen zu benutzen.

```
$ for ((i=0, j=4; i<=5, j>=1; i++, j--)) ; do echo i: \
$i j: $j ; done
i: 0 j: 4
i: 1 j: 3
i: 2 j: 2
i: 3 j: 1
```

8.2 Rechnen mit let

In der vorangegangenen Darstellung arithmetischer Ausdrücke wurde bereits von der arithmetischen Expansion Gebrauch gemacht. Es gibt aber eine weitere Möglichkeit, in der Bash Integer-Arithmetik durchzuführen, und zwar über das Builtin `let`. Für `let` stehen alle oben genannten arithmetischen Ausdrücke zur Verfügung. Die Syntax ist recht einfach:

```
let Argument1 [Argument2 ... ArgumentN]
```

Bei `Argument1` und allen weiteren Argumenten handelt es sich um arithmetische Ausdrücke. Fast jeder arithmetische Ausdruck wird bei der Verwendung von `let` einer Variablen zugewiesen.

```
$ let a=1+2
$ echo $a
3
$ let a=1+2 b=3*2
$ echo a: $a b: $b
a: 3 b: 6
```

Benutzen wir für das Beispiel aus dem Listing auf Seite 110 `let` statt der arithmetischen Expansion, sieht der Code so aus:

Listing 8.1:
countTo5WhileLet.sh

```
1  #!/bin/bash
2
3  let i=0
4  while let "$i <= 5"
5  do
6          echo $i
7          let i++
8  done
```

In diesem Beispiel wurden alle arithmetischen Operationen mit `let` realisiert und in Zeile 3 mit einer arithmetischen Zuweisung die Zählvariable initialisiert. Die Bedingung im Schleifenkopf prüft mit `let`, ob die Zählvariable kleiner oder gleich 5 ist. In der Schleife wird die Zählvariable über ein

Postinkrement erhöht. Das Beispiel zeigt, wie man mit `let` arbeiten kann – wegen der arithmetischen Expansion, das sei angemerkt, wird `let` jedoch nicht oft eingesetzt, denn man bindet sich mit `let` sehr an die Bash, da es z. B. in der `sh` (der Bourne Shell) kein Kommando `let` gibt. Zudem gibt es das Unix- oder Linux-Kommando `let`, das alternativ verwendet werden könnte, wenn ein solcher Aufruf im Code vorkommt. Tests zeigen, dass Berechnungen durch die Verwendung von `let` zudem langsamer ablaufen als bei der Verwendung von arithmetischer Expansion, so dass es letztlich den Vorlieben des Programmierers überlassen bleibt, `let` oder arithmetische Expansionen zu verwenden.

8.3 Rechnen mit expr

Eine weitere Möglichkeit, in der Bash Ganzzahlberechnungen durchzuführen, bietet das externe Tool `expr`. Für Berechnungen stehen weniger Operationen zur Verfügung als die Bash von Hause aus mitbringt, der Vollständigkeit halber werden diese hier dennoch gezeigt. Da viele der Operatoren in der Bash jedoch eine Sonderbedeutung haben, müssen sie bei der Verwendung von `expr` entwertet werden, da die Bash sonst versuchen würde, sie zu expandieren.

|

    Oder-Verknüpfung – wenn das erste Argument `null` oder 0 ist, wird das zweite Argument ausgegeben, andernfalls das erste.

&

    Und-Verknüpfung – der Ausdruck gibt das erste Argument zurück, wenn beide Argumente weder `null` noch 0 ist, andernfalls wird 0 ausgegeben.

<, <=, >=, >

    entsprechen den Vergleichen auf kleiner, kleiner gleich, größer gleich und größer. Ist der Vergleichausdruck richtig, wird 1 aus- und 0 zurückgegeben, andernfalls wird 0 ausgegeben und der Rückgabewert ist 1.

=, !=

    vergleicht auf Gleiheit und Ungleichheit. Ist der Ausdruck wahr, wird 1 ausgegeben, andernfalls 0. Der Rückgabewert bei Erfolg ist 0, bei Misserfolg 1.

+, -

    arithmetische Addition bzw. Subtraktion.

*, /, %
: Multiplikation, Division und Modulo-Operation – Ausgabe ist Ergebnis der jeweiligen Berechnung.

Auf detaillierte Beispiele soll an der Stelle verzichtet werden, da `expr` ein externes Tool ist, das zudem weniger performant ist als die internen Möglichkeiten der Bash. Auch bietet die Verwendung von `expr` weniger Operationen als die Bash-eigenen Werkzeuge.

8.4 Rechnen mit bc

Da in der Bash keine Fließkommaoperationen möglich sind, müssen wir hier auf externe Tools zurückgreifen. Eines dieser Programme ist `bc`, das im weiteren Sinne eine Sprache zur Berechnung mit sehr hoher Genauigkeit ist. Wir werden darum hier nur einige Funktionen von `bc` beleuchten können.

Die Syntax von `bc` hat große Ähnlichkeit zu der der Programmiersprache C. `bc` erwartet seine Eingabedaten entweder über eine oder mehrere Eingabedateien, die als Kommandozeilenoptionen übergeben werden, von `stdin` oder im interaktiven Modus.

Für die Arbeit in Bash-Skripten ist die Eingabe über `stdin` üblich, alternativ sind auch Eingaben über Eingabedateien möglich. Wir wollen im Folgenden beide Varianten vorstellen. Bevor Beispiele die Arbeit mit `bc` veranschaulichen, jedoch erst ein kurzer Überblick über die wichtigsten Operationen.

-
: Ein einzelnes Minus auf der linken Seite eines Wertes negiert diesen. Aus 4 wird somit -4.

++var, --var
: Mit diesen Operatoren sind Preinkremente und Predekremente realisierbar. Hier wird die Operation auf eine Variable innerhalb des `bc`-Codes, nicht aber auf eine Variable im Skriptcode angewendet.

var++, var--
: Auch Postinkrement bzw. -dekrement gelten nur für `bc`-Variablen.

+, -
: Summe bzw. Differenz zweier Operanden

*, /, %
: Multiplikations-, Divisions- und Modulo-Operationen

^
: Potenzen – Basis kann eine reelle Zahl, Exponent muss ein Integer sein.

(ausdruck)
: Ein mit runden Klammern umschlossener Ausdruck wird in der Priorität erhöht, hierbei folgen die Prioritäten weitgehend den aus der Mathematik bekannten Regeln.

<op>=
: Unter bc stehen alle bekannten Zuweisungsoperatoren zur Verfügung, die bereits in Abschnitt 8.1 beschrieben wurden. Die Zuweisungen gelten hierbei jedoch für Variablen, die innerhalb des bc-Codes definiert wurden.

<, <=, >, >=
: Auch Vergleiche sind möglich, es stehen Operatoren für kleiner, kleiner gleich, größer und größer gleich zur Verfügung.

==, !=
: Test auf Gleichheit bzw. Ungleichheit.

!
: Ein Ausdruck wird mit diesem Operator negiert. Ist der Ausdruck 0, wird er nach 1 gewandelt.

&&, ||
: Boolesche Vergleiche Und bzw. Oder. Beim logischen Und müssen beide Operanden wahr sein, damit der gesamte Ausdruck 1 ist. Prüft man mit dem logischen Oder, ist der Gesamtausdruck wahr, wenn ein Teilausdruck nicht 0 ist.

Um nun mit bc in der Bash zu rechnen, verwendet man z. B. die folgende Syntax:

```
echo '[scale=n;] Ausdruck' | bc [-l]
```

Es wird über das echo ein beliebiger mathematischer Ausdruck per Kommandoverknüpfung an bc übergeben. Möchte man die Anzahl der ausgegebenen Nachkommastellen limitieren, so kann man über die Angabe der Variablen scale einen Ganzzahlwert definieren. Ohne Angbe von scale gibt bc unter Angabe der Option -l 20 Nachkommastellen aus. Nachfolgend nun zwei Beispiele, die die Arbeit mit bc darstellen.

```
$ echo '3 / 2' | bc -l
1.50000000000000000000
$ echo 'scale=2; 3 / 2' | bc -l
1.50
```

Um die Ergebnisse der Berechnungen einer Variablen zuzuweisen, benutzt man eine Kommandosubstitution.

```
$ foo=$(echo 'scale=2; 3/2' | bc -l)
$ echo $foo
1.50
```

Bei der Arbeit mit bc sollte man jedoch immer die Performace im Auge behalten. Alleine die Zuweisung des Ergebnisses zur Variable foo erzeugt zwei Subprozesse. Aus diesem Grunde sollte man die Verwendung von bc auf ein Minimum reduzieren.[1]

Über die Option -l wird, wie erwähnt, eine mathematische Bibliothek geladen, die u. a. die Nachkommastellen auf 20 festlegt, außerdem steht eine Handvoll vordefinierter Funktionen zur Verfügung, mit denen z. B. geometrische Berechnungen durchgeführt werden können.

s (x), c (x)
: Sinus und Kosinus

a (x)
: Arcustangens- oder auch Tangensberechnungen

l (x)
: Logarithmus

e (x)
: Eulersche Funktionen

j (n,x)
: Besselsche Differentialgleichung

Mit diesen Funktionen lässt sich mithilfe von bc auch höhere Mathematik in Bashskripten meistern. Muss man allerdings ein Programm schreiben, das sehr viele Fließkommaberechnungen durchführt, sollte man auf eine andere Sprache ausweichen, da ein Bash-Skript die Rechenarbeit vermutlich nicht mit der notwendigen Geschwindigkeit erledigen wird.

8.5 Rechnen mit awk

Eine weitere Option für Ganzzahl- und Fließkommaberechnungen bietet awk. Wie bereits im Listing auf Seite 36 gezeigt, sind Fließkommaberechnungen für awk kein Problem. Der Vorteil ist, dass awk aus dem Kontext erkennt, um welche Art von Ausdruck es sich handelt, um eine automatische

---

[1] Der Autor hat in seiner beruflichen Vergangenheit sehr selten auf bc zurückgreifen müssen; in der Regel waren alle Berechnungen mit bash-eigenen Mitteln möglich.

Typkonvertierung durchzuführen. Die folgende Liste stellt die Operatoren dar, die mit awk zur Verfügung stehen.

=, +=, -=, *=, /=, %=, ^=
: Die üblichen Zuweisungsoperatoren kann man mit gängigen Rechenoperationen kombinieren.

||, &&
: Als logische Operatoren stehen das Oder und das Und zur Verfügung.

<, >, <=, >=, ==, !=
: Vergleiche

+, -
: Addition bzw. Subtraktion

*, /, %
: Multiplikation, Division und Modulo-Berechnungen

+, -
: Plus und Minus als unäre oder monadische Operatoren

!
: negiert einen logischen Ausdruck

^
: Potenzen

++, --
: Inkremente und Dekremente stehen in Post- wie auch in Pre-Operationen zur Verfügung.

Auch awk bietet, wie bc, einige elementare mathematische, jedoch auch weitere Funktionen.

sin(x), cos(x), atan2(y,x)
: Sinus, Kosinus und Arkustangens

log(x)
: natürlicher Logarithmus

exp(x)
: Exponentialfunktionen

sqrt(x)
: Quadratwurzel

int(x)
: schneidet Nachkommastellen ab.

`rand()`
> gibt eine Zufallszahl zwischen 0 und 1 zurück.

Um nun in einem Bash-Skript Berechnungen mit `awk` durchzuführen, verwenden Sie folgende Syntax.

```
echo 'n, m' | awk '{ print $1 + $2 }'
```

Sie übergeben mit einer Kommandoverknüpfung via `stdin` eine Zeile an `awk`. Die Werte n und m sind durch ein Komma voneinander getrennt (andere Feldtrenner sind möglich, die `awk` jedoch bekannt sein müssen).

```
$ echo '1, 2' | awk '{ print $1 + $2 }'
3
$ echo '1 2' | awk '{ print $1 + $2 }'
3
$ echo '1:2' | awk '{ print $1 + $2 }'
1
```

Das Beispiel zeigt, dass `awk` Komma und Leerzeichen als Trennzeichen erkennt, nicht aber einen Doppelpunkt. Stattdessen interpretiert `awk` den erstellten Ausdruck $1 + $2 zwar als arithmetische Berechnung, setzt jedoch $1 auf den Wert 1 und, da $2 leer ist, diesen auf 0. Sie haben aber die Möglichkeit, den Feldtrenner selbst zu bestimmen:

```
$ echo '1:2' | awk -F ":" '{ print $1 + $2 }'
3
```

Erweiterte Umleitungen

In Abschnitt 2.1.2 haben wir einfache Umleitungen von `stdin`, `stdout` und `stderr` bereits eingeführt. Es gibt aber darüber hinausgehende Umleitungsvarianten, die für manche Aufgabenstellung einen eleganten Lösungsansatz bieten.

9.1 Here Document

Viele Skriptsprachen kennen sogenannte *Here Documents* (manche Entwickler sprechen auch kurz vom *Heredoc*). Ein Heredoc bietet die Möglichkeit, mehrzeilige Textabschnitte zu definieren, bei denen alle Einzüge und Zeilenumbrüche unberührt bleiben.

In der Bash kann man Heredocs zudem angeben, ob Variablenexpansion, Kommandosubstitution oder arithmetische Expansionen durchgeführt werden sollen. Auch der Erhalt von Tabulatoren kann wahlweise aktiviert oder deaktiviert werden.

```
<<[-]<Begrenzung>
      heredoc
<Begrenzung>
```

Ein Here Document wird mit dem Operator <<, gefolgt von einer <Begrenzung>, eingeleitet. Alles Folgende gilt als Teil dieses Dokuments, bis eine Zeile gefunden wird, die nur <Begrenzung> enthält.

Wird <Begrenzung> mit doppelten Anführungszeichen " umschlossen, finden im Dokumenttext keine Parameter-Expansionen, arithmetische Expansionen oder Kommandoersetzungen statt. Wird das `Heredoc` mit <<- eingeleitet, werden alle Tabulatoren aus dem Dokument entfernt. Dieses Verhalten macht man sich vor allem in Shell-Skripten zunutze, um Einrückungen im Skript nicht zu stören.

Heredocs haben vor allem bei der Arbeit mit interaktiven Programmen aus Shell-Skripten heraus eine große Bedeutung. So ist es mit diesem Sprachkonstrukt z. B. möglich, ganze Textblöcke per `cat` auszugeben oder etwa mit `vim` in eine Textdatei zu schreiben.

Listing 9.1: hereDoc.sh

```
#!/bin/bash

heredoc(){
    cat << EOF
        $(basename $0) zeigt die Verwendung des Here Documents.
        Ist der Delimiter unquotiert, finden Parameterexpansionen,
        Kommandosubstitutionen und arithmetische Expansionen statt.
        Das erkennt man in diesem Beispiel daran, dass \$(basename \$0)
        zu $(basename $0) expandiert wird.
EOF
}

printf "Aufruf der Funktion \"heredoc\"\n\n"

heredoc
```

Dieses kleine Beispiel soll veranschaulichen, wie man mit einem Here Document und `cat` eine mehrzeilige Bildschirmausgabe erzeugt. Die Einrückungen im Quelltext wurden mit Tabulatoren realisiert, durch die Verwendung eines unquotierten Delimiters werden sie bei der Ausgabe auf der Konsole ausgegeben.

```
$ ./hereDoc.sh
Aufruf der Funktion "heredoc"

        hereDoc.sh zeigt die Verwendung des Here Documents.
        Ist der Delimiter unquotiert, finden Parameterexpansionen,
        Kommandosubstitutionen und arithmetische Expansionen statt.
        Das erkennt man in diesem Beispiel daran, dass $(basename $0)
        zu hereDoc.sh expandiert wird.
```

Möchte man nun Code mit Tabulatoren einrücken, die beim Here Documents nicht ausgegeben werden sollen, verwendet man, wie erwähnt, den Operator <<-.

Listing 9.2: hereDoc2.sh

```
#!/bin/bash

heredoc(){
    cat <<- EOF
        $(basename $0) zeigt die Verwendung des Here Documents.
        Ist der Delimiter unquotiert, finden Parameterexpansionen,
        Kommandosubstitutionen und arithmetische Expansionen statt.
        Das erkennt man in diesem Beispiel daran, dass \$(basename \$0)
        zu $(basename $0) expandiert wird.
        Durch das nachgestellte "-" werden Tabulatoren entfernt.

        Möchte man dennoch Einrückung ausgeben, muss man auf
        Leerzeichen zurückgreifen.

            Dieser Text ist mit Leerzeichen eingerückt.
EOF
}

printf "Aufruf der Funktion \"heredoc\"\n\n"

heredoc
```

Durch die Kombination von Tabulatoren und Leerzeichen kann nun der Quelltext weiterhin gut leserlich formatiert werden, die Ausgabe hat dennoch die gewünschte Einrückung.

```
$ ./hereDoc2.sh
Aufruf der Funktion "heredoc"

hereDoc2.sh zeigt die Verwendung des Here Documents.
Ist der Delimiter unquotiert, finden Parameterexpansionen,
Kommandosubstitutionen und arithmetische Expansionen statt.
Das erkennt man in diesem Beispiel daran, dass $(basename $0)
zu hereDoc2.sh expandiert wird.
Durch das nachgestellte "-" werden Tabulatoren Entfernt.

Möchte man dennoch Einrückung ausgeben, muss man auf
Leerzeichen zurückgreifen.

    Dieser Text ist mit Leerzeichen eingerückt.
```

Sollen keine Expansionen im Heredoc erfolgen, kommt der quotierte Delimiter zum Einsatz. Im Gegensatz zum unquotierten Delimiter muss hier z. B. ein Dollerzeichen vor einem Variablennamen nicht entwertet werden.

9 Erweiterte Umleitungen

**Listing 9.3:
hereDoc3.sh**

```
#!/bin/bash

heredoc(){
    cat << "EOF"
$(basename $0) zeigt die Verwendung des Here Documents.
Ist der Delimiter quotiert, finden keine Parameterexpansionen,
Kommandosubstitutionen oder arithmetische Expansionen statt.
Das erkennt man in diesem Beispiel daran, dass \$(basename \$0)
nicht expandiert wird.

Alle Sonderzeichen verlieren ihre Sonderbedeutung.
EOF
}

printf "Aufruf der Funktion \"heredoc\"\n\n"

heredoc
```

Die Ausgabe ist dann entsprechend:

```
$ ./hereDoc3.sh
Aufruf der Funktion "heredoc"

    $(basename $0) zeigt die Verwendung des Here Documents.
    Ist der Delimiter quotiert, finden keine Parameterexpansionen,
    Kommandosubstitutionen oder arithmetische Expansionen statt.
    Das erkennt man in diesem Beispiel daran, dass \$(basename \$0)
    nicht expandiert wird.

    Alle Sonderzeichen verlieren ihre Sonderbedeutung.
```

Ein beliebtes Einsatzfeld des Here Documents sind Hilfe- oder Usage-Funktionen. Wollen Sie etwa dem Benutzer die Kommandozeilenparamter eines Skripts darstellen, lässt sich das mit einem Heredoc einfach in gut lesbarer, formatierter Form umsetzen.

**Listing 9.4:
usage.sh**

```
 1  #!/bin/bash
 2
 3  usage(){
 4      cat <<- EOF
 5          Usage: $(basename $0) [-h] -f filename [-d|-u]
 6
 7                  -h      Hilfeausgabe erhalten
 8
 9                  -f      Hiermit wird der Dateiname übergeben
10
11                  -d      Datei wird im Dos-Format gespeichert
12
13                  -u      Datei wird im Unix-Format gespeichert
14      EOF
15  }
16
```

```
17  if (($# < 1))
18  then
19          usage
20      exit 1
21  fi
22
23  while (($# != 0))
24  do
25      case "$1" in
26          -h) usage
27              break
28              ;;
29          -f) file=$2
30              shift 2
31              ;;
32          -d) if [ -z $format ]
33              then
34                  format="dos"
35              else
36                  echo "Format -f bereits gesetzt: $format"
37                  usage
38                  exit 1
39              fi
40              shift
41              ;;
42          -u) if [ -z $format ]
43              then
44                  format="unix"
45              else
46                  echo "Format -f bereits gesetzt: $format"
47                  usage
48                  exit 1
49              fi
50              shift
51              ;;
52          *) echo "unbekannter Parameter: $1"
53              usage
54              break
55              ;;
56      esac
57  done
58
59  echo filename: $file
60
61  if [ -z $format ]
62  then
63      echo format: unset
64  else
65      echo format: $format
66  fi
67
68  # Hier kommt weiterer Code
```

9 Erweiterte Umleitungen

Das Listing illustriert die Verwendung einer Usage-Funktion. In den Zeilen 3-15 wird die Hilfefunktion usage definiert, hier wird der Hilfetext mithilfe eines Here Documents angegeben, wobei der Operator <<- zum Einsatz kommt (führende Einrückungen durch Tabulatoren werden bei der Ausgabe also entfernt). In den Zeilen 7-13 wurden die Parameter dann mit Leerzeichen eingerückt, wie die folgende Darstellung zeigen soll.

```
         Usage: $(basename $0) [-h] -f filename [-d|-u]
 ^         ^
                -h        Hilfeausgabe erhalten
 ^       ^^^^^^^          ^
```

In den Zeilen 17-21 wird die Usage-Funktion (usage) aufgerufen, wenn keine Parameter an das Programm übergeben wurden. Die while-Schleife in den Zeilen 23-57 bearbeitet dann die Parameter und gibt z. B. einen Fehler und den Output von usage aus, wenn die Parameter -u und -d gleichzeitig angegeben wurden. Die Ausgabe könnte dann beispielsweise wie folgt aussehen:

```
$ ./usage.sh -f foobar -d -u
Format -f bereits gesetzt: dos
Usage: usage.sh [-h] -f filename [-d|-u]

        -h        Hilfeausgabe erhalten

        -f        Hiermit wird der Dateiname übergeben

        -d        Datei wird im Dosformat gespeichert

        -u        Datei wird im Unixformat gespeichert
```

Eine weiteres Beispiel soll zeigen, wie man mit einem Heredoc in Verbindung mit cat einen mehrzeiligen Text in eine Datei schreibt, indem man Ausgabeumleitung und Heredoc kombiniert.

```
$ cat > /tmp/foobar << EOF
> Lorem ipsum dolor sit amet, consetetur sadipscing elitr, sed diam
> eirmod tempor invidunt ut labore et dolore magna.
> EOF
$ cat /tmp/foobar
Lorem ipsum dolor sit amet, consetetur sadipscing elitr, sed diam
eirmod tempor invidunt ut labore et dolore magna.
```

In Verbindung mit Variablenexpansion bieten sich hier sehr interessante Möglichkeiten, z. B. das Schreiben von Konfigurations- oder Eingabedateien für andere Programmen. Eine weitere nützliche Anwendung der Heredocs ist die Dokumentation. Sprachen wie C oder PHP kennen einen Dokumentationskommentar der Form /*...*/, in der Bash kann man ein ähnliches Verhalten mit einem Heredoc simulieren.

```
1  #!/bin/bash
2
3  : << "###"
4          Dieses Skript zählt die Variable $i von 0 bis 5
5          und gibt bei jedem Durchlauf den Wert der Variablen aus.
6          Als Zählschleife kommt eine for-Schleife in der Form
7
8               for (( expr ; expr ; expr ))
9
10         zum Einsatz.
11 ###
12
13
14 for (( i=0 ; i<=5; i++ ))
15 do
16      echo $i
17 done
```

Listing 9.5: commentByHereDoc.sh

Hier nutzen wir das Shell Builtin : (vgl. Seite 152), damit das Here Document zwar ausgewertet, aber nicht ausgegeben wird. Durch das oben beschriebene Quotieren des Delimiters vermeiden wir Expansionen innerhalb des Dokumentationsbereichs.

9.2 Here String

Eine weitere Form des Here Documents ist der sogenannte *Here String*. Er wird auch ähnlich notiert, nämlich mit drei Kleinerzeichen.

```
<<< <String>
```

In dieser Form wird `<String>` expandiert und als `stdin` für ein beliebiges Kommando verwendet.

```
1  #!/bin/bash
2
3  foo=foobarbaz
4
5  if grep -q "bar" <<< $foo
6  then
7       echo "'bar' in \$foo enthalten."
8  else
9       echo "'bar' nicht in \$foo gefunden."
10 fi
```

Listing 9.6: hereString.sh

Dieses einfache Beispiel zeigt, wie mithilfe eines Here Strings ein Teilstring in einer Variablen gesucht werden kann. Eine alternative Lösung wäre:

Listing 9.7:
pipeToGrep.sh

```
1  #!/bin/bash
2
3  foo=foobarbaz
4
5  if echo $foo | grep -q "bar"
6  then
7      echo "'bar' in \$foo enthalten."
8  else
9      echo "'bar' nicht in \$foo gefunden."
10 fi
```

Ein Anwendungsfall, den man in Skripten häufiger sieht, sind Here Strings als Eingabe für einen MySQL-Client.

```
mysql <Datenbank> <<< "<Anfrage>"
```

Die Syntax leitet sich von der Schreibweise her, die man bei der Arbeit mit dem Client im Umgang mit SQL-Dateien verwendet.

```
$ mysql <Datenbank> < script.sql
```

Würde man in einem Skript eine Pipe verwenden, wäre das zwar syntaktisch richtig, würde sich aber beispielsweise einem Datenbankadministrator eventuell nicht sofort erschließen, die o. g. Notation ist also leichter lesbar. Es ließe sich auch `--execute=anfrage` oder `-e anfrage` benutzen, jedoch hat sich diese Syntax nicht durchgesetzt, man sieht sie viel seltener als Here Strings.

Um die Arbeit mit `mysql` unter Verwendung von Here Strings zu illustrieren, zeigen wir im folgenden Skript zwei Funktionen: Die erste fragt nach den Zugangsdaten für den Datenbankserver, die zweite fragt den Datenbankserver, ob eine Datenbank `bashtest` existiert:

```
connectDB() {

    # Username und Passwort für die Datenbank wird abgefragt und
    # der Connection-String wird gepeichert
    read -p "Username: " user
    # Passwortabfrage erfolgt ohne Ausgabe auf stdout
    # Da das Passwort aber gespeichert wird, kann hier ggf. auf die
    # Eingabe zugegriffen werden.
    read -s -p "Passwort: " pass
    printf "%b" "\n"

    conn="mysql -u$user"

    if [ "$pass" != "" ] ; then
        conn="$conn -p$pass"
    fi
}

checkDB() {
```

```
        # überprüfen, ob die Zieldatenbank existiert
        if $conn <<< "show databases" >&2 | tail -n+2 | grep -q bashtest
        then
                return 0;
        else
                return 1;
        fi
}
```

In der Funktion werden Username und Passwort mit dem `read`-Builtin eingelesen und bei der Passworteingabe die Ausgabe der eingegebenen Zeichen unterdrückt. Die Zugangsdaten werden dann mit dem Kommando `mysql` in einer globalen Variablen `$conn` gespeichert.

Die Funktion `checkDB` nutzt die globale Variable `$conn`, um den Systemaufruf des `mysql`-Kommandos durchzuführen. Mithilfe eines Here Strings wird ein Listing aller Datenbanken des DB-Servers angefragt, die der Benutzer sehen darf.

In der Pipe werden alle Zeilen der Ausgabe – außer der ersten – durch `grep` auf Übereinstimmung mit dem gesuchten Datenbank-Namen gefiltert; `grep` läuft jedoch im *Quiet Mode*, da uns nur der Rückgabewert interessiert. Wurde die Datenbank gefunden, folgt der `if`-Block und somit ein `return` 0, andernfalls wird 1 zurückgegeben.

9.3 Deskriptoren

Filedeskriptoren (FD) sind ein abstrakter Zugriffsmechanismus auf Dateien. Laut POSIX erfolgt der Zugriff auf einen Filedeskriptor über einen positiven Integerwert, wobei es drei reservierte Werte gibt:

0
    Standardeingabe (`stdin`)

1
    Standardausgabe (`stdout`)

2
    Standarderror (`stderr`)

Im Dateisystem eines Linux-Systems findet man alle aktuellen FD im Verzeichnis `/dev/fd`.

```
$ ls -l /dev/fd/
insgesamt 0
lrwx------ 1 cme cme 64 17. Feb 19:21 0 -> /dev/pts/0
lrwx------ 1 cme cme 64 17. Feb 19:21 1 -> /dev/pts/0
lrwx------ 1 cme cme 64 17. Feb 19:21 2 -> /dev/pts/0
```

9 Erweiterte Umleitungen

```
              lr-x------ 1 cme cme 64 17. Feb 19:21 3 -> /proc/28654/fd
         $ ls -la /dev/pts/0
              crw--w---- 1 cme tty 136, 0 17. Feb 19:21 /dev/pts/0
```

In diesem Beispiel sind /dev/fd/0, /dev/fd/1 und /dev/fd/2 symbolische Links auf /dev/pts/0. Darüber wird die Schnittstelle zur kerneleigenen Datenstruktur zur Speicherung von Deskriptoren realisiert. Die Kommunikation zwischen Prozess – hier die Login-Shell – und dem Kernel erfolgt über die *Special Character Devices* /dev/pts/0 und /dev/ptmx.[1]

Der vierte FD wurde durch das ls-Kommando für die Ausgabe erzeugt. Hier ein kleines Testskript, das das Verhalten nachstellt.

Listing 9.8: ptsTest.sh

```
1  #!/bin/bash
2
3  echo "PID: $$"
4
5  ls -l /dev/fd/
```

In Zeile 3 wird die Prozess-ID des aktuellen Prozesses, also des Skripts, in Zeile 5 ein Listing des Verzeichisses /dev/fd/ ausgegeben. Bei Systemen, in denen Prozess-IDs einfach iteriert werden, sollte die PID des Skripts somit um eins kleiner sein als die PID, auf die der FD 3 zeigt.

```
$ ./ptsTest.sh
PID: 29218
insgesamt 0
lrwx------ 1 cme cme 64 17. Feb 19:53 0 -> /dev/pts/0
lrwx------ 1 cme cme 64 17. Feb 19:53 1 -> /dev/pts/0
lrwx------ 1 cme cme 64 17. Feb 19:53 2 -> /dev/pts/0
lr-x------ 1 cme cme 64 17. Feb 19:53 3 -> /proc/29219/fd
```

Wie erwartet, ist die PID des Skripts um eins niedriger als die des Ziels des Symlinks für FD 3.

9.3.1 Ein- und Ausgabeumleitung

Über FD werden alle bis jetzt besprochenen Umleitungen realisiert, wir wollen sie hier der Vollständigkeit halber nochmals zusammenfassen.

Kommando > Datei
: schreibt die Ausgabe eines Kommandos über stdout in ein Datei. Wenn die Datei bereits existiert, wird der gesamte Inhalt überschrieben, andernfalls erstellt. Das ist allerdings nur möglich, sofern die Berechtigungen des Benutzers dafür ausreichen.

---

[1] Für weiterführenden Informationen zu PTS, dem Pseudo-Terminal Master- und Slave-Mechanismus, sei man 4 pts empfohlen.

> Datei
: Um eine Datei zu leeren, reicht diese Umleitung aus. Alternativ können Sie auch : > Datei nutzen. Bei : handelt es sich um ein Bash-Builtin, das keine Ausgabe erzeugt und immer 0 zurückliefert. Bezüglich der Existenz der Datei gelten die gleichen Regeln wie bei der zuvor genannten Ausgabeumleitung.

In einigen Skripten findet man auch Zeilen wie cat /dev/null > Datei. Hiermit wird ebenfalls eine Datei geleert, jedoch bedingt die Verwendung des externen Kommandos einen erhöhten Ressourcenverbrauch.

Kommando >> Datei
: hängt bei der Ausgabeumleitung die Ausgaben an eine existierende Datei an oder erzeugt eine neue Datei, soweit Datei nicht vorhanden ist.

n > Datei, n >> Datei
: Analog zu den Ausgabeumleitungsoperatoren ist es auch möglich, einen FD direkt in eine Datei umzuleiten; n ist der entsprechende FD. Für das Leeren, Erzeugen bzw. Anhängen gelten die Regeln, wie oben beschrieben. Der Standart-FD ist in diesem Fall 1.

&> Datei, >& Datei, > Datei 2>&1
: leiten sowohl stdout als auch stderr in eine Datei um. Um beide Kanäle im Append-Modus (anhängen) umzuleiten, wird statt > der Operator >> verwendet.

Kommando < Datei
: Der Inhalt von Datei wird nach stdin von Kommando umgeleitet.

m >& n
: Bei der gemeinsamen Umleitung von stdout und stderr haben wir diese Form der Umleitung bereits verwendet. Hier wird der FD m mit Deskriptor n gebündelt. Man spricht in diesem Fall auch vom Duplizieren von Filedeskriptoren.

Die dargestellten Umleitungen werden nach einmaliger Anwendung wieder zurückgesetzt, das heißt, jede Umleitung muss bei Bedarf neu angegeben werden. Einige Codebeispiele sollen im Folgenden die Anwendung von Redirections veranschaulichen.

Listing 9.9: logFile.sh

```
1  #!/bin/bash
2
3  logFile=log/logFile.log
4  errFile=log/logFile.err
5  allFile=log/logFile.all
6
```

9 Erweiterte Umleitungen

```
 7   # keine gute Idee, hier wird ein externes Programm aufgerufen
 8   # es entsteht ein Subprozess, der Ressourcen verbraucht.
 9   cat /dev/null > $logFile
10
11   # besser macht man es so
12   > $errFile
13
14   # oder auch so
15   : > $allFile
16
17   ################### stdout Umleitungen ###################
18
19   echo "Wir erzeugen Ausgaben" > $logFile
20   echo "Diese landen in unserem $logFile" >> $logFile
21   echo "Doch Vorsicht, nicht >> und > verwechseln," > $logFile
22   echo "sonst wird die Zieldatei geleert." >> $logFile
23
24   ################### stderr Umleitungen ###################
25
26   falschesKommando 2> $errFile
27   nochWasFalsches 2>> $errFile
28
29   ############## stdout & stderr Umleitungen ##############
30
31   date|awk '{ printf("%s %s %s %s\n", $1, $2, $3, $6); }' >
        log/logFile.all 2>&1
32   date | sed -e 's/[^So]*//g' | foobar >> log/logFile.all 2>&1
33
34   # Hier landet nur stdout in der Logdatei, die Umleitung gilt
35   # nicht für die Kommandosubstitution.
36   echo "Hier kommt ein falsches $(Kommando)" >> $allFile 2>&1
```

In den Zeilen 3-5 erstellen wir drei Variablen mit den Pfaden zu drei Loggingdateien. Es folgt (Zeilen 9, 12 und 15) das Leeren der Dateien, und zwar auf dreierlei Weise, wobei `cat /dev/null > $logFile` die ressourcenaufwendigste ist, da es ein externes Programm bemüht. Die Variante in Zeile 12 nutzt shell-interne Mechanismen und verbraucht somit weniger Ressourcen, jedoch ist sie nicht shell-übergreifend kompatibel, da diese Notation nicht in allen Shells verfügbar ist. Die beste Wahl ist also die dritte Variante mit : >. Diese Schreibweise ist kompatibel zu anderen Shells und ebenso ressourcenschonend.

Umleitungen von `stdout` werden in den Zeilen 19-22 gezeigt. Besonders zu beachten ist bei der Umleitung in eine Datei, dass ein > die Zieldatei ohne Nachfrage leert, womit gegebenenfalls bereits existierende Aufzeichnungen verlorengehen. Zeile 26 und 27 zeigen die Verwendung von 2> sowie 2>>.

Von Zeile 31 bis zum Ende des Programms geht es um Kanalbündelung – beachten Sie die Erkenntnis aus Zeile 36.

```
$ ./logFile.sh
./logFile.sh: line 36: Kommando: command not found
```

Die Kanalbündelung gilt nur für den aktuellen Scope. Darum gibt die Kommandoersetzung weiterhin die Ausgaben auf `stderr` auf der Konsole aus.

```
$ cat log/logFile.log
Doch Vorsicht, nicht >> und > verwechseln,
sonst wird die Zieldatei  geleert.

$ cat log/logFile.err
./logFile.sh: line 26: falschesKommando: command not found
./logFile.sh: line 27: nochWasFalsches: command not found

$ cat log/logFile.all
So 20. Feb 2011
./logFile.sh: line 32: foobar: command not found
Hier kommt ein falsches
```

Führt man das Skript aus und prüft die Inhalte der Dateien, bemerkt man, dass in Datei `log/logFile.log` wohl nicht alle Zeilen gelandet sind, die der Entwickler dort gerne vorgefunden hätte. Die Umleitungen des Standardfehlerkanals hingegen sind alle in `log/logFile.log` zu sehen.

Besonders interessant ist, dass von der Pipeline in Zeile 32 nur die Fehlermeldung in die Logdatei `log/logFile.all` geschrieben wurde. Das hängt damit zusammen, dass die Ausgabe von `sed` über eine Kommandoverküpfung mit dem Kommando `foobar` verbunden wurde. Da dieses Kommando nicht existierte, wurde die Ausgabe von `sed` nicht verarbeitet und stattdessen nur die Fehlermeldung generiert und in das Logfile geschrieben.

9.3.2 Permanente Umleitungen mit exec

Neben den oben gezeigten temporären Umleitungen, die nach jedem Einsatz wieder zurückgesetzt werden, bietet die Bash auch die Möglichkeit, für die Laufzeit eines Programms Umleitungen zu definieren. Diese Umleitungen werden entweder durch Beenden des Programms oder durch den Entwickler an geeigneter Stelle aufgelöst.

Für die Erstellung einer permanenten Umleitung kommt das Shell Builtin `exec` zum Einsatz.

[fd] <& quelle
: verbindet Input File Deskriptoren; handelt es sich bei `quelle` um eine Ziffer, die einen gültigen FD darstellt, so wird dieser mit `fd` verbunden. Gültig ist in diesem Fall nur ein FD, der bereits zum Lesen geöffnet ist oder ein Minuszeichen (-). Im zweiten Fall wird `fd` geschlossen.
Ausgaben, die an `quelle` gesendet werden, werden genau dort ausgegeben, wo der Filedeskriptor `fd` hinzeigt. Wird `fd` nicht angegeben, wird der Filedeskriptor der Standardeingabe (0) verwendet.

9 Erweiterte Umleitungen

```
$ exec 7<&0
$ ls -l /dev/fd/
insgesamt 0
lrwx------ 1 cme cme 64 23. Feb 18:40 0 -> /dev/pts/3
lrwx------ 1 cme cme 64 23. Feb 18:40 1 -> /dev/pts/3
lrwx------ 1 cme cme 64 23. Feb 18:40 2 -> /dev/pts/3
lr-x------ 1 cme cme 64 23. Feb 18:40 3 -> /proc/11625/fd
lrwx------ 1 cme cme 64 23. Feb 18:40 7 -> /dev/pts/3
$ exec 7<&-
$ ls -l /dev/fd/
insgesamt 0
lrwx------ 1 cme cme 64 23. Feb 18:41 0 -> /dev/pts/3
lrwx------ 1 cme cme 64 23. Feb 18:41 1 -> /dev/pts/3
lrwx------ 1 cme cme 64 23. Feb 18:41 2 -> /dev/pts/3
lr-x------ 1 cme cme 64 23. Feb 18:41 3 -> /proc/11643/fd
```

Dieses Kommando dupliziert also den FD 0 nach 7. `stdin` bleibt dabei erhalten. In der zweiten Zeile wird der Deskriptor mit der Nummer 7 wieder geschlossen.

`[fd] >& ziel`

verbindet und dupliziert Ausgabe-FDs. `fd` ist, soweit er nicht angegeben wurde, 1, also `stdout`. Ziel muss in diesem Fall ebenfalls ein gültiger Filedeskriptor oder ein - sein. Im Falle von - wird der `fd` geschlossen.

```
$ exec 5>&1
$ ls -l /dev/fd/
insgesamt 0
lrwx------ 1 cme cme 64 23. Feb 18:42 0 -> /dev/pts/3
lrwx------ 1 cme cme 64 23. Feb 18:42 1 -> /dev/pts/3
lrwx------ 1 cme cme 64 23. Feb 18:42 2 -> /dev/pts/3
lr-x------ 1 cme cme 64 23. Feb 18:42 3 -> /proc/11671/fd
lrwx------ 1 cme cme 64 23. Feb 18:42 5 -> /dev/pts/3
$ exec 5>&-
$ ls -l /dev/fd/
insgesamt 0
lrwx------ 1 cme cme 64 23. Feb 18:43 0 -> /dev/pts/3
lrwx------ 1 cme cme 64 23. Feb 18:43 1 -> /dev/pts/3
lrwx------ 1 cme cme 64 23. Feb 18:43 2 -> /dev/pts/3
lr-x------ 1 cme cme 64 23. Feb 18:43 3 -> /proc/11687/fd
```

Hier wird FD 5 mit 1 verbunden und im nächsten Schritt FD 5 geschlossen.

Ergänzen wir diese eher abstrakten Erklärungen mit praxisrelevanten Beispielen:

Listing 9.10: redStdin.sh

```
1  #!/bin/bash
2
3  # stdin nach FD 7 duplizieren
```

```
4   exec 7<&0
5
6   # jetzt eine Datei mit stdin verbinden
7   exec < /etc/passwd
8
9   O_IFS=$IFS
10  IFS=":"
11
12  while read user pass uid gid gecos home shell
13  do
14      echo "---------------------------------"
15      echo "$user hat die uid $uid und gid $gid"
16      echo "Sein homedir liegt unter $home"
17      echo "und $shell ist seine Login-Shell"
18      echo "---------------------------------"
19      echo
20  done
21
22  # IFS und FS 0 zurücksetzen, FD 7 schließen
23  IFS=$O_IFS
24  exec 0<&7
25  exec 7<&-
```

Das Beispiel dupliziert stdin nach FD 7. Danach wird /etc/passwd an stdin gebunden (Zeile 7).

In Zeile 9 und 10 wird der Internal Field Separator (IFS) zunächst gesichert und dann auf : gesetzt. Dadurch kann das Kommando read in Zeile 12 alle Felder der Eingabedatei in separate Variablen einlesen. Im Schleifenkörper werden dann pro Eingabezeile einige Ausgaben erzeugt. In den Zeilen 23-25 wird der IFS wieder auf den Originalwert zurückgesetzt, FD 7 nach stdin dupliziert und abschließend FD 7 wieder geschlossen.

```
$ ./redStdin.sh | head -n17
---------------------------------
root hat die uid 0 und gid 0
Sein homedir liegt unter /root
und /bin/bash ist seine Login-Shell
---------------------------------

---------------------------------
daemon hat die uid 1 und gid 1
Sein homedir liegt unter /usr/sbin
und /bin/sh ist seine Login-Shell
---------------------------------

---------------------------------
bin hat die uid 2 und gid 2
Sein homedir liegt unter /bin
und /bin/sh ist seine Login-Shell
---------------------------------
```

9 Erweiterte Umleitungen

Nun ein Beispiel für das Duplizieren eines Output-FD:

Listing 9.11: redStdout.sh

```
1   #!/bin/bash
2
3   logFile=log/redStdout.log
4
5   # Verbinde FD 5 mit stdout
6   exec 5>&1
7
8   # stdout nach logFile umleiten
9   exec > $logFile
10
11  # einige Ausgaben erzeugen
12  echo "Ausgaben nach stdout landen jetzt direkt in $logFile"
13  echo
14  echo "Unsere mtab:"
15  echo
16  cat /etc/mtab
17
18  # und nun stdout wiederherstellen
19  exec 1>&5
20
21  # und FD 5 schließen. Dieser FD wurde nur als temp. Speicher für stdout benötigt.
22  exec 5>&-
23
24  echo "Programm ist nun fertig"
```

In diesem Beispiel wird in Zeile 5 stdout mit dem FD 5 verbunden, dann stdout auf die in der Variablen $logFile gespeicherte Datei umgeleitet. Alle Ausgaben landen also direkt in dieser Datei.

In Zeile 19 wird FD 5 wieder mit stdout verbunden und FD 5 geschlossen. Danach landet die Ausgabe wieder auf dem Monitor:

```
$ ./redStdout.sh
Programm ist nun fertig
$ cat log/redStdout.log
Ausgaben nach stdout landen jetzt direkt in log/redStdout.log

Unsere mtab:

/dev/mapper/system-root / ext3 rw,errors=remount-ro 0 0
tmpfs /lib/init/rw tmpfs rw,nosuid,mode=0755 0 0
proc /proc proc rw,noexec,nosuid,nodev 0 0
sysfs /sys sysfs rw,noexec,nosuid,nodev 0 0
procbususb /proc/bus/usb usbfs rw 0 0
udev /dev tmpfs rw,mode=0755 0 0
tmpfs /dev/shm tmpfs rw,nosuid,nodev 0 0
devpts /dev/pts devpts rw,noexec,nosuid,gid=5,mode=620 0 0
/dev/sda1 /boot ext3 rw 0 0
/dev/mapper/system-var /var ext3 rw 0 0<
```

9.3.3 Gleichzeitiges Lesen und Schreiben von Dateien

Manchmal möchte man aus einer Datei lesen und in dieselbe Datei auch schreiben. Hierfür steht der Operator <> mit folgender Syntax zur Verfügung:

```
[fd] <> Datei
```

Wenn die Datei nicht existiert, wird sie erstellt; der Standard-FD ist 0.

Tatsächlich findet man für diesen Operator nur wenig Einsatzmöglichkeiten, was unter anderem daran liegt, dass er – anders als in anderen Skript- und Programmiersprachen – streng zeichenorientiert arbeitet. Ein Beispiel mag diese Schwäche deutlich machen – Ausgangspunkt ist eine Textdatei mit Namen:

```
Pauli Panther
Fred Fuchs
Elli Elster
```

Ziel ist, jeweils den Vor- und Nachnamen zu lesen und daraus einen Nickname zu erzeugen. Dieser soll aus dem ersten Buchstaben des Vornamens und dem Nachnamen bestehen, also z. B. ppanther. Ein erster Versuch:

Listing 9.12: makeNicks1.sh

```
1  #!/bin/bash
2
3  if [ ! "$#" -eq 1 ]
4  then
5      echo "Usage: $(basename $0) <Namensdatei>"
6      exit 1
7  elif [ ! -f $1 ]
8  then
9      echo "Datei '$1' existiert nicht"
10     exit 1
11 fi
12
13 # Datei zum Lesen und Schreiben öffnen
14 exec 5<>$1
15
16 while read -u 5 first last
17 do
18     echo -n ${first:0:1}$last | tr [:upper:] [:lower:] >&5
19 done
20
```

Das Skript erwartet genau eine Eingabedatei mit den Namen. In den Zeilen 3-11 wird geprüft, ob sie existiert. Zeile 14 öffnet die Datei zum Lesen und Schreiben. Mithilfe der `while`-Schleife, beginnend in Zeile 16, werden die Namen in Variablen für Vor- und Nachnamen eingelesen. Innerhalb der Schleife wird dann der Nickname zusammengesetzt und wieder in die Datei geschrieben.

```
$ ./makeNicks1.sh names.data1
$ cat names.data1
Pauli Panther
ppantherhs
hlli Elster
lelster
```

Nun ja, das war wohl nichts – aber was ist passiert? Das Einlesen der ersten Zeile hat noch einwandfrei funktioniert und auch ein Nickname wurde erzeugt – doch leider in die nächste Zeile geschrieben, wo aber der Name von Fred Fuchs stand.

Bei dem <>-Operator werden beide Kanäle gekoppelt, d. h. im Klartext: Der Zeiger für die Eingabe befindet sich immer an derselben Stelle wie der Zeiger für die nächste Ausgabe – und umgekehrt.

Für unser Beispiel bedeutet das: Durch das Einlesen der ersten Eingabezeile befindet sich der Zeiger für die nächste Eingabe bereits beim ersten Zeichen der zweiten Zeile, wo die Bash den generierten Nickname (ppanther) platziert. Da sich der <>-Operator, wie bereits erwähnt, streng zeichenorientiert verhält, wird nun die Zeile aber nicht erweitert, sondern die Bash überschreibt genau 8 Zeichen der aktuellen Zeile, so dass sich der Zeiger anschließend an Position 9 der aktuellen Zeile befindet. Hier beginnt die while-Schleife, also die nächste Runde des Einlesens. Da in der Zeile jedoch nur noch hs gefunden wird, ist auch nur die Variable $first mit diesem Wert gefüllt, weshalb der Nickname h gebildet und an Position eins der nächsten Zeile geschrieben wird – und so weiter.

Um das eigentliche Ziel zu erreichen, ist eine zweistufige Lösung zu entwerfen, die beispielsweise alle Zeilen in ein Array einliest und dann im zweiten Schritt Namen und Nicknames wieder in die Datei ausgibt.

Ein weiterer Anwendungsfall für das gleichzeitige Lesen und Schreiben von Dateien ist die Verwendung von FIFOs.[2] Mit diesen Spezialdateien ist es möglich, Prozesse miteinander kommunizieren zu lassen. Unter Linux steht für das Erstellen solcher FIFOs das Kommando mkfifo zur Verfügung. Betrachten wir zunächst die Verwendung einer FIFO in einem Skript im Zusammenhang mit dem <>-Operator.

Listing 9.13: pingPong.sh

```
1  #!/bin/bash
2
3  fifo=pp.fifo
4
5  test -p $fifo || mkfifo $fifo
6  exec 3<>$fifo
7
```

[2] Eine FIFO (first in, first out) ist eine spezielle Datenstruktur, in der die Werte, die zuerst hineingeschrieben wurden, als erste wieder aus gelesen werden. Man bezeichnet sie auch als *Named Pipes* oder einfach nur als *Pipes*. FIFOs haben kein EOF, weshalb sie einer Datei in manchen Situationen vorgezogen werden.

```
 8  echo "Schreibe 'ping' in die fifo"
 9  echo ping >&3
10  echo
11
12  while read p <&3
13  do
14      echo "Habe '$p' gelesen"
15      sleep 3
16      if [[ "$p" == "ping" ]]
17      then
18          echo "Schreibe 'pong' in die fifo"
19          echo pong >&3
20          echo
21          sleep 3
22      else
23          echo "Schreibe 'ping' in die fifo"
24          echo ping >&3
25          echo
26          sleep 3
27      fi
28  done
```

Zunächst deklarieren wir eine Variable `fifo`, in der der Dateiname der Named Pipe gespeichert wird. In Zeile 5 wird geprüft, ob die FIFO existiert, wenn nicht, wird sie erstellt. In Zeile 6 wird die FIFO dann an den FD 3 gebunden.

In Zeile 8-10 wird eine Information auf dem Bildschirm ausgegeben und der Startwert in die FIFO geschrieben. Die `while`-Schleife in den Zeilen 12-28 liest die FIFO zeilenweise ein und speichert den gelesenen Wert in der Variablen p.

Innerhalb der Schleife wird der Wert von p geprüft. Wurde `ping` gelesen, wird `pong` in die Pipe geschrieben und umgekehrt. Das Programm läuft so lange, bis der Benutzer [Strg]+[c] drückt. Führt man das Programm aus, erhält man die folgende Ausgabe:

```
$ ./pingPong.sh
Schreibe 'ping' in die fifo

Habe 'ping' gelesen
Schreibe 'pong' in die fifo

Habe 'pong' gelesen
Schreibe 'ping' in die fifo

Habe 'ping' gelesen
^C
```

Würde man statt einer FIFO eine Datei verwenden, würde das Beispiel nicht funktionieren – der geänderte Code sähe dann wie folgt aus:

9 Erweiterte Umleitungen

Listing 9.14:
pingPongFile.sh

```
1  #!/bin/bash
2
3  PS4='$0.$LINENO:> '
4
5  file=ppf.file
6
7  exec 3<>$file
8
9  echo "Schreibe 'ping' in die Datei"
10 echo ping >&3
11 echo
12
13 while read p <&3
14 do
15     echo "Habe '$p' gelesen"
16     sleep 3
17     if [[ "$p" == "ping" ]]
18     then
19         echo "Schreibe 'pong' in die Datei"
20         echo pong >&3
21         echo
22         sleep 3
23     else
24         echo "Schreibe 'ping' in die Datei"
25         echo ping >&3
26         echo
27         sleep 3
28     fi
29 done
```

Hier wird die Datei nicht mithilfe von `mkfifo` angelegt, sondern direkt bei der Verknüpfung mit dem Filedeskriptor, dadurch entsteht eine gewöhnliche Datei. Ferner wurde in Zeile 3 die Variable PS4 formartiert, weil wir das Programm auch im Trace-Modus laufen lassen werden. Der Rest des Codes stammt aus Listing 9.13. Nach dem Starten erhält man folgende Ausgabe:

```
$ ./pingPongFile.sh
Schreibe 'ping' in die Datei

$ bash -x pingPongFile.sh
+ PS4='$0.$LINENO:> '
pingPongFile.sh.5:> file=ppf.file
pingPongFile.sh.7:> exec
pingPongFile.sh.9:> echo 'Schreibe '\''ping'\'' in die Datei'
Schreibe 'ping' in die Datei
pingPongFile.sh.10:> echo ping
pingPongFile.sh.11:> echo

pingPongFile.sh.13:> read p
```

Wie zu erkennen, schreibt das Programm den Startwert in die Datei und wird danach beendet. Wie kommt es dazu? Anhand der Trace-Ausgabe vollziehen wir nach: In Zeile 9 des Skripts wird der Startwert in die Datei geschrieben, gefolgt von einer Leerzeile, die nach `stdout` geschrieben wird. In Zeile 13 – dem Beginn der `while`-Schleife – versucht das Skript, so lange aus dem FD zu lesen, bis das Ende der Datei (EOF) erreicht ist. Durch das Schreiben des Startwerts in die Datei befindet sich der Pointer für das `read` bzw. die nächste Eingabe genau hinter dem Startwert, dadurch liest die `while`-Schleife direkt EOF ein, womit die Schleife die Ausstiegsbedingung erreicht hat.

In einer FIFO werden die Pointer für lesende und schreibende Zugriffe dagegen getrennt gehandhabt, wodurch das Schreiben in die FIFO keinen Einfluss auf das Lesen hat.

9.3.4 Socketprogrammierung mit der Bash

Mithilfe von `exec` ist es möglich, eine Verbindung zu einem Socket aufzubauen und somit beispielsweise eine Website auf Erreichbarkeit zu prüfen oder einen Bash-SMTP-Client zu schreiben, was wir im Folgenden zeigen wollen.

Zunächst müssen wir jedoch prüfen, ob unsere Bash die Möglichkeit bietet, FD mit Sockets zu verbinden. Dafür stehen sogenannte *Net Redirections* zur Verfügung, die über Dateien in der Form `/dev/tcp/host/port` oder `/dev/udp/host/port` angesprochen werden. Diese Dateien können nicht aufgelistet werden, man prüft deshalb am besten auf der Konsole, ob man einen FD an ein solches Socket binden kann.

```
$ exec 3<>/dev/tcp/www.google.de/80
-bash: /dev/tcp/www.google.de/80: Datei oder Verzeichnis nicht gefunden
```

Wenn eine solche Fehlermeldung erscheint, wurde Ihre Bash nicht mit der Option `--enable-net-redirections` kompiliert, Sie müssen dann eine Bash mit dieser Option übersetzen, wie in Abschnitt 1.3 auf Seite 12 dargestellt. Nachdem Sie die Bash neu kompiliert, installiert und gestartet haben, sollten die folgenden Kommandos funktionieren.

```
$ exec 3<>/dev/tcp/www.google.de/80
$ echo -e "GET / HTTP/1.1\n\n" >&3
$ cat <&3
HTTP/1.1 302 Found
Location: http://www.google.de/
Cache-Control: private
Content-Type: text/html; charset=UTF-8
Set-Cookie: PREF=ID=248e2f2cb73818b6:FF=0:TM=1298734718:LM=1298734718:S
=YHhef2x4pm3hz4pz; expires=Mon, 25-Feb-2013 15:38:38 GMT; path=/; domai
n=.google.com
Set-Cookie: NID=44=CNftFAspB8_SsB6bogfNOHUj6Q2HDOhm9FuEABUBgARItExMGlfV
wjgc4doj0bweRJI7TM3_wUCLKyB2HF__dz0-Qj-7BGnwumSRVHKyKIs2rRoVEbPPEd412Y4
fyiRF; expires=Sun, 28-Aug-2011 15:38:38 GMT; path=/; domain=.google.co
```

```
m; HttpOnly
Date: Sat, 26.Feb 2011 15:38:38 GMT
Server: gws
Content-Length: 218
X-XSS-Protection: 1; mode=block

<HTML><HEAD><meta http-equiv="content-type" content="text/html;charset=
utf-8">
<TITLE>302 Moved</TITLE></HEAD><BODY>
<H1>302 Moved</H1>
The document has moved
<A HREF="http://www.google.de/">here</A>.
</BODY></HTML>
$ exec 3>&-
```

Damit sind die wesentlichen Bestandteile der Socket-Programmierung in der Bash eingeführt. Zunächst wird eine lesende und schreibende Verbindung über die Datei-Struktur /dev/tcp/host/port hergestellt. In den verbundenen Filedeskriptor kann nun z. B. eine Anfrage nach einem Dokument über HTTP geschrieben werden. Aus demselben FD wird dann auch die Antwort gelesen.

Soweit zur Theorie, programmieren wir nun einen SMTP-Client, der der Einfachheit halber eine E-Mail von einem lokalen Account an einen anderen oder denselben lokalen Account sendet. Das Grundgerüst für das Skript könnte in etwa wie folgt aussehen:

```
1   #!/usr/local/bin/bash
2
3   usage(){
4       cat <<-EOF
5
6           usage: $(basename $0) -r <recipient> -s <sender> [-h
    <smtp-host>]
7
8               -r <recipient>
9                   Empfänger-Adresse
10
11              -s <sender>
12                  Absender-Adresse
13
14              -h <smtp-host>
15                  IP-Adresse oder FQDN, über den gesendet werden soll
16
17      EOF
18  }
19
20  if [[ "$#" < 2 ]]
21  then
22      usage
23      exit 1
24  fi
```

```
25
26  while (($#))
27  do
28      case "$1" in
29          -r) recipient=$2
30              shift 2
31              ;;
32          -s) sender=$2
33              shift 2
34              ;;
35          -h) host=$2
36              shift 2
37              ;;
38      esac
39  done
```

Der Benutzer bekommt so einen Überblick, wie er das Programm zu bedienen hat, und man kann sicher sein, dass alle nötigen Informationen an das Programm übergeben werden. Auf eine Plausibilitätsprüfung der Eingaben wollen wir zur Vereinfachung verzichten. Öffnen wir jetzt die Verbindung zum Mailserver.

```
41  # tcp-Verbindung zum host öffnen
42  exec 3<>/dev/tcp/$host/25
```

Wir verwenden den Host, den der Benutzer bei Aufruf des Programms mit der Option -h angegeben hat. Da es bei SMTP auf die Reihenfolge der Kommandos und auch auf die jeweilige Antwort des Servers ankommt, müssen wir die Serverantworten auswerten, um mit den richtigen Kommandos antworten zu können. Wir wollen also die Antworten des Servers zeilenweise in einer while-Schleife einlesen und überprüfen.

```
47  while read resp <&3
48  do
49      echo $resp
50      if grep -q "220" <<< $resp
51      then
52          echo "EHLO $HOSTNAME" >&3
53          echo "EHLO $HOSTNAME"
54      elif grep -q "250 HELP" <<< $resp
55      then
56          echo "MAIL FROM: <$sender>" >&3
57          echo "MAIL FROM: <$sender>"
58          next=rcpt
59      elif [[ "$next" == "rcpt" ]] && grep -q "250 OK" <<< $resp
60      then
61          echo "RCPT TO: <$recipient>" >&3
62          echo "RCPT TO: <$recipient>"
63          next=data
64      elif [[ "$next" == "data" ]] && grep -q "250 Accepted" <<< \
$resp
65      then
```

```
66         echo "DATA" >&3
67         echo "DATA"
68         next=message
69     elif [[ "$next" == "message" ]] && grep -q "354 Enter message" <<< $resp
70     then
71         echo "from: $sender" >&3
72         echo "from: $sender"
73         echo "to: $recipient" >&3
74         echo "to: $recipient"
75         echo "subject: Bash-Post" >&3
76         echo "subject: Bash-Post"
77         echo "Das ist eine Testnachricht, gesendet via BASH" >&3
78         echo "Das ist eine Testnachricht, gesendet via BASH"
79         echo "." >&3
80         echo "."
81         next=quit
82     elif [[ "$next" == "quit" ]] && grep -q "250 OK" <<< $resp
83     then
84         echo "QUIT" >&3
85         echo "QUIT"
86     fi
87 done
```

In der `while`-Schleife wird jede Antwortzeile mit einigen Pattern verglichen, auf die man reagieren muss. Da sich beim verwendeten Mailserver jedoch die Antworten nach dem `MAIL FROM:` und dem Einliefern der Mail gleichen, wurde eine Hilfsvariable eingeführt, die jeweils den nächsten Schritt im SMTP-Dialog speichert.

```
44 # nächste Aktion verfolgen
45 next=""
```

Es ergibt sich der folgende Gesamtcode.

Listing 9.15: bashPost.sh

```
1  #!/usr/local/bin/bash
2
3  usage(){
4      cat <<-EOF
5
6          usage: $(basename $0) -r <recipient> -s <sender> [-h <smtp-\
host>]
7
8          -r <recipient>
9              Empfänger-Adresse
10
11         -s <sender>
12             Absender-Adresse
13
14         -h <smtp-host>
15             IP-Adresse oder FQDN über den gesendet werden soll
16
```

9.3 Deskriptoren

```
17  EOF
18  }
19
20  if [[ "$#" < 2 ]]
21  then
22      usage
23      exit 1
24  fi
25
26  while (($#))
27  do
28      case "$1" in
29          -r) recipient=$2
30              shift 2
31              ;;
32          -s) sender=$2
33              shift 2
34              ;;
35          -h) host=$2
36              shift 2
37              ;;
38      esac
39  done
40
41  # tcp-Verbindung zum host öffnen
42  exec 3<>/dev/tcp/$host/25
43
44  # nächste Aktion verfolgen
45  next=""
46
47  while read resp <&3
48  do
49      echo $resp
50      if grep -q "220" <<< $resp
51      then
52          echo "EHLO $HOSTNAME" >&3
53          echo "EHLO $HOSTNAME"
54      elif grep -q "250 HELP" <<< $resp
55      then
56          echo "MAIL FROM: <$sender>" >&3
57          echo "MAIL FROM: <$sender>"
58          next=rcpt
59      elif [[ "$next" == "rcpt" ]] && grep -q "250 OK" <<< $resp
60      then
61          echo "RCPT TO: <$recipient>" >&3
62          echo "RCPT TO: <$recipient>"
63          next=data
64      elif [[ "$next" == "data" ]] && grep -q "250 Accepted" <<< $resp
65      then
66          echo "DATA" >&3
67          echo "DATA"
```

```
68        next=message
69     elif [[ "$next" == "message" ]] && grep -q "354 Enter message" <<< $resp
70     then
71        echo "from: $sender" >&3
72        echo "from: $sender"
73        echo "to: $recipient" >&3
74        echo "to: $recipient"
75        echo "subject: Bash-Post" >&3
76        echo "subject: Bash-Post"
77        echo "Das ist eine Testnachricht, gesendet via BASH" >&3
78        echo "Das ist eine Testnachricht, gesendet via BASH"
79        echo "." >&3
80        echo "."
81        next=quit
82     elif [[ "$next" == "quit" ]] && grep -q "250 OK" <<< $resp
83     then
84        echo "QUIT" >&3
85        echo "QUIT"
86     fi
87  done
```

Führt man das Programm aus, werden die Ein- und Ausgaben an den Mailserver auch auf dem Bildschirm ausgegeben. Prüfen Sie anschließend Ihr lokales Postfach, sollte – bei richtig konfiguriertem Mailserver – eine neue Mail darin liegen.

```
$ ./bashPost.sh -r chris@localhost -s chris@localhost -h localhost
220 localhost ESMTP Exim 4.69 Sat, 26 Feb 2011 17:27:34 +0100
EHLO localhost
250-localhost Hello localhost [127.0.0.1]
250-SIZE 52428800
250-PIPELINING
250 HELP
MAIL FROM: <chris@localhost>
250 OK
RCPT TO: <chris@localhost>
250 Accepted
DATA
354 Enter message, ending with "." on a line by itself
from: chris@localhost
to: chris@localhost
subject: Bash-Post
Das ist eine Testnachricht, gesendet via BASH
.
250 OK id=1PtMzW-0000SA-VT
QUIT
221 localhost closing connection
```

Nun der Blick ins Postfach:

```
$ mail
Mail version 8.1.2 01/15/2001.  Type ? for help.
"/var/mail/chris": 1 message 1 new
>N  1 chris@localhost     Sat Feb 26 17:27   17/636   Bash-Post
& 1
Message 1:
From chris@localhost Sat Feb 26 17:27:35 2011
Envelope-to: chris@localhost
Delivery-date: Sat, 26 Feb 2011 17:27:35 +0100
from: chris@localhost
to: chris@localhost
subject: Bash-Post
Date: Sat, 26 Feb 2011 17:27:35 +0100

Das ist eine Testnachricht, gesendet via BASH

& d1
& q
```

Eventuell ist es nötig, die Antworten in den Zeilen 54, 59, 64, 69 und 82 an den verwendeten Server anzupassen, denn unglücklicherweise antwortet nicht jeder Mailserver auf dieselbe Art und Weise – das Prinzip ist aber immer dasselbe.

9.4 Prozess-Substitution

Nachdem wir Deskriptoren nun ausgiebig besprochen haben, wenden wir uns einer besonderen Form von Umleitungen zu, den sogenannten *Process Substitutions*. Mit einer Prozess-Substitution können Sie den Output eines beliebigen Kommandos als Input für ein anderes Kommando oder eine ganze Kommandoliste verwenden. Zwar haben wir das Thema bereits in Abschnitt 2.1.3 behandelt, doch gibt es Situationen, in denen eine Pipeline nicht das gewünschte Ergebnis liefert oder sogar nicht eingesetzt werden kann.

Die Syntax einer Prozess-Substitution kann die zwei folgenden Formen haben:

<(Kommandoliste)

Oder:

>(Kommandoliste)

Eine Prozess-Substitution nutzt Dateien unter `/dev/fd/<n>`, um ihre Ergebnisse an ein anderes Kommando zu senden oder umgekehrt von einem anderen Kommando Input zu erhalten. Bei der Prozess-Substitution werden die Programmaufrufe in `kommandoliste` in einer Subshell ausgeführt, jedoch wird der Output über einen FD in die aufrufende Shell transportiert; umgekehrt werden die Ausgaben eines Kommandos über einen FD in die Subshell von `Kommandoliste` befördert. Es ist zu beachten, dass nach den Umleitungszeichen, also < bzw. >, *kein* Leerzeichen stehen darf, andernfalls erhält man eine Fehlermeldung.

```
$ echo >(:)
/dev/fd/63
$ echo <(:)
/dev/fd/63
$ echo > (:)
-bash: syntax error near unexpected token `('
```

Im ersten `echo` wird eine leerer String per Prozess-Substitution an das Builtin `:` gesendet. Das Builtin gibt ausschließlich einen erfolgreichen Statuscode zurück und tut sonst nichts. Zuvor werden jedoch alle Argumente expandiert und Umleitungen ausgeführt, d. h. man erhält in diesem Aufruf die Ausgabe des FD, über den die Prozess-Substitution kommuniziert hat.

Auch im zweiten Beispielaufruf wird die Umleitung ausgeführt und somit der String `/dev/fd/63` an `echo` zur Ausgabe übergeben.

Im dritten Aufruf wurde ein Leerzeichen zwischen dem > und der öffnenden runden Klammer gesetzt, dadurch interpretiert die Bash das > als einfache Ausgabeumleitung und erwartet eine Datei. Die runden Klammern stellen für die Bash eine Kommandoliste dar, weshalb die einfache Umleitung scheitert.

Praktisch kommen Prozess-Substitutionen immer dann zum Einsatz, wenn Subshells nicht in Frage kommen, wenn beispielsweise nur über temporäre Dateien gearbeitet werden kann. Durch den Einsatz von Prozess-Substitutionen hat man somit die Möglichkeit, etwas an Geschwindigkeit zu gewinnen, da ein Programm, das mit temporären Dateien arbeitet, immer auch I/O-Last erzeugt; zudem ist der Einsatz von Prozess-Substitutionen auch sicherer als die Verwendung temporärer Dateien. Erzeugt ein Programm eine temporäre Datei, besteht immer die Möglichkeit, dass ein anderer Prozess diese ebenfalls liest oder – noch schlimmer – einfach löscht. Da bei der Prozess-Substitution jedoch Filedeskriptoren zum Einsatz kommen, kann das nicht passieren.

Betrachten wir nun das Beispiel aus Abschnitt 3.1.12 auf Seite 33: Hier wurden die Dateien `/etc/passwd` und `/etc/group` verknüpft. Da `join` sortierte Eingaben erwartet, wurde die beiden Eingabedateien vorher sortiert und in neuen Dateien gespeichert. Diese neuen, temporären Dateien wurden dann verknüpft. Mithilfe der Prozess-Substitution kann man nun auf die temporären Dateien verzichten.

```
$ join -1 4 -2 3 -o 1.1 -o 2.1 -o 1.6 -t : \
       <(sort -t ":" -k 4.1n /etc/passwd) \
       <(sort -t ":" -k 3.1n /etc/group)
root:root:/root
```

```
daemon:daemon:/usr/sbin
bin:bin:/bin
sys:sys:/dev
lp:lp:/var/spool/lpd
mail:mail:/var/mail
news:news:/var/spool/news
uucp:uucp:/var/spool/uucp
man:man:/var/cache/man
proxy:proxy:/bin
www-data:www-data:/var/www
```

Wann nutzt man nun aber die Variante der Prozess-Substitution? Eine alltägliche Situation: Wir möchten ein ISO-Image herunterladen, und um sicherzustellen, dass das heruntergeladene Image keine Fehler hat, vergleicht man die md5-Summen. Im Alltag lädt man sich dazu das ISO herunter und erstellt im zweiten Schritt ein MD5-Summen-File, das man nun mit dem auf dem Server verfügbaren MD5-Summen-File vergleicht. Über eine Prozess-Substitution kann man den Download und das Erstellen der MD5-Summe in einem Schritt erledigen.

```
$ wget -c "ftp://ftp.example.com/cd.iso" -O - | \
       tee >(md5sum > cd.iso.md5) > cd.iso
```

Wir laden das Image `cd.iso` vom Server `ftp.example.com` herunter, mit dem Schalter `-O` wird das Outputfile, hier `stdout` (-), angegeben. Die Ausgaben werden mit einer Pipe an `tee` weitergegeben und in eine Datei – in unserem Fall einen Prozess – umgeleitet sowie nach `stdout` geschrieben. `stdout` wird dann in die Datei `cd.iso` umgeleitet. In der Prozess-Substitution wird aus dem Input eine MD5-Summe erstellt und in die Datei `cd.iso.md5` geschrieben. So erhält man in einer Kommandozeile die zwei benötigten Dateien. Nun müssen wir nur noch die MD5-Summen-Datei vom FTP-Server laden und mit der soeben erstellten vergleichen. Dasselbe Ergebnis könnte man jedoch auch mit Pipes erzielen.

```
$ wget -c "ftp://ftp.example.com/cd.iso -O - | \
       tee cd.iso | md5sum cd.iso.md5
```

Möchte man jedoch MD5- und SHA1-Summe gleichzeitig schreiben, so ist der Einsatz von Prozess-Substitutionen sinnvoller als der Einsatz von Pipes.

```
$ wget -c "ftp://ftp.example.com/cd.iso -O - | \
       tee >(md5sum cd.iso.md5) \
           >(sha1sum cd.iso.sha1) \
           > cd.iso
```

Mit Pipes würde der Aufruf so aussehen:

```
$ wget -c "ftp://ftp.example.com/cd.iso -O - | \
       tee cd.iso | tee md5sum cd.iso.md5 | sha1sum cd.iso.sha1
```

9 Erweiterte Umleitungen

Betrachten wir noch einmal das Listing auf Seite 112. Hier wurde, weil eine `while`-Schleife mit einer Pipe einen neuen Scope erzeugt, das Ergebnis der `grep-cut`-Pipe in eine Datei geschrieben. Mit Prozess-Substitution können wir nun auf die temporäre Datei verzichten.

Listing 9.16: countHashesWhile3.sh

```
1  #!/bin/bash
2
3  # Daten zwischenspeichern
4
5  # zeilenweise einlesen
6  while read i
7  do
8          ((count+=i))
9  done < <(grep -c '#[^!]' * | cut -d : -f 2)
10
11 # Ausgabe
12 echo "Es wurden $count Kommentarzeilen geschrieben"
```

Ein weiteres Beispiel zeigt, wie man mithilfe von Prozess-Substitutionen und der Manipulation des IFS ein LDAP-Directory ausliest und die Ergebnisse lesbar darstellt.

```
$ ldapsearch "cn=Christian Meissner" dn cn sn telefonNumber
dn=Christian Meissner,dc=bashbuch,dc=de
cn=Christian Meissner
sn=cme
telephoneNumber=+49-0815-12345679-10
```

Wir sind für unser Beispiel an den Werten von `cn`, `sn` und `telephoneNumber` interessiert.

Listing 9.17: showLDAP.sh

```
1  #!/bin/bash
2
3  IFS="="
4
5  while read key val
6  do
7      case "$key" in
8          cn) cn=$val ;;
9          sn) sn=$val ;;
10         telephoneNumber) tel=$val ;;
11     esac
12 done < <(ldapsearch "cn=Christian Meissner" dn cn sn telephoneNumber)
13
14 echo "'$cn' ist unter dem Kürzel '$sn' bekannt."
15 echo "Er hat die Telefonnummer '$tel'."
```

Wieder nutzen wir eine `while`-Schleife und leiten das Ergebnis des `ldapsearch` an diese Schleife um. Durch die Definition eines neuen IFS in Zeile 3 kann `read` in Zeile 5 den Feldnamen und den entsprechenden Wert in einzelne Variablen einlesen. Somit ist es über `case` möglich, die Informationen von Interesse in Variablen zu speichern.

Da durch die Prozess-Substitution die `while`-Schleife nicht in einer Subshell abläuft – wie es bei einer `while`-Schleife mit Pipe der Fall wäre – sind die in der Schleife erstellten Variablen auch außerhalb gültig und können in den folgenden `echo`-Befehlen verwendet werden. In einem Skript für den produktiven Einsatz wäre es im Übrigen noch sinnvoll, den ursprünglichen IFS zu sichern, um ihn wieder zurücksetzen zu können; darauf haben wir hier verzichtet. Das Skript liefert folgenden Output:

```
$ ./showLDAP.sh
'Christian Meissner' ist unter dem Kürzel 'cme' bekannt.
Er hat die Telefonnummer '+49-0815-12345679-10'.
```

10 Bash-Builtins und -Optionen

Da wir nun in der Lage sind, auch umfangreiche Skripten zu schreiben, wollen wir diese performanter gestalten und kontrollierter ablaufen lassen; hier kommen Builtins und Optionen der Bash ins Spiel.

10.1 Shell-Builtins

Die Bash kommt mit einer Reihe „eingebauter Funktionen" daher, die im Bash-Jargon der Manpage *Shell Builtin Commands* heißen. Es sind also Bash-eigene Kommandos, die bestimmte Eigenschaften, beispielsweise von Systemprogrammen, abbilden. Gibt man der Verwendung von Builtins den Vorrang gegenüber Systemprogrammen, so ist damit meist ein Performancegewinn verbunden.

10 Bash-Builtins und -Optionen

Ressourcenverbrauch
: Der Aufruf beispielsweise von `echo` statt `/bin/echo` verbraucht weniger Ressourcen, da für ein Builtin kein Subprozess erzeugt werden muss.

```
$ time echo foo
foo

real    0m0.000s
user    0m0.000s
sys     0m0.000s
$ time /bin/echo foo
foo

real    0m0.002s
user    0m0.000s
sys     0m0.004s
```

Portabilität
: Durch Builtins ist man als Entwickler unabhängig von Systemprogrammen. Verwendet man z. B. das Builtin `test`, so ist es unerheblich, ob `/usr/bin/test` existiert.

Funktionalität
: Mit Builtins liefert die Bash Administratoren und Entwicklern viele Funktionalitäten „frei Haus".

Überschreibbarkeit
: Alle Builtins sind überschreibbar – anders als in anderen Sprachen, in denen alle reservierten Wörter als Builtin Functions geführt werden. In Perl ist es etwa nicht möglich, die Builtin-Funktion `return` zu überschreiben.

Listing 10.1: builtinOverride.sh
```
 1  #!/bin/bash
 2
 3  function return(){
 4      echo Funktion gibt ein Return
 5  }
 6
 7  function foobar(){
 8      return
 9  }
10
11  foobar
```

In diesem kurzen Skript haben wir das Builtin `return` durch eine eigene Funktion überschrieben.

```
$ ./builtinOverride.sh
Funktion gibt ein Return
```

Es gibt natürlich immer noch einen Weg, auf das originale Builtin zuzugreifen, dazu aber später mehr.

10.1.1 Ausführungsreihenfolge

Aus dem letzten Beispiel ergibt sich die Überlegung, in welcher Reihenfolge Kommandos in der Bash ausgeführt werden. Ähnlich wie bei den Expansionen gibt es hier eine feste Reihenfolge, die man im Hinblick auf den Ressourcenverbrauch berücksichtigen sollte.

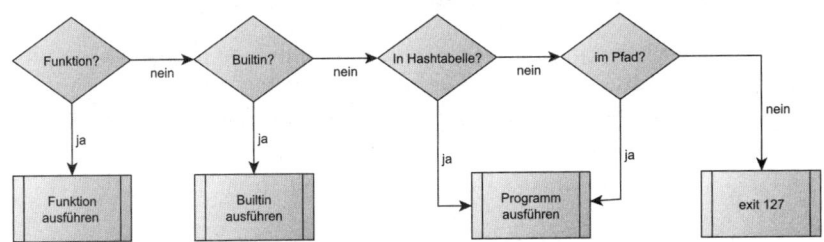

Abbildung 10.1: Ausführungsreihenfolge

Nachdem ein Kommando in seine Bestandteile zerlegt wurde und es keine Slashes enthält, werden die folgenden Schritte abgearbeitet, um das Kommando aufzufinden, bevor es ausgeführt wird.

1. Existiert eine Funktion mit dem Namen des Kommandos, so wird diese gerufen.

2. Wurde keine Funktion mit dem Namen gefunden, so wird in der Liste der Builtins nach dem Kommando gesucht. Bei einer Übereinstimmung wird das Builtin ausgeführt.

3. Wurde weder eine Funktion noch ein Builtin mit dem Namen des Kommandos gefunden, so sucht die Bash im Dateisystem nach einem externen Programm mit dem angegebenen Namen.

    Die Bash verwendet intern eine Hash-Tabelle mit den vollen Pfaden zu ausführbaren Programmen, um diese schneller zu finden. Wurde das Programm nicht in der Hash-Tabelle gefunden – und nur dann –, sucht die Bash in allen Verzeichnissen in der PATH-Variablen.

4. Wurde das Programm nicht im PATH gefunden, so gibt die Bash den Exit-Status 127 (command not found) zurück.

Sehen wir uns also die verschiedenen Builtins an; wir haben uns bemüht, sie thematisch und nach Bedeutung, d. h. nach Häufigkeit des Einsatzes in der Praxis zu ordnen, um Ihnen die Orientierung zu erleichtern.

10 Bash-Builtins und -Optionen

Wir unterscheiden im Folgenden nicht zwischen Builtins der Bourne Shell und Bash, da die Bash alle Builtins der Bourne Shell geerbt hat.[1]

Builtins überschreiben

Wie bereits erläutert, ist es möglich, Builtins zu überschreiben. Damit aber noch nicht genug: Sie können auch Systemkommandos überschreiben. Um Zugriff auf Builtins zu erhalten, die man mit einer eigenen Funktion überschrieben hat, steht das Builtin `builtin` zur Verfügung.

```
builtin [<Shell-Builtin> [<Argumente>]]
```

Über `builtin` können Sie jedes eingebaute Kommando in eigenen Skripten selbst implementieren oder um weitere Fähigkeiten zu erweitern. Bereits existierende Fähigkeiten kann man dann mit dem Aufruf von `builtin` an das Original weitergeben.

Betrachten wir eine erweiterte Variante des Programms 10.1:

Listing 10.2: builtinOverride2.sh

```
 1  #!/bin/bash
 2
 3  function return(){
 4      local _ret=$1
 5
 6      if [ -z $_ret ]
 7      then
 8          echo "Es wurde kein Return-Code übergeben -> gebe 0 zurück"
 9          builtin return 0
10      elif [ $_ret == 0 ]
11      then
12          echo "Es wurde "$_ret" übergeben -> gebe '$_ret' zurück"
13          builtin return $_ret
14      elif [ $_ret == 1 ]
15      then
16          echo "Es wurde "$_ret" übergeben -> gebe '$_ret' zurück"
17          builtin return $_ret
18      else
19          echo "Unbekannter Return-Code -> gebe 255 zurück"
20          builtin return 255
21      fi
22  }
23
24  function foobar(){
25      return 0 ; echo "return gab $? zurück"
26      return 1 ; echo "return gab $? zurück"
27      return lala ; echo "return gab $? zurück"
28  }
```

---

[1] Für eine Lister aller in der `sh` verfügbaren Builtins sei auf die Manpage der Bourne Shell verwiesen – online z. B. unter http://www.freebsd.org/cgi/man.cgi?query=sh&format=html.

```
29
30  foobar
31
32  echo "foobar hat den Return-Code '$?'"
```

Hier wird eine Funktion `return` erstellt, die einen Parameter übernimmt. Innerhalb der Funktion wird dann geprüft, ob dieser Parameter übergeben wurde und, wenn ja, welchen Wert er hatte.

Für die Zustände „keinen Parameter" oder „Parameter" (0 bzw. 1) wird das Builtin `return` aufgerufen und der übergebene Parameter zurückgegeben. Für alle anderen Werte wird über `builtin return` der Rückgabewert 255 an die aufrufende Funktion zurückgegeben.

```
$ ./builtinOverride2.sh
Es wurde 0 übergeben -> gebe '0' zurück
return gab 0 zurück
Es wurde 1 übergeben -> gebe '1' zurück
return gab 1 zurück
Unbekannter Return-Code -> gebe 255 zurück
return gab 255 zurück
foobar hat den Return-Code '0'
```

Das Beispiel ließe sich nun dahingehend verändern, dass man eine Funktion erstellt, die numerische Rückgabewerte, aber auch Strings als Rückgabewerte akzeptiert, ähnlich wie etwa in Perl.

Systemkommandos überschreiben

Neben Bash-Builtins lassen sich, wie erwähnt, auch Systemkommandos überschreiben. Auch für diesen Fall steht ein Builtin zur Verfügung, um auf das Originalkommando zuzugreifen.

```
command [-pVv] <Kommando> [<Argumente> ...]
```

Ähnlich wie `builtin` hat man mit diesem internen Kommando die Möglichkeit, direkt ein Kommando auszuführen, auch wenn eine Funktion mit dem gleichen Namen im aufrufenden Scope existiert.

Für das Builtin stehen die drei Optionen -p, -v und -V zur Verfügung. Ruft man `command` ohne Optionen auf, wird entweder ein Builtin <Kommando> aufgerufen oder, wenn es kein gleichnamiges Builtin gibt, ein externes Programm mit diesem Namen. Um das Kommando zu finden, wird die Shell-Variable PATH genutzt. Mit der Option -p wird <Kommando> in einem Standardpfad gesucht, wodurch garantiert ist, dass alle Standardprogramme gefunden werden. Default sind /bin, /sbin, /usr/bin und /usr/sbin.

Befindet sich ein Kommando beispielsweise in /usr/local/bin, wird das Kommando zwar gefunden, aber nicht ausgeführt, da das Verzeichnis im Dateisystem nicht zum Pfad der Option -p gehört:

```
$ command -p lala
Command 'lala' is available in '/usr/local/bin/lala'
The command could not be located because '/usr/local/bin' is not
included in the PATH environment variable.
lala: command not found
```

Wurde command mit der Option -p aufgerufen, wird auch eine möglicherweise gesetzte Variable PATH ignoriert.

Mit den Optionen -v und -V wird <Kommando> nicht ausgeführt; im ersten Fall erhält man eine Ausgabe, die man verwenden kann, um beispielsweise den absoluten Pfad zu einem Programm in einer Variablen zu speichern. Die Ausgabe mit -V ist übersichtlicher. Alternativ erhalten Sie die Informationen auch mit echo in Verbindung mit command -v <Kommando>:

```
$ command -v date
/bin/date
$ command -V date
date is /bin/date
$ cmd=date
$ echo $cmd ist $(command -v $cmd)
date ist /bin/date
```

Auch zu diesem Builtin ein Beispiel: Wir erstellen eine Funktion mktemp, die als ersten Parameter eine Variable übernimmt, in der der Pfad zu einer temporären Datei bzw. zu einem temporären Verzeichnis gespeichert wird. Alle anderen Parameter des Kommandos mktemp können nach der Variablen weiterhin übergeben werden.

Listing 10.3: myMktemp.sh

```
1   #!/bin/bash
2
3   # ein array für temporary objects
4   export tmpObj=()
5
6   trap cleaup_tmp_objects EXIT
7
8   mktemp(){
9       # Variable ist immer der erste Parameter
10      local _var=$1 && shift
11      # alle übrigen Parameter lokal speichern
12      local _params=$*
13      # Wie viele Temp Objekte haben wir schon?
14      # tmpObjCount = der aktuelle ArrIndex
15      local _tOc=${#tmpObj[*]}
16      local _tO=$(command mktemp $_params)
17
18      tmpObj[$_tOc]=$_tO
19      eval $_var=\$_tO
20  }
21
22  cleaup_tmp_objects(){
```

```
23              for obj in "${tmpObj[@]}"
24              do
25                      echo "Lösche \"$obj\" ab ..."
26                      rm -Rf $obj
27              done
28              return 0
29      }
30
31      mktemp t1 -d
32      mktemp t2
33
34      ls -ld $t1
35      ls -ld $t2
```

In diesem Skirpt wird in den Zeilen 31 und 32 die eigene Funktion `mktemp` aufgerufen. Damit die Funktion auch weiterhin die Dinge tut, die ein Entwickler von dem Linux-Kommando erwartet, wird der erste Parameter der Funktion in der lokalen Variablen `_var` (Zeile 10) gespeichert. Alle anderen Paramter der Funktion werden in der lokalen Variablen `_params` (Zeile 12) gespeichert.

Weiter wird bei jedem Aufruf der Funktion ermittelt, wie viele Elemente bereits im Array `tmpObj` vorhanden sind. Dieser Wert ist auch gleich der nächste freie Index des Arrays.

In Zeile 16 wird dann in einer Subshell mit Hilfe des Builtins `command` auf das echte `mktemp` zugegriffen. Über die Variable `_params` erhält das Kommando die benötigten Kommandozeilenoptionen.

10.1.2 Builtins für Ein- und Ausgabe

Bei der Programmierung ist die Möglichkeit der Interaktion mit dem Benutzer essentiell; dazu zählen Ausgaben für den Benutzer und Eingaben von ihm. Für diese Aufgaben stellt die Bash einige Builtins zur Verfügung.

echo

Die einfachste und am häufigsten genutzte Variante für Bildschirmausgaben in Bash-Skripten ist das `echo`-Builtin:

```
echo [-neE] [<Argument> ...]
```

`echo` gibt die Argumente, die keine Optionen sind, auf `stdout` aus. Alle Argumente werden wie gewöhnlich durch mindestens ein Leerzeichen voneinander getrennt. Bei der Ausgabe werden die Argumente wieder durch ein Leerzeichen getrennt und durch Hinzufügen eines Zeilenumbruchs nach `stdout` ausgegeben. Möchte man mehr als ein Leerzeichen zwischen zwei

Wörtern ausgeben, sind beide Wörter zu quoten, da gequotete Zeichenketten als ein Argument interpretiert werden.

Auf die Argumente werden alle bekannten Expansionen angewendet und vor der Ausgabe erfolgen die Umleitungen. Möchte man also eine Ausgabe nach `stderr`, lautet das letzte Argument >&2.

Ausgabe ohne Zeilenumbruch Gelegentlich ist eine Ausgabe ohne Umbruch gewünscht:

```
$ echo "Mein Name ist: "; echo "Christian Meißner";
Mein Name ist:
Christian Meißner
$ echo -n "Mein Name ist: "; echo "Christian Meißner";
Mein Name ist: Christian Meißner
```

Mit dem Optionsschalter -n wird der letzte Zeilenumbruch nicht ausgegeben, die nächste Ausgabe erfolgt also in der gleichen Zeile wie die des ersten `echo`-Aufrufs. Für das zweite `echo` wurde in der zweiten Kommandozeile auf die Option -n verzichtet, da sonst der nächste Prompt ebenfalls auf dieser Bildschirmzeile gelandet wäre.

Escape-Sequenzen Ohne die Option -e wertet das Builtin `echo` Escape-Sequenzen wie etwa \t nicht aus. Für `echo` stehen die folgenden Sequenzen bei der Verwendung von -e zur Verfügung:

\a
> erzeugt einen Ton (Alert), in der Regel aus dem PC-Lautsprecher. Einige Terminal-Emulationen geben im Fall dieser Escape-Sequenz eine sog. *Visual Bell* aus, indem etwa die Anzeige kurz blinkt.

\b
> löscht einzelne Zeichen durch ein Backspace.
> ```
> $ echo -e "a\b\bb\bc"
> c
> ```

\c
> unterdrückt weitere Ausgaben.

\e
> leitet eine Escape-Sequenz ein, um beispielsweise die Textfarbe zu bestimmen.
> ```
> $ echo -e "der folgende Text ist \e[0;31mrot\e[0m"
> ```
> In diesem Beispiel wird der erste Teil des Textes in der Standardfarbe geschrieben und das Wort „rot" – soweit das Terminal dies unterstützt

– rot ausgegeben. \e[0;31m setzt die Ausgabefarbe auf Rot. Mit der Sequenz \e[0m wird die Formatierung wieder auf Standard zurückgesetzt.

\f

Beim sogenannten Blattvorschub (*Form Feed*) wird die Ausgabe in der nächsten Zeile fortgesetzt, allerdings nicht am Zeilenanfang, sondern an der Stelle, wo sie in der Zeile zuvor endete.

```
$ echo -e "foo\fbar\fbaz"
foo
   bar
      baz
```

\n

Zeilenumbruch

\r

Wagenrücklauf (*Carriage Return*) – die Eingabe wird am Anfang der aktuellen Zeile fortgesetzt.

```
$ echo -e "foo\rbar\rbla"
bla
```

\t

Tabulatorvorschub in der aktuellen Zeile

```
$ echo -e "foo\tbar\tbla"
foo     bar     bla
```

\v

Im Gegensatz zu \t erzeugt diese Escape-Sequenz einen vertikalen Tabulator.

```
$ echo -e "foo\vbar\vbla"
foo
   bar
      bla
```

Das Ergebnis entspricht einem Blattvorschub.

\\

erzeugt einen Backslash.

\0nnn

erzeugt ein Zeichen aus der oktalen Entsprechung des 8-Bit-Zeichensatzes.

```
$ echo -e "foo\0040bar"
foo bar
```

\xHH
: hexadezimale Schreibweise von Zeichen aus dem 8-Bit Zeichensatz

```
$ echo -e "foo\x20bar"
foo bar
```

Keine Escape-Sequenzen Mit der Option -E schalten Sie die Interpretation von Escape-Sequenzen aus. Die Option ist nur für Systeme notwendig, bei denen die Interpretation der Maskierungen per Default aktiviert ist.

printf

Nicht nur echo erzeugt Ausgaben. Die Bash bietet darüber hinaus eine Implementierung des Kommandos printf. Wie auch in anderen Sprachen ist es mit diesem Kommando möglich, eine Ausgabe mit Hilfe eines Format-Strings zu erzielen. Auf diese Weise werden die Daten vom Format getrennt.

```
printf [-v <Name>] <Format> [<Argumente>]
```

printf erwartet mindestens eine Formatanweisung (<Format>). Weitere Argumente sind nicht verpflichtend. Um nun aber eine Ausgabe zu formatieren, sollte mindestens ein weiteres Argument, beispielsweise ein String, angegeben werden.

```
$ printf "%20s\n" foobar
              foobar
$ printf "%1.2f\n" "3,1415"
3,14
```

Im Gegensatz zu echo wird bei der Verwendung von printf an das Ende der Ausgabe kein Zeilenumbruch angefügt, weshalb in dem gezeigten Beispiel \n mit angegeben wurde.

Formatierungsanweisungen von printf Die Formatierungsanweisungen für printf finden Sie in man 1 printf zusammengestellt. Jede Formatierung wird mit einem Prozentzeichen eingeleitet. Besondere Bedeutung kommt den Kontrollsequenzen %b und %c zu.

%b führt dazu, dass printf Backslashes innerhalb der Argumente interpretiert. Ausnahmen sind die folgenden Sequenzen: \´, \" und \?. Wird in einem Argument die Ausgabe mit einer \c-Sequenz unterdrückt, so erfolgt auch keine Auswertung weiterer Escape-Sequenzen.

Variablenzuweisung mit printf Mit dem Optionsschalter -v weisen Sie den formatierten String einer Variablen <Name> zu.

```
$ printf "%s %s\n" "Christian" "Meißner"
Christian Meißner
```

printf im Vergleich zu anderen Sprachen `printf` verhält sich wie in anderen Sprachen, beispielsweise C oder Perl. Lediglich auf Klammersetzung muss in der Bash verzichtet werden.

```
$ printf("%1.2f\n"),"3,1415"
bash: syntax error near unexpected token `"%1.2f\n"'
```

In dieser Form geschrieben, erwartet die Bash eine Funktionsdeklaration. Das ist an der Stelle sicher nicht das, was der Entwickler erreichen wollte.

read

Kommen wir zu den Benutzereingaben, und damit zu dem Builtin `read`:

```
read [-ers] [-a <Array>] [-d <Trenner>] [-i <Text>] [-n <N>] [-N <N>]
  [-p <Ausgabe>] [-t <NSekunden>] [-u fd] [<Name> ...]
```

`read` liest auch Eingaben über `stdin` von einer Eingabedatei ein. Mit der Option -u geben Sie bei Bedarf einen File-Deskriptor als Quelle an.

Die Eingaben speichert die Bash in der Shell-Variablen REPLY. Es ist jedoch auch möglich, eigene Variablen (`<Name>`) für die Speicherung zu definieren. Gibt man nur eine Variable zum Speichern der Eingabedaten an, so wird die gesamte Eingabezeile darin gespeichert. Bei mehreren Variablen wird die Eingabzeile in einzelne Wörter geteilt, die dann separat in jeweils einer Variablen landen. Gibt es mehr Wörter als Variablen, wird in der letzten angebenen Variablen der letzte unteilbare Rest der Eingabezeile gespeichert. Bei mehr Variablen als Wörter werden den letzten Variablen leere Werte zugewiesen. Die Trennung der Wörter erfolgt mit dem ersten Zeichen der Shell-Variablen IFS.

Zu den Optionen von `read` (-u zur Nutzung eines File-Deskriptors als Eingabequelle haben wir bereits erwähnt):

`-a <Array>`
  weist die getrennten Wörter den Elementen des Arrays `<Array>` zu, beginnend mit dem Element 0. Vor der ersten Zuweisung werden alle vorhandenen Elemente aus dem Array entfernt.

  Die Option ist somit nicht geeignet, eine Datei zeilenweise in ein Array einzulesen. Hierfür steht in der Bash ab Version 4 das Builtin `mapfile` bzw. `readarray` zur Verfügung – oder in älteren Bash-Versionen eine einfache `while`-Schleife.

  Besonders hilfreich ist diese Option, wenn Eingabezeilen mit einer unterschiedlichen Anzahl von Wörtern zu erwarten sind. Liest man beispielsweise eine Datei über eine `while`-Schleife ein, so kann innerhalb dieser Schleife über das befüllte Array iteriert werden, um die eingelesenen Werte wortweise zu verarbeiten.

Listing 10.4:
readIntoArray.sh

```
1   #!/bin/bash
2
3   declare -a arr
4
5   i=1
6   while read -a arr
7   do
8           echo "Zeile $i enthält ${#arr[*]} Elemente"
9           echo -n "Es sind die Werte: "
10
11          for element in "${arr[@]}"
12          do
13                  echo -n "'$element' "
14          done
15          echo -ne "\b.\n"
16
17          ((i++))
18  done < ./inputDivLength.dat
```

Das einfache Beispiel zeigt, wie mit dem Optionsschalter -a ein Array bei jedem Schleifendurchlauf erneut befüllt wird und wie damit gearbeitet werden kann; folgende Eingabedatei liegt dabei vor:

```
$ cat inputDivLength.dat
eins zwei drei
eins zwei drei vier
eins
eins zwei
eins zwei drei vier fünf
```

Führt man das Programm aus, erscheint folgende Ausgabe:

```
$ ./readIntoArray.sh
Zeile 1 enthält 3 Elemente
Es sind die Werte: 'eins' 'zwei' 'drei'.
Zeile 2 enthält 4 Elemente
Es sind die Werte: 'eins' 'zwei' 'drei' 'vier'.
Zeile 3 enthält 1 Elemente
Es sind die Werte: 'eins'.
Zeile 4 enthält 2 Elemente
Es sind die Werte: 'eins' 'zwei'.
Zeile 5 enthält 5 Elemente
Es sind die Werte: 'eins' 'zwei' 'drei' 'vier' 'fünf'.
```

-d <Trenner>

Für gewöhnlich erkennt `read` einen Zeilenumbruch als Zeilenende. Möchte man ein Zeilenende durch ein anderes Zeichen darstellen, so nutzt man diese Option. Hier wird das erste Zeichen von `<Trenner>` genutzt.

`-e`

Um die `readline`-Bibliothek zum Einlesen der Eingabe zu nutzen, dient dieser Schalter. Damit stehen alle Shortcuts, die für `readline` definiert wurden, auch während der Eingabe zur Verfügung. Beispielsweise [Alt]+[B] für eine wortweise Vorwärtsbewegung in der Zeile.

Ohne diese Option ist es beispielsweise nicht möglich, mit den Pfeiltasten in der Eingabe zu navigieren.

`-i <Text>`

Mit Version 4 der Bash hat man die Möglichkeit, über `-e` und `-i` den `<Text>` bereits in den Eingabepuffer zu laden. Dieser wird dem Benutzer dann als Vorgabewert angezeigt.

```
$ read -e -p "Bitte geben Sie den Pfad ein: " -i /path/to/file
Bitte geben Sie den Pfad ein: /path/to/file
$ echo $REPLY
/path/to/file
$ read -p "Bitte geben sie den Pfad ein: " -i /path/to/file
Bitte geben Sie den Pfad ein:
```

Beachten Sie, dass die Option `-i` nur in Kombination mit `-e` funktioniert, da nur so der Eingabepuffer vor der eigentlichen Eingabe gefüllt werden kann.

`-n <N>`

sorgt dafür, dass nur eine bestimmte Anzahl von Zeichen eingelesen wird. So ist es möglich, die Eingabe zu beenden, wenn die Zeichenanzahl `<N>` erreicht oder das Trennzeichen für eine Eingabezeile (meist der Zeilenumbruch) eingegeben wurde.

```
$ read -e -n 8
12345678
$ read -e -n 8
1234
```

Die erste Eingabe wurde automatisch nach dem achten Zeichen beendet. Im zweiten Fall beendet das Drücken der Enter-Taste die Eingabe. Die Option verhält sich nach dem Muster <= `<N>`.

`-N <N>`

schreibt genau `<N>` Eingabezeichen vor. Das Drücken der Enter-Taste bricht die Eingabe nicht ab, vielmehr wird ein weiteres Zeichen – das Metazeichen für die gedrückte Taste – eingelesen.

`read` würde also bis zum Sankt Nimmerleinstag warten, bis die erforderliche Anzahl an Zeichen erreicht wurde, es sei denn, `read` erhält ein EOF oder ein gesetzter Timeout wurde erreicht. Damit verhält sich `-N` nach dem Muster == `<N>`.

-p <Ausgabe>
: gibt dem Benutzer eine Vorgabe für seine Eingabe. Alternativ kann man natürlich vor jedem `read` ein `echo -n` mit dem gewünschten Text setzen, aber die zugehörige Option ist sicher der bessere Weg.

-r
: Um Escape-Sequenzen nicht als solche einzulesen, um also die Sonderbedeutung des Backslash während der Eingabe auszuschalten, dient -r. So bleiben eingegebene Backslashes erhalten und stehen für die spätere Verarbeitung weiter zur Verfügung.

```
$ read a
foo\nbar
$ echo -e $a
foonbar
$ read -r a
foo\nbar
$ echo -e $a
foo
bar
```

-s
: In Linux-Systemen ist es Usus, dass beispielsweise bei Passworteingaben die eigegebenen Zeichen nicht auf `stdout` ausgegeben werden. Die Option -s setzt `read` in den sogenannten Silent-Modus.

-t <NSekunden>
: sorgt dafür, dass `read` nicht dauerhaft auf eine Eingabe wartet. Erfolgt <NSekunden> keine Eingabe, wird `read` von der Shell beendet. Als Rückgabewert erhält man in diesem Fall 142, was einem SIGTERM (127+15) entspricht.

  Bei Erreichen des Timeout wird keine Eingabe – auch keine bereits gemachte – gespeichert, denn das Zeilenende muss vor Erreichen des Timeouts erkannt werden, damit die eingegebenen Daten auch in der entsprechenden Variablen landen.

getopts

Eine weitere Möglichkeit, Benutzereingaben zu erhalten und seine Programme benutzerfreundlicher zu gestalten, ist das Anbieten von Optionen. Anders als beispielsweise Perl bietet die Bash eine interne Methode, um Kurzoptionen bereitzustellen.

```
getopts <Optstring> <Name> [<Argumente>]
```

getopts dient also dem einfachen Parsen von Positionsparametern in Shell-Skripten.

In <Optstring> sind die Zeichen hinterlegt, die als Optionen erkannt werden sollen. Ein Zeichen, gefolgt von einem Doppelpunkt, sagt aus, dass diese Option ein Argument erwartet. Das Argument wird beim Kommandozeilenaufruf durch ein Leerzeichen von der Option getrennt.

Der Doppelpunkt und das Fragezeichen dürfen nicht als Optionszeichen verwendet werden, da sie eine Sonderbedeutung für getopts haben.

Für jede Option wird getopts einzeln aufgerufen. Diese Aufgabe übernimmt in der Regel ein Schleife, z. B. eine while-Schleife.

Für jeden Durchlauf wird die nächste Option in <Name> abgelegt. Existiert <Name> noch nicht, wird die Variable initialisiert. Ferner wird die Variable OPTIND auf den Index für die nächste Option gesetzt. Im ersten Durchlauf beispielsweise auf 2, im zweiten auf 3 und so weiter. OPTIND wird nicht durch die Shell zurückgesetzt, nachdem alle Optionen abgearbeitet wurden. Die Aufgabe obliegt dem Programmierer, wenn getopts in einem Skript mehrfach zum Einsatz kommen soll.

Hat eine Option ein Argument, wird es in der Variablen OPTARG gespeichert. Wird das Ende der Optionen in <Optstring> erreicht, gibt getopts einen Rückgabewert größer 0 zurück. OPTIND wird auf den Index des ersten Arguments gesetzt, das nicht in <Optstring> gefunden wurde. In <Name> wird ein Fragezeichen hinterlegt.

Normalerweise kümmert sich getopts um das Parsing von Positionsparamtern, doch können Sie mit <Argumente> weitere Argumente an getopts übergeben, die neben den Positionsparametern analysiert werden.

Das Builtin verarbeitet aber nicht nur Argumente, es kümmert sich bei Bedarf auch um Fehlermeldungen, wenn beispielsweise unerwartete Optionen übergeben wurden oder Argumente fehlen. Hier darf <Optstring> nicht mit einem Doppelpunkt beginnen.

Listing 10.5: getOptsErrRep.sh

```
1  #!/bin/bash
2
3  while getopts "a:" opt; do
4      echo "\$opt: $opt"
5      echo "\$OPTARG: $OPTARG"
6      echo "\$OPTIND: $OPTIND"
7  done
```

Das einfache Skript übernimmt einen benannten Parameter, der ein Argument erwartet. Wird ein nicht erwarteter Parameter übergeben, reagiert das Skript wie folgt:

```
$ ./getOptsErrRep.sh -x -a foo
./getOptsErrRep.sh: illegal option -- x
$opt: ?
```

10 Bash-Builtins und -Optionen

```
$OPTARG:
$OPTIND: 2
$opt: a
$OPTARG: foo
$OPTIND: 4
```

Die Bash erkennt den falschen Parameter -x und quittiert diesen mit einer Fehlermeldung. Gleichzeitig wurde opt auf den Wert ? und OPTIND auf 2 gesetzt.

Den Parameter -a erkennt `getopts`, wertet den nachfolgenden Parameter als Argument und speichert den Wert in OPTARG. Die Variable OPTIND wird daraufhin auf 4 gesetzt, weil ja zwei weitere Parameter abgearbeitet wurden.

Betrachten wir nun das Verhalten bei dem fehlenden Argument:

```
$ ./getOptsErrRep.sh -a
./getOptsErrRep.sh: option requires an argument -- a
$opt: ?
$OPTARG:
$OPTIND: 2
```

Auch hier wird der Wert von opt auf ein Fragezeichen gesetzt, vorher aber bereits die Fehlermeldung generiert. OPTARG ist selbstverständlich leer, und OPTIND auf 2 gesetzt.

Um das Error-Reporting der Bash für `getopts` auszuschalten, stellen Sie <Optstring> einen Doppelpunkt voran oder setzen die Variable OPTERR auf 0.

Listing 10.6: getOptsSilent.sh

```
1  #!/bin/bash
2
3  while getopts ":a:" opt; do
4      echo "\$opt: $opt"
5      echo "\$OPTARG: $OPTARG"
6      echo "\$OPTIND: $OPTIND"
7  done
```

Hier nun das Skript aus Listing 10.5, wobei dem <Optstring> ein Doppelpunkt vorangestellt wurde:

```
$ ./getOptsSilent.sh -x
$opt: ?
$OPTARG: x
$OPTIND: 2
```

Im Fall der stillen Fehlerbehandlung wird <Name> – hier opt – mit einem Fragezeichen und OPTARG mit dem Parameter gefüllt. So können Sie beispielsweise in einem `case`-Konstrukt eine eigene Fehlermeldung generieren:

```
$ ./getOptsSilent.sh -a
$opt: :
$OPTARG: a
$OPTIND: 2
```

Im Fall eines fehlenden Arguments wird <Name> auf einen Doppelpunkt gesetzt und OPTARG enthält den entsprechenden Parameternamen.

getopts bietet eine bequeme Möglichkeit zur Verarbeitung von Kommandozeilenoptionen, es hat allerdings auch Schwachstellen:

Listing 10.7: getOptsProbs.sh
```
1   #!/bin/bash
2
3   while getopts ":a:b" opt; do
4       echo "\$opt: $opt"
5       echo "\$OPTARG: $OPTARG"
6       echo "\$OPTIND: $OPTIND"
7   done
```

Das kleine Beispielskript erwartet die Parameter -a und -b, wobei -a wiederum ein Argument erwartet. Betrachtet man nun folgenden Fehlerfall, wird das Problem von getopts deutlich:

```
$ ./getOptsProbs.sh -a -b
$opt: a
$OPTARG: -b
$OPTIND: 3
```

Bei diesem Aufruf wurde vergessen, das Argument für den Parameter -a anzugeben. getopts übergeht diesen Umstand jedoch und setzt OPTARG auf -b, was der Programmierer sicher nicht erwartet hat.

An dieser Stelle ist nun Hand- und Programmierarbeit gefragt. Das folgende Beispielspkript zeigt eine mögliche Lösung:

Listing 10.8: getOptsProbs1.sh
```
1   #!/bin/bash
2
3   check_arg(){
4       local _arg=$1
5       if egrep -q '^-.*' <<< "$_arg"
6       then
7           return 1 # ist Parameter -> Fehler
8       elif egrep -q '^/.*' <<< "$_arg"
9       then
10          return 2 # ist Pfad -> erwünscht
11      else
12          return 0 # ist Wort -> erwünscht
13      fi
14  }
15
16  usage(){
17
```

10 Bash-Builtins und -Optionen

```
18      echo "$(basename $0): -a <argument> -b [-h]"
19        cat <<-EOF
20            -a <argument> - Ein Parameter mit einem Argument
21            -b            - Ein einfacher Parameter
22            -h            - Ruft die Hilfe auf
23 EOF
24 }
25
26 while getopts ":a:bh" opt; do
27     case "$opt" in
28         a)  check_arg $OPTARG
29             RET=$?
30             if [ "$RET" = "1" ]
31             then
32                 echo -e "\n-a benötigt ein Argument\n"
33                 usage
34                 exit $RET
35             fi
36             ;;
37         b)  b=set ;;
38         h)  usage
39             exit 0
40             ;;
41     esac
42 done
```

In den Zeilen 3-14 wird eine Funktion definiert, die Argumente auf ihren Inhaltstyp überprüft. Es wird auf Strings geprüft, die mit einem Minus (-) bzw. mit einem Slash (/) beginnen. Für jeden Fall wird ein eigener Rückgabewert bestimmt, damit im weiteren Programmverlauf entsprechend reagiert werden kann.

In der `while`-Schleife (Zeile 26-42) bearbeitet nun `getopts` die Parameter. Das `case`-Konstrukt reagiert auf jeden Parameter; für -a wird die Funktion `check_arg` aufgerufen, der wiederum der Wert von `OPTARG` übergeben wird. Bei einer Fehleingabe steht hier, wie oben gezeigt, beispielsweise -b.

Nach dem Funktionsaufruf wird der Rückgabewert der Funktion in der Variablen RET gespeichert und überprüft. Da der Wert fehlerhaft ist, erfolgt ein entsprechender Hinweis, die Funktion `usage` wird aufgerufen und das Programm mit dem Exit-Status von RET beendet. Startet man das Programm nun mit fehlendem Parameterargument, verhält es sich wunschgemäß:

```
$ ./getOptsProbs1.sh -a -b

-a benötigt ein Argument

getOptsProbs1.sh: -a <argument> -b [-h]
    -a <argument> - Ein Parameter mit einem Argument
    -b            - Ein einfacher Parameter
    -h            - Ruft die Hilfe auf
```

Ein weiteres Problem von `getopts` liegt darin, dass es keine Langoptionen bearbeitet; hier bleibt nur der Umweg über das externe Programm `getopt`.

10.1.3 Builtins für die Arbeit mit Variablen

shift

```
shift [<N>]
```

`shift` verschiebt Postitionsparameter um `<N>` Stellen nach links. Ohne Angabe von `<N>` werden die Postitionsparameter um eine Stelle nach links verschoben:

```
$ set 1 2 3 4 5
$ echo $@
1 2 3 4 5
$ shift
$ echo $@
2 3 4 5
$ shift 2
$ echo $@
4 5
```

Zunächst werden mit `set` fünf Positionsparameter belegt. Das folgende `echo` zeigt sie zur Kontrolle noch einmal an. Danach werden alle Positionsparameter um eine Stelle nach links verschoben: $2 wird zu $1, $3 wird zu $2 usw. $1 wird bei dieser Aktion aus den Positionsparametern entfernt.

Mit dem Aufruf `shift 2` erfolgt eine Verschiebung der Parameter um zwei Stellen: $1 und $2 werden folglich durch $3 und $4 ersetzt.

Der Rückgabewert ist 0, solange eine Verschiebung möglich ist, d. h. für das aufgerufene `shift` genügend Postitionsparameter zur Verfügung stehen – andernfalls wird 1 zurückgegeben:

```
$ set eins
$ shift 2
$ echo $?
1
$ echo $@
eins
```

In diesem Beispiel wurde versucht, die Posistionsparameter um zwei Stellen zu verschieben. Wie erwartet, kommt es zu einem Fehler in Form eines Rückgabewerts von 1. Die nachfolgende Kontrolle des Inhalts der Positionsparameter zeigt, dass die Verschiebung nicht durchgeführt wurde.

declare

Mit `declare` deklarieren Sie Variablen und weisen ihnen Attribute zu. Bereits in der Einführung haben wir darauf hingewiesen, dass die Erzeugung von Variablen durch Zuweisung erfolgt und es in der Bash keine Typisierung von Variablen gibt. Allerdings ist es möglich, Variablen und Funktionen bestimmte Eigenschaften zu geben.

Die Syntax von `declare` ist trotz der Vielzahl von Optionen recht einfach:

```
declare [-aAfFilrtux] [-p] [<Name>[=<Wert>] ...]
```

Der Aufruf von `declare` ohne Parameter oder mit dem Parameter -p ereugt eine Liste aller Deklarationen. Die Option -p können Sie mit den folgenden Schaltern kombinieren, um die Anzeige auf die gewünschten Objekte zu begrenzen:

-a
: deklariert <Name> als indiziertes Array.

-A
: erzeugt ein assoziatives Array. Die Option steht in der Bash erst ab Version 4 zur Verfügung.

-f
: Ohne Angabe von <Name> werden alle Funktionsdeklarationen ausgegeben. Wird <Name> angegeben und handelt es sich um eine deklarierte Funktion, wird die entsprechende Funktionsdefinition ausgegeben.

-i
: Variablen, die mit dieser Option deklariert werden, werden als Integer behandelt. Bei der Zuweisung eines Wertes gelten dann die Regeln der arithmetischen Evaluation.

-l
: wandelt alle Zeichen des Variablenwertes in Kleinbuchstaben (Lower Case).

-u
: wandelt alle Zeichen des Variablenwertes in Großbuchstaben (Upper Case).

-r
: deklariert die Varibale oder die Funktion <Name> als readonly. Bei einer Variablen sollte spätestens bei der Deklaration ein Wert zugewiesen worden sein, da ab diesem Zeitpunkt jede Zuweisung zu einem Fehler führt.

-t
: weist <Name> das `trace`-Attribut zu. Somit erben Funktionen Traps auf DEBUG und RETURN vom aufrufenden Kontext. Dazu später mehr. Für Variablen hat dieser Schalter keine Bedeutung.

-x
: exportiert Variablen und Funktionen; alle folgenden Kommandos – auch jene, die in Subshells ablaufen – haben Zugriff auf diese Objekte.

typeset

Auch mit `typeset` weisen Sie Variablen Eigenschaften zu. Allerdings ist dieses Builtin bereits als „deprecated" deklariert, steht in künftigen Versionen der Bash vermutlich also gar nicht mehr zur Verfügung. Grundsätzlich ist darum `declare` vorzuziehen. Um Skripte kompatibel zur `ksh` zu schreiben, kann man auf `tpyeset` zurückgreifen.

local

Auch in der Bash stehen lokale Variablen zur Verfügung. Mit Hilfe des `local`-Builtins deklarieren Sie Variablen innerhalb von Funktionen als lokal. Diese sind dann nur im Scope der Funktion und ihrer Kinder sichtbar.

```
local [<Option>] <Name>[=<Wert>] ...
```

Als Optionen stehen dieselben wie in `declare` bereit. Außerhalb von Funktionen führt der Aufruf von `local` zu einem Fehlercode und erzeugt eine Fehlermeldung, andernfalls ist der Return-Code 0.

Als lokal deklarierte Funktionsvariablen verdecken gleichnahmige Variablen im übergeordneten Scope und überschreiben diese nicht wie globale Variablen, die innerhalb von Funktionen befüllt werden. Dazu ein kleines Beispiel:

```
$ foo=bar
$ f(){ local foo=baz ; echo $foo ; }
$ echo $foo ; f ; echo $foo
bar
baz
bar
```

Zum Vergleich das Verhalten ohne lokale Variablen:

```
$ bar=foo
$ b(){ bar=fox ; echo $bar ; }
$ echo $bar ; b ; echo $bar
foo
fox
fox
```

mapfile und readarray

Wie in Abschnitt 10.1.2 gezeigt, ist es mit read nicht möglich, eine Datei zeilenweise in ein Array einzulesen. Hier stellt die Bash ab Version 4 die Kommandos mapfile bzw. readarray zur Verfügung. Skripten, die diese Builtins nutzen, sind folglich nicht mehr abwärtskompatibel. Ohnehin ist der Einsatz dieser Builtins fragwürdig, da mit einer Schleife Gleiches zu erreichen ist.

Da die beiden Builtins synonym sind, sprechen wir hier nur von mapfile.

Eingaben an mapfile erfolgen via stdin, eine Eingabedatei oder über den Parameter -u (File-Deskriptor):

```
mapfile [-n <Anzahl>] [-O <Beginn>] [-s <Anzahl>] [-t] [-u fd]
        [-C <Aufruf>] [-c <Intervall>] [<Array>]
readarray [-n <Anzahl>] [-O <Beginn>] [-s <Anzahl>] [-t] [-u fd]
          [-C <Aufruf>] [-c <Intervall>] [<Array>]
```

Über die Optionen geben Sie an, wie viele Zeilen gelesen werden sollen (-n) und ab welchem Index (-O) <Array> befüllt wird.

Möchte man eine bestimmte Anzahl von Zeilen zu Beginn nicht einlesen, hilft der Schalter -s. Über -c geben Sie ein <Intervall> vor, in dem ein Kommando <Aufruf> ausgeführt wird. <Aufruf> kann jedes gültige Kommando sein – ein Builtin, ein Linux-Kommando oder eine Shell-Funktion. Ohne Angabe von -c ist das Standardintervall 5000, <Aufruf> wird also bei jeder 5000sten Zeile ausgeführt.

Bei der Auswertung von <Aufruf> wird diesem ein zusätzlicher Parameter mit dem nächsten zu befüllenden Index des Arrays übergeben. Beachten Sie, dass <Aufruf> nach dem Lesen der aktuellen Zeile ausgewertet wird, jedoch vor der Wertzuweisung an <Array>.

```
$ count() { echo -n "$* Elemente: "; echo ${a[*]} ; }
$ mapfile -n 5 -c 1 -C 'count' a < datei
0 Elemente:
1 Elemente: a
2 Elemente: a b
3 Elemente: a b c
4 Elemente: a b c d
```

Das Beispiel zeigt, wie eine Datei (mit Kleinbuchstaben von a-z) eingelesen wird: Nach jeder Eingabezeile wird eine zuvor definierte Funktion ausgeführt. Innerhalb der Funktion count wird die aktuelle Anzahl der Elemente und der Inhalt des Arrays ausgegeben.

Beim ersten Aufruf von count ist das Array noch leer. Betrachtet man die Ausgabe genau, so ist zu erkennen, dass die Zuweisung der Array-Elemente dem Aufruf der Funktion folgt. Beim ersten Aufruf der Funktion hat das Array a noch keine Elemente, im zweiten Aufruf eins.

Geben Sie bei `mapfile` kein Array an, wird das Standardarray MAPFILE verwendet. Existiert das übergebene Array bereits, wird es überschrieben, sofern kein <Beginn> mit der Option -0 angegeben wurde.

10.1.4 Builtins für den Programmfluss

Nach der Ein- und Ausgabe geht es nun um die Kontrolle über das Verhalten von Schleifen und Skripten. Es gibt Builtins, die es ermöglichen, Schleifendurchläufe zu überspringen oder diese gar vorzeitig zu verlassen. Andere sorgen dafür, ein Programm immer genau so zu verlassen, wie es gewünscht ist, und sinnvolle Rückgabewerte zurückzuliefern.

break

Mit `break` verlassen Sie eine Schleife umgehend. Es ist in Schleifen vom Typ `for`, `while`, `until` und `select` einsetzbar.

```
break [<N>]
```

Mit einer Ganzzahl <N> geben Sie an, welche Ebene einer geschachtelten Schleife verlassen werden soll. <N> muss größer oder gleich 1 sein, nur in diesem Fall liefert `break` einen Rückgabewert von 0.

```
1    #!/bin/bash
2
3    for i in {1..10}
4    do
5      printf "Looplevel 1: Durchlauf $i\n"
6      for j in {1..10}
7      do
8        printf "\tLooplevel 2: Durchlauf $j\n"
9
10       if [ "$j" -eq 5 ]
11       then
12         break 2
13       fi
14     done
15   done
```

Listing 10.9: break.sh

Das Programm besteht aus zwei ineinander verschachtelten Schleifen mit jeweils 10 möglichen Durchläufen. In jedem Durchlauf werden die Schleifenebene und der aktuelle Durchlauf ausgegeben. Was passiert nun?

Das Programm startet mit dem ersten Durchlauf für die äußere Schleife. Darin wird die innere Loop gestartet und die Durchläufe beginnen. In jedem Durchlauf der inneren Schleife wird die Variable j daraufhin geprüft, ob sie schon den Wert 5 hat. Ist dies der Fall, wird `break` 2 ausgeführt. Das führt dazu, dass nicht die aktuelle Schleife – das wäre `break 1` – verlassen wird, sondern die umschließende.

Und hier die Ausgabe für das kurze Beispiel.

```
Looplevel 1: Durchlauf 1
        Looplevel 2: Durchlauf 1
        Looplevel 2: Durchlauf 2
        Looplevel 2: Durchlauf 3
        Looplevel 2: Durchlauf 4
        Looplevel 2: Durchlauf 5
```

continue

Um in einer Schleife direkt mit dem nächsten Durchlauf fortzufahren, verwendet man das Builtin `continue`.

```
continue [<N>]
```

`<N>` bezeichnet die Ebene bei verschachtelten Schleifen. Wie im `break`-Builtin muss `<N>` größer oder gleich 1 sein. Der Standardwert ist 1. Werte für `<N>` kleiner 1 führen zu einem Rückgabewert ungleich 0. `continue` kann in `for`-, `while`-, `until`- und `select`-Konstrukten zum Eisatz kommen.

Listing 10.10: continue.sh

```bash
1  #!/bin/bash
2
3  for i in {1..3}
4  do
5    printf "Looplevel 1: Durchlauf $i\n"
6    for j in {1..3}
7    do
8      printf "\tLooplevel 2: Durchlauf $j\n"
9
10     if [ "$j" -eq 2 ]
11     then
12       continue 2
13     fi
14   done
15 done
```

In diesem Beispiel gibt es zwei verschachtelte Schleifen. Jede zählt eine Variable von 1 auf 3 hoch. In der inneren Schleife wird die Zählvariable überprüft, und sobald sie den Wert 2 erreicht hat, wird die nächste Iteration der umgebenden `for`-Schleife fortgesetzt.

```
$ ./continue.sh
Looplevel 1: Durchlauf 1
        Looplevel 2: Durchlauf 1
        Looplevel 2: Durchlauf 2
Looplevel 1: Durchlauf 2
```

```
        Looplevel 2: Durchlauf 1
        Looplevel 2: Durchlauf 2
Looplevel 1: Durchlauf 3
        Looplevel 2: Durchlauf 1
        Looplevel 2: Durchlauf 2
```

Wie zu erkennen, wird der dritte Durchlauf der inneren Schleife wegen des aufgerufenen `continue` nie ausgeführt.

return

`return` haben wir bereits kennengelernt und in Beispielen genutzt. Immer wenn eine Funktion mit einem gezielten Rückgabewert verlassen werden soll, hilft dieses Builtin.

`return [<N>]`

Per Default gibt eine Funktion den Exit-Status des letzten Kommandos zurück. `return` gibt deutlich mehr Kontrolle über eigene Funktionen, für die die Rückgabewerte unerlässlich sind. Mit `return` beenden Sie Funktionen mit eigenen Rückgabewerten. Der Parameter <N> entspricht dem numerischen Rückgabewert. Ohne <N> wird 0 zurückgegeben.

exit

Auch für Skripten können Sie eigene Rückgabewerte erzeugen, und zwar über das Builtin `exit` mit der folgenden Syntax:

`exit [<N>]`

Durch die Angabe von <N> wird die aktuelle Shell oder ein Skript mit diesem Exit-Status beendet. Ohne Angabe von <N> ist der Rückgabewert 0. Werden Signale mit `trap` verfolgt, werden die Trigger für EXIT vor dem Beenden ausgeführt.

Wird für <N> kein numerischer Wert angegeben, generiert die Bash eine Fehlermeldung.

logout

Um eine Login-Shell zu verlassen, steht alternativ zu `exit` auch das Builtin `logout` zur Verfügung. Die Syntax folgt den gleichen Regeln.

`logout [<N>]`

Ein Exit-Status 1 wird immer dann geliefert, wenn es sich bei der Shell nicht um eine Login-Shell handelt. Handelt es sich bei dem übergebenen Parameter um keinen gültigen Rückgabewert, erhält man eine Fehlermeldung und einen Rückgabewert 255.

trap

Jeder Entwickler ist bestrebt, dass sein Progamm auf Signale von außen reagiert. In der Bash hilft dabei `trap`:

```
trap [-lp] [<Reaktion>] [<Signal> ...]
```

Alle Kommandos, die in `<Reaktion>` angegeben sind, werden ausgeführt, wenn das Programm `<Signal>` empfängt.

Listing 10.11: trap.sh

```
1  #!/bin/bash
2
3  trap 'echo "ich mache Schluss"; exit' SIGINT
4
5  while :
6  do
7      :
8  done
```

Das Programm macht nichts anderes, als immer zu laufen und keine Ausgaben zu erzeugen. In Zeile 3 ist mit `trap` die Signalverfolgung für `SIGINT` (2) – also [Ctrl]+[C] – eingerichtet.

```
$ ./trap.sh
^Cich mache Schluss
```

Somit kann man dieses Programm mit einer selbst definierten Ausgabe auf `stdout` beenden. Wurde keine `<Reaktion>` angegeben, wird die Reaktion auf das angegebene Signal wieder auf das Standardverhalten der Shell zurückgesetzt.

Um ein Signal zu ignorieren, genügt ein leerer String für `<Reaktion>`. Um eine Liste aller definierten Traps zu erhalten, reicht ein Aufruf von `trap` ohne oder mit dem Parameter `-p`:

```
$ trap 'echo "Hallo"' INT
$ trap -p
trap -- 'echo "Hallo"' SIGINT
```

Mit dem Aufruf `trap -l` gibt die Bash eine Liste aller Signale mit ihren korrespondierenden Signalnummern aus.

`<Signal>` geben Sie in Form der Signalnummer oder als Signalnamen an. Bei Angabe des Namens können Sie auf das vorangestellte `SIG` verzichten.

```
trap '' 15
trap '' SIGTERM
trap '' TERM
```

Diese Zeilen sind also alle äquivalent. Die Signalnummer 0 bzw. das Signal `EXIT` sorgt dafür, dass `<Reaktion>` vor dem Beenden der Shell oder des Shellskripts ausgeführt wird.

Handelt es sich bei `<Signal>` um ERR, wird `<Reaktion>` immer dann ausgeführt, wenn ein einzelnes Kommando mit einem Exit-Status ungleich 0 beendet wird. Ausnahmen bilden hier Kommandoaufrufe, die entweder im Kopf einer `while`- oder `until`-Schleife bzw. Teil einer `if`- bzw. `elif`-Bedingung sind. Auch Programme, die in `&&`- bzw. `||`-Verkettungen einen Exit-Status ungleich 0 haben, werden durch diesen Trap ignoriert.

Betrachten wir nun ein Beispiel, das in der täglichen Arbeit immer wieder zum Einsatz kommt: Man schreibt ein Skript, das verschiedene temporäre Dateien anlegt, die nach Beenden des Programms natürlich zuverlässig wieder beseitigt werden sollen. Hier sollte es egal sein, ob das Programm bis zum Ende durchgelaufen ist oder vorher mit einem SIGINT oder SIGTERM beendet wurde.

Listing 10.12: trap1.sh

```
1   #!/bin/bash
2
3   trap cleanup EXIT
4
5   TMPFILE=$(mktemp)
6
7   echo "es wurde ein TEMPFILE: $TMPFILE erzeugt"
8
9   cleanup(){
10      rm $TMPFILE
11  }
12
13  i=1
14  while :
15  do
16      if [ $i ]
17      then
18          echo -e "\nIch laufe noch. Drücke <CTRL>+<C> um mich zu beenden"
19          echo "Ein 'killall -TERM $(basename $0)' würde mich auch beenden."
20          unset i
21      fi
22  done
```

Dies ist nur eine einfache examplarische Lösung für die o. g. Aufgabenstellung. Zunächst wird der `trap` in Zeile 3 eingerichtet und in Zeile 5 eine temporäre Datei erzeugt.

Für den „Hausputz" haben wir eine Funktion `cleanup` in den Zeilen 9-11 definiert, die lediglich das `TMPFILE` löscht. Das `rm`-Kommando hätten wir natürlich auch direkt in der `trap`-Zeile notieren können, aber i.d.R. beschränkt sich das Saubermachen nicht auf das simple Löschen einer einzigen Datei.

Zum Abschluss folgt wieder eine Endlos-Schleife, die eine einmalige Ausgabe auf den Bildschirm bringt.

Betrachtet man nun das Programm während der Ausführung, so egibt sich das folgende Bild:

```
$ ./trap1.sh
es wurde ein TEMPFILE: /tmp/tmp.VMDBqKfYRs erzeugt

Ich laufe noch. Drücke <CTRL>+<C> um mich zu beenden
Ein 'killall -TERM trap1.sh' würde mich auch beenden.
^Z
[1]+  Stopped                 ./trap1.sh
$ ls -la /tmp/tmp.VMDBqKfYRs
-rw------- 1 cme cme 0 13. Mär 13:18 /tmp/tmp.VMDBqKfYRs
$ fg
./trap1.sh
^C
$ ls -la /tmp/tmp.VMDBqKfYRs
ls: Zugriff auf /tmp/tmp.VMDBqKfYRs nicht möglich: Datei oder
Verzeichnis nicht gefunden
```

Das Programm wurde gestartet, die temporäre Datei angelegt und die Ausgabe erzeugt. Während das Programm lief, haben wir es mit [Ctrl]+[Z] gestoppt. Anschließend prüfen wir, ob die temporäre Datei wirklich existiert. Danach bringen wir mit `fg` das Programm wieder in den Vordergrund und beenden es mit [Ctrl]+[C]. Das `ls` auf die temporäre Datei zeigt, dass die `cleanup`-Funktion wirklich aufgeräumt hat.

Um beim Aufräumen auch alle Dateien und Verzeichnisse zu erwischen, bietet es sich an, an einem zentralen Ort die zu löschenden Objekte zu pflegen. Ein anderer Weg wäre die Bereitstellung einer Funktion, die alle temporären Objekte zu einer Liste hinzufügt. Eine solche Methode hat den Vorteil, dass das Hinzufügen eines Objekts zur Löschliste an Ort und Stelle geschieht.

Listing 10.13: trap2.sh

```
1  #!/bin/bash
2
3  trap cleanup EXIT
4
5  # Array für alle temporären Objekte
6  tempobj=()
7
8  cleanup(){
9      for t in "${tempobj[@]}"
10     do
11         echo "Lösche : $t"
12         rm -R $t
13     done
14 }
15
16 add_tempobj(){
17     # schauen, wie viel Objekte schon existieren.
18     # dieser Wert ist gleich der nächste freie Index
```

```
19      local _tc=${#tempobj[*]}
20      tempobj[$_tc]="$*"
21      return
22  }
23
24  t1=$(mktemp)
25  ls -ld $t1
26  add_tempobj $t1
27
28  t2=$(mktemp -d)
29  ls -ld $t2
30  add_tempobj $t2
```

Der Anfang des Programms ist bereits bekannt. Es wird ein `trap` auf EXIT gelegt, das die Funktion `cleanup` aufruft.

Neu ist die Funktion `add_tempobj`, die jedes temporäre Objekt einem Array hinzufügt. Die `cleanup`-Funktion iteriert über dieses Array und löscht alle temporären Objekte.

Das Programm liefert die folgende Ausgabe – ein Test, ob die temporären Objekte nach dem Programmende noch existieren, zeigt, dass die `cleanup`-Funktion sauber gearbeitet hat.

```
$ ./trap2.sh
-rw------- 1 cme cme 0 13. Mär 14:42 /tmp/tmp.KfFrTPvMCi
drwx------ 2 cme cme 4096 13. Mär 14:42 /tmp/tmp.cvwGcmKXhv
Lösche : /tmp/tmp.KfFrTPvMCi
Lösche : /tmp/tmp.cvwGcmKXhv
$ ls -ld /tmp/tmp.KfFrTPvMCi /tmp/tmp.cvwGcmKXhv
ls: Zugriff auf /tmp/tmp.KfFrTPvMCi nicht möglich: Datei oder
Verzeichnis nicht gefunden
ls: Zugriff auf /tmp/tmp.cvwGcmKXhv nicht möglich: Datei oder
Verzeichnis nicht gefunden
```

caller

Bei der Fehlersuche in größeren Skripten und Programmen ist ein Stacktrace sehr hilfreich. Andere Sprachen wie beispielsweise Java bieten darüber einen sehr guten Überblick, wo im Programm etwas schief gelaufen ist. In der Bash gibt es das Builtin `caller`, um zumindest die Basisfunktionalität eines Stacktrace abzubilden.

```
caller [<Ausdruck>]
```

Ruft man `caller` innerhalb einer Funktion, wird der Aufruf-Kontext dieser Funktion ausgegeben – ohne <Ausdruck> die Zeilennummer und der Skriptname des Funktionsaufrufs.

Wird <Ausdruck> angegeben, erhält man die Zeilennummer, die aufrufende Subroutine und den Skriptnamen als Ausgabe. Bei <Ausdruck> handelt es sich um einen ganzzahligen, positiven Wert, der angibt, wie viele Ebenen in der Betrachtung zurückgegangen werden soll, bevor der Aufruf von `caller` greift.

Durch den Einsatz von `caller` kann, wie oben bereits angedeutet, ein Stacktrace generiert werden.

Listing 10.14: stacktrace.sh

```
 1  #!/bin/bash
 2
 3  f(){
 4    echo "Funktion 'f' wurde gerufen"
 5    caller 0
 6    caller 1
 7    caller 2
 8    return 0
 9  }
10
11  f1(){
12    caller 0
13    f
14  }
15
16  f2(){
17    caller 0
18    f1
19  }
20
21  f3(){
22    caller 0
23    f2
24  }
25
26  test(){
27    f3
28  }
29
30  test
```

Abbildung 10.2 illustriert, was im Inneren dieses Beispiels vor sich geht.

Nach dem Programmstart wird die Funktion `test` aufgerufen, die wiederum die Funktion `f3` aufruft. Darin sorgt der Aufruf von `caller 0` dafür, dass im eigenen Kontext der Auslöser für die Funktion gesucht wird. Hier werden nun `test` und die Zeilennummer des Aufrufs ermittelt und die Informationen mit dem Namen des Bash-Skripts auf dem Bildschirm ausgegeben. In den Funktionen `f2` und `f1` geschieht das gleiche, und die Ausgabe ist der von `f3` sehr ähnlich.

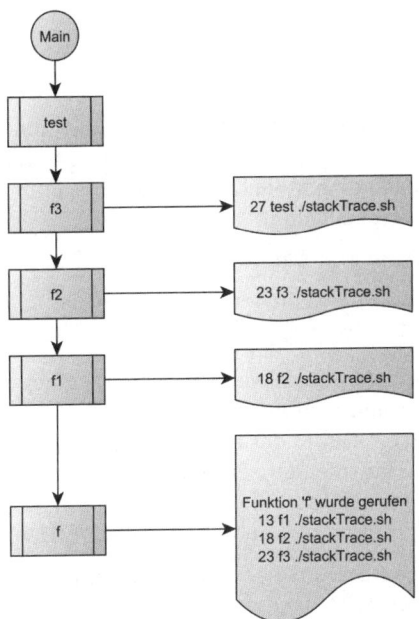

Abbildung 10.2: Programmablauf von stacktrace.sh

Erst in der Funktion f wird ein erweiterter Stacktrace für drei Aufrufebenen erzeugt, und zwar durch den mehrfachen Aufruf des Builtins `caller` mit verschiedenen Werten für <Ausdruck>.

```
$ ./stackTrace.sh
27 test ./stackTrace.sh
23 f3 ./stackTrace.sh
18 f2 ./stackTrace.sh
Funktion 'f' wurde gerufen
13 f1 ./stackTrace.sh
18 f2 ./stackTrace.sh
23 f3 ./stackTrace.sh
```

10.1.5 Builtins für Dateisystemoperationen

Kommen wir zu den Bash-internen Kommandos für den Zugriff auf Dateien und Verzeichnisse. Bevor es ab Seite 210 um Builtins zur Verwaltung des Bash-internen Directory Stack geht, einige Vorbemerkungen dazu: Der Directory Stack stellt eine Liste oft besuchter Verzeichnisse einer Session dar. Beim Directory Stack handelt es sich um eine klassische LIFO (*Last in First out*) – das Verzeichnis, das zuletzt auf den Stapel gelegt wurde, wird auch wieder als erstes herausgenommen. Wie das Hinzufügen bzw. das Entfernen von Verzeichnissen aus dem Verzeichnisstapel funktioniert, erläutern wir im Zusammenhang mit den folgenden Builtins.

source

Von anderen Programmier- und Skriptsprachen kennen Sie vielleicht, dass nicht der gesamte Programmcode in einer einzigen Datei stehen muss. Diese Sprachen bieten alle eine Möglichkeit, Code aus anderen Dateien in den aktuellen Quelltext nachzuladen.

Auch die Bash bietet hierfür ein Builtin an.

```
. <Datei> [<Argumente>]
source <Datei> [<Argumente>]
```

Das Builtin kann sowohl über das Schlüsselwort <Source> wie über einen einfachen Punkt gerufen werden. Es erwartet als Parameter <Datei> und optional <Argumente>. Durch das source-Builtin werden Variablen in den aktuellen Scope des aufrufenden Programms importiert und Kommandos in <Datei> direkt ausgeführt. Alle bis zum source definierten Variablen werden durch ggf. gleichnamige in der gesourceten Datei überschrieben.

Zur Suche des source-Builtins nach Dateien: Enthält <Datei> einen Slash, wird genau in diesem Pfad danach gesucht. Sowohl absolute wie auch relative Pfade sind möglich. Enthält <Datei> keinen Slash, wird nach ihr im Pfad gesucht. Erst wenn die Datei dort nicht gefunden wird, erfolgt die Suche im aktuellen Verzeichnis.

Übergebene <Argumente> werden zu Positional Parameters für <Datei>. Als Rückgabewert erhält man 0 bzw. den Rückgabewert des letzten Kommandos. Wurde die Datei nicht gefunden, erhält man einen Rückgabewert ungleich 0 und eine Fehlermeldung nach stdout.

source wird in interaktiven Shells genutzt, um Umgebungsvariablen zu setzen oder Funktionen zu laden und dem Benutzer zur Verfügung zu stellen. Bei der Bash-Programmierung erlaubt es die Modularisierung von Programmen. Sie können Parameter-Dateien nachladen, um diese zentral zu verwalten und den Programmfluss damit zu steuern.

Betrachten wir ein kleines Beispiel, wie mit Hilfe des source-Builtins ein Programm gut konfigurierbar und modular aufgebaut wird:

```
libs/messages
conf/run.conf
log/mylog.err
modules/005_hello_world
       /010_date
run.sh
```

In diesem Beispiel haben wir eine Bibliothek, eine Konfigurationsdatei und zwei Programm-Module in jeweils separaten Verzeichnissen abgelegt. Im

Verzeichnis `libs` finden sich Bibliotheken mit Funktionsdefinitionen, die Routinen für ständig wiederkehrende Aufgaben zur Verfügung stellen. Das `conf`-Verzeichnis enthält die Konfigurationsdateien mit Variablendefinitionen. `log` ist der Speicherort für Logdateien des Programms. In `modules` liegen einzelne Programmteile, die zur Laufzeit in das Hauptprogramm gesourcet und dort direkt ausgeführt werden. Die Datei `run.sh` stellt die einzige ausführbare Datei in dieser Struktur dar.

Werfen wir einen Blick in diese Datei:

```
 1  #!/bin/bash
 2
 3  if [ -f libs/messages ]
 4  then
 5      . libs/messages
 6  else
 7      printf "$(date +"%Y-%m-%d %H:%M")\tERROR: message-Bibliothek nicht gefunden.\n"
 8      exit 1
 9  fi
10
11  if [ -f conf/run.conf ]
12  then
13      . conf/run.conf
14  else
15      errMsg "Config nicht gefunden."
16      exit 1
17  fi
18
19  for mod in modules/*
20  do
21      . $mod
22  done
```

Zu Beginn des Programms werden eine Bibliothek – sie enthält Funktionen zum Error-Reporting – und eine Konfigurationsdatei inkludiert. Eine `for`-Schleife sourcet über ein Globbing alle im Verzeichnis `modules` auffindbaren Dateien. Durch die vorangestellten Ziffern mit führenden Nullen im Namen der Moduldateien ist gewährleistet, dass das Sourcen in der gewünschten Reihenfolge stattfindet.

Die Module enthalten lediglich jeweils zwei `echo`-Befehle.

```
echo -n "module '$(basename $mod)' wird ausgeführt >>> "
echo "Hello World"
```

Und:

```
echo -n "module '$(basename $mod)' wird ausgeführt >>> "
echo "Heute ist der $(date +"%d.%m.%Y") und es regnet"
```

Startet man das Programm, erhält man die folgende Ausgabe:

```
$ ./run.sh
module '005_hello_world' wird ausgeführt >>> Hello World
module '010_date' wird ausgeführt >>> Heute ist der 21.07.2011 und
es regnet
```

Mit diesem Gerüst lassen sich nun sehr umfangreiche Programme erstellen, ohne dass man den Überblick verliert. Alle Kommandos, die zu einer Funktionseinheit gehören, können Sie auf diese Weise in separate Module auslagern und über die Benennung organisieren.

cd

cd ist eines der ersten Kommandos, das man im Umgang mit einem Linux-System benötigt. Vielen ist nicht bekannt, dass es sich bei cd immer um ein Builtin der aktuell ausgeführten Shell handelt – es gibt kein Paket, das dieses Programm zur Verfügung stellt.

```
cd [-L|-P] [<Verzeichnis>]
```

Mit der Option -P folgt cd keinen symbolischen Links. Alternativ kann man mit der Option -L sicherstellen, dass symbolischen Links gefolgt wird. Per Default folgt cd symbolischen Links.

Wurde <Verzeichnis> nicht angegeben, wird HOME verwendet. Wurde die Umgebungsvariable CDPATH gesetzt, so sucht cd nach <Verzeichnis> in den dort eingetragenen Verzeichnissen. Beginnt <Verzeichnis> mit einem Slash, wird CDPATH nicht benutzt.

Wird für <Verzeichnis> ein Minus (-) verwendet, so entspricht der Aufruf cd $OLDPWD.

pwd

Um den Pfad des aktuellen Arbeitsverzeichnisses zu erhalten, nutzt man pwd.

```
pwd [-LP]
```

Die Optionen -P und -L haben die gleiche Wirkung wie bei cd.

```
$ ls -l
insgesamt 4
drwxr-xr-x 2 cme cme 4096 13. Mär 09:55 dir
lrwxrwxrwx 1 cme cme    3 13. Mär 09:55 link -> dir
$ cd link
$ pwd -P
/home/cme/tmp/pwd/dir
$ pwd -L
/home/cme/tmp/pwd/link
$ pwd
```

```
/home/cme/tmp/pwd/link
$ cd ../dir/
$ pwd -L
/home/cme/tmp/pwd/dir
$ pwd -P
/home/cme/tmp/pwd/dir
```

In diesem Beispiel gibt es im Verzeichnis ein Unterverzeichnis (`dir`) und einen symbolischen Link (`link`) auf dieses Verzeichnis. Zunächst wechseln wir mit `cd` in das Verzeichnis `link`. Der Aufruf `pwd -P` gibt den absoluten Pfad des Linkziels aus – in dem man sich rein technisch befindet. Das anschließende `pwd -L` und das einfache `pwd` geben den vollen Pfad unter Angabe des Linknamens aus.

Der Gegentest zeigt, dass der Wechsel in `../dir` dafür sorgt, dass `pwd` sowohl mit der Option `-P` und `-L` jeweils das Verzeichnis ausgibt.

umask

Ein interessantes Feature im Umgang mit Dateien und Verzeichnissen ist die Vergabe von Dateirechten bereits beim Anlegen dieser Dateisystemobjekte. Hier kommt die sogenannte umask zum Einsatz (abgekürzt für *User Mask*).

```
umask [-p] [-S] [<Modus>]
```

`umask` setzt die Maske, mit der neue Dateien und Verzeichnisse erstellt werden. Beginnt <Modus> mit einer Ziffer, so interpretiert die Bash diesen als Oktalwert. Jeder andere Wert wird als symbolische Schreibweise interpretiert, ähnlich der Maske, die an `chmod` übergeben wird. Der wichtigste Unterschied zu `chmod` liegt darin, dass die von `umask` verwendete Maske die Rechte angibt, die *nicht* vergeben werden. Sprich: Die umask wird von den maximal verfügbaren Berechtigungen abgezogen.

Wird `umask` ohne Parameter oder mit `-p` aufgerufen, so wird die aktuelle umask ausgegeben. Mit dem Parameter `-S` erhält man den aktuellen <Modus> in symbolischer Schreibweise:

```
$ umask -p
umask 0022
$ umask -S
u=rwx,g=rx,o=rx
```

Das Beispiel zeigt die Standardeinstellungen der Bash nach dem Login. Dem Besitzer einer Datei werden keine Rechte abgezogen. Für die Gruppe und alle anderen Benutzer wird das Schreibrecht (2 bzw. w) abgezogen.

```
$ touch umask.022.file
$ mkdir umask.022.dir
$ ls -ld *
```

```
drwxr-xr-x 2 cme cme 4096 13. Mär 17:32 umask.022.dir
-rw-r--r-- 1 cme cme    0 13. Mär 17:32 umask.022.file
```

In diesem Beispiel wurden eine Datei und ein Verzeichnis angelegt. Das Verzeichnis hat die Rechte 755 (u=rwx,g=rx,o=rx). Das entspricht dem erwarteten Ergebnis.

Was ist jedoch bei der Datei passiert? Sie hat die Rechte 644 (u=rw,g=r,o=r) – und das ist korrekt: Die verfügbaren Berechtigungen für Dateien bei der Erzeugung sind 666, für Verzeichnisse 777. Hierbei handelt es sich um ein Sicherheitsfeature, denn eine Datei sollte nie als ausführbar angelegt werden. Ein Verzeichnis hingegen benötigt das x-Bit, damit in dieses gewechselt werden kann.

Möchte man nun erreichen, dass Verzeichnisse und Dateien nach dem Erstellen nur dem Besitzer zugänglich sind, so ändert man die Maske auf 077:

```
$ umask 077
$ touch umask.077.file
$ mkdir umask.077.dir
$ ls -ld umask.077.*
drwx------ 2 cme cme 4096 13. Mär 18:16 umask.077.dir
-rw------- 1 cme cme    0 13. Mär 18:15 umask.077.file
```

dirs

Mit dirs beginnt nun der Reigen der Builtins, die für die Verwaltung des Directory Stack zuständig sind.

```
dirs [+<N> | -<N>] [-clpv]
```

dirs stellt die Liste der aktuell im Stack befindlichen Verzeichnisse dar. Bevor ein Verzeichnis zum Stack hinzugefügt wurde, befindet sich immer das aktuelle Arbeitsverzeichnis im Stapel. Um den Stack zu nutzen, muss ein Verzeichnis in den Stack geschoben werden. Dazu aber gleich mehr.

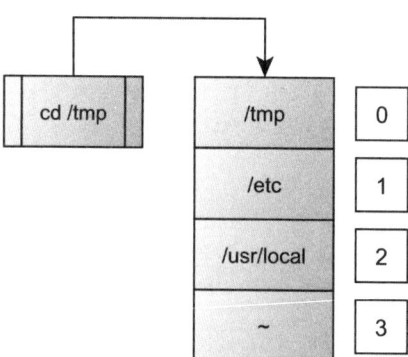

Abbildung 10.3: Directory Stack

```
$ dirs
/tmp /etc /usr/local ~
```

Ein Aufruf von `dirs` ohne Optionen gibt den aktuellen Dirstack aus. Abbildung 10.3 zeigt den Stack, wie er in dem o. g. Kommando dargestellt wird.

+<N>
: Um auf das <N>-te Element zuzugreifen, gibt man die Platzierung mit einem führenden Plus-Zeichen an. Die Zählung der Elemente beginnt von oben bzw. von links.

    ```
    $ dirs +1
    /etc
    ```

-<N>
: Die Position im Stapel mit einem führenden Minuszeichen greift auf das <N>-te Element des Stapels – gezählt von unten bzw. rechts – zu.

    ```
    $ dirs -1
    /usr/local
    ```

-c
: leert den Directory Stack, d. h. alle Elemente werden entfernt; lediglich das aktuelle Arbeitsverzeichnis verbleibt weiterhin im Stack.

-l
: verändert die Ausgabe des Stapels so, dass die vollständigen Pfade angezeigt werden. In der normalen Ansicht erscheint das Heimatverzeichnis als Tilde (~).

    ```
    $ dirs
    /tmp /etc /usr/local ~
    $ dirs -l
    /tmp /etc /usr/local /home/cme
    ```

-p
: zeilenweise Ausgabe; oft wird diese Ausgabe bevorzugt, weil sie eher einem Stapel gleicht.

-v
: zeilenweise Ausgabe inklusive Index in `DIRSTACK`; der Index-Wert wird vor dem Verzeichnis ausgegeben.

    ```
    $ dirs -v
     0  /tmp
     1  /etc
     2  /usr/local
     3  ~
    ```

pushd

Um den Stapel nun zu befüllen, bedient man sich des Builtins `pushd`:

```
pushd [-n] [+<N> | -<N> | <Verzeichnis> ]
```

Unter Angabe von `<Verzeichnis>` wird dieses dem Verzeichnisstapel als temporäres erstes Element hinzugefügt. Danach erfolgt ein `cd` in dieses Verzeichnis, und das Arbeisverzeichnis wird als permanentes Element gespeichert. Wird der Punkt angegeben, so wird PWD hinzugefügt. Ohne Angabe eines Verzeichnisses werden lediglich die beiden oberen Einträge vertauscht.

Durch den Tausch der oberen Elemente ändert sich auch deren Status. Aus dem temporären ersten Element wird ein permanentes und umgekehrt:

```
$ dirs
/tmp /etc /usr/local ~
$ pushd
/etc /tmp /usr/local ~
$ cd /usr/local/src
$ dirs
/usr/local/src /tmp /usr/local ~
```

In der Anzeige von `dirs` ist zu erkennen, dass die ersten beiden Elemente des Stack `/tmp` und `/etc` sind. Durch den Aufruf allein von `pushd` werden diese beiden Elemente im Stack getauscht. Wird das aktuelle Arbeitsverzeichnis nun auf `/usr/local/src` gewechselt, ist das Element 0 durch dieses Verzeichnis ersetzt worden.

Das Beispiel zeigt, dass der Directory Stack explizit mit Elementen gefüllt werden muss, so dass diese dort permanent bzw. bis zum ausdrücklichen Entfernen erhalten bleiben. Das Hinzufügen erreicht man durch eines der folgenden Vorgehen:

```
$ pushd /usr/local/src
/usr/local/src /etc /tmp /usr/local ~
$ pushd .
/usr/local/src /usr/local/src /etc /tmp /usr/local ~
```

Im ersten Aufruf wird das *Current Working Directory* dem Stack hinzugefügt und ein `cd` in das Verzeichnis `/usr/local/src` ausgeführt. Das Verzeichnis wird somit ebenfalls auf den Stapel gelegt.

Im zweiten Aufruf wird das PWD dem Stapel hinzugefügt und ein `cd` ins aktuelle Verzeichnis ausgeführt. Dadurch ist das Verzeichnis `/usr/local/src` erst einmal doppelt im Stack vorhanden. Mit dem nächsten Verzeichniswechsel wird jedoch das erste Element des Stapels geändert.

-n
: manipuliert den Stapel ohne Wechsel in das angegebene Verzeichnis.

Auf diese Weise ist es möglich, ein Verzeichnis direkt permanent im Stack zu speichern.

```
$ pushd -n /usr/src/
/usr/local/src /usr/src/ /usr/local/src /etc /tmp /usr/local ~
```

+<N>
> Wie `dirs` kennt pushd ebenfalls diesen Parameter. Das <N>-te Element wird somit an die Spitze des Stapels befördert. Im Stack wird hierdurch eine Rotation ausgeführt. Die Zählung beginnt von oben bzw. von links.
>
> ```
> $ dirs
> /etc /tmp /usr/local ~
> $ pushd +2
> /usr/local ~ /etc /tmp
> ```

-<N>
> Um das <N>-te Element – gezählt von rechts – an die oberste Position zu befördern, steht analog zu `dirs` dieser Parameter zur Verfügung.
>
> ```
> $ dirs
> /usr/local ~ /etc /tmp
> $ pushd -1
> /etc /tmp /usr/local ~
> ```

popd

Um ein Element aus dem Stapel zu entfernen, verwendet man popd:

```
popd [+<N> | -<N>] [-n]
```

Ohne die Angabe eines Parameters wird immer das erste Element vom Stapel entfernt und es findet ein `cd` in das nächste, jetzt oberste Verzeichnis statt.

-n
> Auch bei popd verhindert -n den Verzeichniswechsel.

+<N>
> entfernt das <N>-te Element von links (respektive oben). popd +0 entspricht dem ersten Element.

-<N>
> entfernt das <N>-te Verzeichnis von rechts aus dem Stapel. -0 steht für das letzte Element im Stapel.

10.1.6 Builtins zur Umgebungssteuerung

Neben Builtins, die vor allem bei der Programmierung nützlich sind, gibt es solche, die die interaktive Arbeit mit der Bash unterstützen.

export

Variablen und Funktionen sind per Default nur im ausführenden Bezugsrahmen bekannt – ein untergeordneter Scope erbt keine Funktions- oder Variablendefinitionen. Mit `export` lassen sich solche Objekte in das Environment eines Subprozesses exportieren.

```
export [-fn] [-p] [<Name>[=<Wert>]]
```

Um eine Variable für eine Subshell zu exportieren, nutzt man `export` mit dem betreffenden Variablennamen (`<Name>`). Es ist möglich, mehrere Variablen mit einem Aufruf zu exportieren. Der Export und die Wertzuweisung können in einem Aufruf erfolgen. Auch in diesem Fall reicht eine Kommandozeile für mehrere Exports und Zuweisungen aus.

Für den Export einer Funktion nutzt man den Schalter `-f`.

Die Option `-n` sorgt dafür, dass `<Name>` nicht länger exportiert ist. Sie hebt also die Bekanntgabe von `<Name>` für alle Subshells wieder auf.

```
$ f=10
$ f(){ echo "ich bin f()" ; }
$ /bin/bash
$ echo $f

$ f
bash: f: command not found
$ exit
$ echo f
10
$ f
ich bin f()
$ export -f f
$ export f
$ /bin/bash
$ f
ich bin f()
$ echo $f
10
```

Hier wird eine Variable `f` ebenso wie eine Funktion `f` definiert. In einer anschließend aufgerufenen Subshell wird versucht, auf beide zuzugreifen. Jedoch liefert der Zugriff auf die Variable `f` eine leere Ausgabe, der auf die Funktion führt zu einem `command not found`.

Also wird per `exit` die Subshell wieder verlassen und ein `export` für Funktion und Variable durchgeführt. In der darauf erzeugten Subshell sind nun beide Objekte verfügbar.

Die Anwendung der Option -n ist im folgende Listing zu sehen.

```
$ exit
$ export -n f
$ export -n -f f
$ /bin/bash
$ echo $f

$ f
bash: f: command not found
```

Nach der Beendigung der Subshell werden über den Schalter -n sowohl die Variable als auch die Funktion von den exportierten Objekten entfernt und stehen somit nicht mehr in der Subshell zur Verfügung.

unset

Um Funktionen und Variablen vom aktuellen Shell-Environment zu entfernen, nutzt man `unset`.

```
unset [-fv] [<Name>]
```

Ohne Parameter oder mit dem Parameter -v wird `<Name>` als Variable behandelt. Mit der Option -f als Funktion.

readonly

Die Bash besitzt keine Konstanten, doch lässt sich mit Readonly-Variablen etwas Ähnliches erzeugen. Mit `readonly` können Sie auch Funktionen als nur lesbar zu markieren.

```
readonly [-aApf] [<Name>[=<Wert>]] ...
```

-f setzt eine Funktion readonly. Um Arrays vor Schreibzugriffen zu schützen, stehen die Optionen -a (für indizierte Arrays) und -A (für assoziative Arrays) zur Verfügung.[2]

Mit dem Schalter -p werden alle als readonly definierten Variablen auf stdout ausgegeben. Möchte man alle readonly Funktionen anzeigen, so kombiniert man die Optionen -p und -f. Bei der Definition kann auch eine Wertzuweisung `<Name>=<Wert>` erfolgen.

Als readonly deklarierte Variablen und Funktionen können nicht geändert und nicht mit `unset` entfernt werden. Wurde eine leere Variable als read-

---

[2] Assoziative Arrays kennt die Bash erst ab Version 4.

only definiert, so kann dieser kein Wert mehr zugewiesen werden. In all diesen Fällen erhält man eine entsprechende Fehlermeldung.

```
$ f(){ echo "Ich bin eine ro-Funktion" ; }
$ readonly -f f
$ i=10
$ readonly i j=20
$ readonly -pf
f ()
{
    echo "Ich bin eine ro-Funktion"
}
declare -fr f
$ readonly -p
declare -r i="10"
declare -r j="20"
```

Das Listing zeigt, wie man Funktionen und Variablen als readonly deklariert. Eine Variable kann entweder nach oder während der Zuweisung als nur lesbar markiert werden.

Dass bei der Ausgabe der Readonly-Objekte nicht die Kommandozeile wie für das Definieren dieser Objekte verwendet wird, hat den Hintergrund, dass für die Deklaration intern immer `declare` mit dem Schalter `-r` verwendet wird. Es ist somit auch möglich, auf die Verwendung von `readonly` zu verzichten, jedoch findet man dieses Builtin noch in sehr vielen Quelltexten.

```
$ f(){ echo "lala" ; }
-bash: f: readonly function
$ i=15
-bash: i: readonly variable
```

Sie sehen, dass die Bash Änderungen an Readonly-Objekten mit einer eindeutigen Fehlermeldung quittiert.

alias

Mit Aliasen hat man in der Bash die Möglichkeit, einen beliebigen String in einem einzelnen Wort zu hinterlegen. Sobald die Shell diesen Alias als erstes, alleinstehendes Wort einer Kommandozeile erkennt, wird der Alias durch den Inhalt ersetzt.

```
alias [-p] [<Name>[=<Wert>] ...]
```

Mit `alias` erstellen Sie einen Alias `<Name>` mit dem Inhalt `<Wert>`. Meta- und Quotingzeichen, wie /, $, ` und =, dürfen nicht in `<Name>` vorkommen, Sie dürfen jedoch alle Sonderzeichen der Bash in `<Wert>` hinterlegen.

Aliase wertet die Bash nur einmal aus, daher ist das folgende Beispiel möglich, ohne in eine Rekursion zu gelangen:

```
$ alias ssh="ssh -A"
$ ssh localhost
The authenticity of host 'localhost (127.0.0.1)' can't be established.
RSA key fingerprint is d6:9d:a8:89:3b:77:0e:52:9e:2e:e9:56:f3:fd:be:02.
Are you sure you want to continue connecting (yes/no)?
```

Mit einer Funktion würde man hier unter Umständen in eine unendliche Rekursion laufen, wie das folgende Beispiel zeigt.

```
$ _fi=1
$ ssh{
>    clear;
>    echo "wir befinden uns im ${_fi}. Aufruf der Funktion";
>    ((_fi++));
>    ssh -A $1
>}
```

Ruft man nun auf der Konsole `ssh localhost` auf, erhält man nur die Ausgabe des obigen `echo`, in der sich der Counter hochzählt. Ein Ausbruch aus der Rekursion ist nur mit [Ctrl]+[C] oder über ein `kill` möglich.

Es gibt aber keine Möglichkeit, Argumente an <Wert> eines Alias zu übergeben. Hier müssten Sie auf Funktionen zurückgreifen.

Wie bereits erwähnt, erkennt die Bash nur das erste Wort einer Kommandozeile als Alias. Möchte man erreichen, dass nach einer Aliasersetzung eine weitere Erkennung stattfindet, muss das letzte Zeichen von <Wert> ein Leerzeichen sein.

```
$ alias foo="echo foooo "
$ alias bar="baaaar"
$ foo bar
foooo baaaar
```

Hier kann es zu unerwünschten Effekten kommen: So werden beispielsweise in zwei aufeinanderfolgenden Aliasen nur die in Alias eins gespeicherten Kommandos ausgeführt. Der Inhalt von <Wert> des Alias zwei dient als Parameter für das Kommando, das in Alias eins gespeichert ist.

```
$ alias foo="echo fooo "
$ alias bar="echo baaar "
$ foo bar
fooo echo baaar
```

Zum Problem wird das, wenn im Environment der aktuellen Shell ein Alias existiert, dessen <Name> dem <Wert> eines anderes Alias entspricht:

```
$ alias a="echo A "
$ alias b="B "
$ alias B="C "
$ a b
A C
```

Ferner sorgen Aliase bei Definition und Benutzung häufig für Verwirrung. Es ist wichtig zu verstehen, dass die Bash zunächst eine Kommandozeile als ganze einliest, bevor sie irgendein Kommando ausführt – mit Ausahme der Aliase: Diese werden bereits beim Einlesen der Kommandozeile expandiert, nicht erst bei der Ausführung.

Daraus ergibt sich folgendes Problem: Eine Alias-Definition muss in einer eigenen Kommandozeile stehen, bevor der Alias verwendet werden kann.

```
$ alias foo="echo fooo" ; foo
-bash: foo: command not found
```

Das Problem macht sich immer dann negativ bemerkbar, wenn man versucht, einen Alias innerhalb einer Funktion zu definieren und dort direkt zu verwenden:

```
$ f(){ alias foo="echo foooo" ; foo ; }
$ f
-bash: foo: command not found
```

Der Grund liegt, wir erinnern uns, in der Natur der Funktion: Durch die geschweiften Klammern wird eine Kommandoliste (siehe Abschnitt 2.3 auf Seite 22) gebildet. Die Funktionsdefinition steht somit für die Bash auf einer einzigen Zeile. Ein Zugriff innerhalb der Funktion ist nicht möglich, da zu dem Zeitpunkt des Zugriffs auf den Alias dieser noch nicht im Environment hinterlegt ist.

Möchte man nun aber unbedingt einen Alias innerhalb einer Funktion verwenden, ist er außerhalb und somit auf einer eigenen Kommandozeile zu definieren.

In der Regel kann man auf Aliase jedoch gut verzichten und stattdessen Funktionen nutzen. Lediglich in interaktiven Shell-Sessions bilden Aliase ein gutes Werkzeug, um beispielsweise ständig wiederkehrende Kommandos mit ihren Optionen in einer kurzen Schreibweise zur Verfügung zu stellen. Beispiele sind hier unter Ubuntu und openSUSE z. B. die folgenden:

```
alias l='ls -CF'
alias la='ls -A'
alias ll='ls -alF'
alias ls='ls --color=auto'
```

unalias

Mit diesem Builtin entfernen Sie Aliase wieder.

```
unalias [-a] [<Name> ... ]
```

Wird <Name> angegeben, wird genau dieser Alias entfernt. Über die Option -a entfernen Sie sämtliche Aliase.

```
$ alias
alias l='ls -CF'
alias la='ls -A'
alias ll='ls -alF'
$ unalias l
$ alias
alias la='ls -A'
alias ll='ls -alF'
$ unalias -a
$ alias
```

Im ersten Beispiel entfernen wir den Alias l – im zweiten Beispiel alle übrigen. Gibt es keine weiteren Aliase, gibt das Kommando 0 als Rückgabewert.

hash

In Abschnitt 10.1.1 haben wir geklärt, wie die Bash ein Kommando findet. Ein Schritt ist die Sichtung der Hash-Tabelle, in der die Bash die Pfade zu ausführbaren Programmen führt. Sie wird vor der Suche im Pfad benutzt.

```
hash [-lr] [-p <Datei>] [-dt] [<Name>]
```

Mit dem Kommando hash hat man die Möglichkeit, diese Hash-Tabelle zu manipulieren. Die Option -p verhindert, dass eine Suche nach <Datei> im PATH erfolgt. Um die Hash-Tabelle zu leeren, benutzt man die Option -r.

Werden <Datei> und <Name> angegeben, kann man über <Name> auf das Kommando zugreifen. Mit der Option -t gefolgt von <Name> erhält man als Ausgabe das gespeicherte Kommando zu <Name>.

Um einen Namen wieder aus der Hash-Tabelle zu entfernen, nutzt man die Option -d gefolgt von <Name>. Ohne Angabe von <Name> erscheint die aktuelle Hash-Tabelle. Ohne Parameter oder mit dem Parameter -l wird ebenfalls der Inhalt der aktuellen Hashtabelle ausgegeben. Einige Beispiele:

```
$ hash
hash: hash table empty
$ date
Sa 12. Mär 17:35:21 CET 2011
$ hash
hits    command
   1    /bin/date
$ hash -p /bin/ls
$ hash
hits    command
   1    /bin/date
   0    /bin/ls
```

Beginnen wir ganz einfach: Zu Beginn einer Bash-Session ist die Hash-Tabelle leer, wie das Ergebnis des ersten hash-Aufrufs zeigt.

Als zweites Kommando rufen wir `date` auf. Die Bash findet es nicht in der Hash-Tabelle und sucht darum im Pfad. Ruft man anschließend den Inhalt der Hash-Tabelle ab, findet sich darin nun `date` mit abolutem Pfad.

Die vierte Kommandozeile fügt das `ls`-Kommando in die Hash-Tabelle ein. Ein weiterer Blick in die Tabelle zeigt, dass es dort vermerkt ist. In dieser Ansicht ergibt sich auch die Bedeutung der Tabellenspalten: `hits` zeigt an, wie oft das Kommando bereits aufgerufen wurde.

```
$ hash -r
$ hash
hash: hash table empty
$ hash -p /foo/bar fb
$ hash
hits    command
   0    /foo/bar
$ fb
-bash: /foo/bar: Datei oder Verzeichnis nicht gefunden
```

Die nächsten Aufrufe zeigen, wie Sie die Hash-Tabelle mit der Option `-r` wieder leeren. Danach fügen wir ein Kommando `/foo/bar` zur Hash-Tabelle unter dem Namen `fb` hinzu. Ab sofort kann man das Kommando über diesen Namen aufrufen. Da das Kommando aber nicht existiert, wirft es eine Fehlermeldung.

Mit `hash` hat man also im Vorfeld die Möglichkeit, die Hash-Tabelle für das Auffinden von Kommandos in seinen Bash-Skripten selbst aufzubauen.[3]

bind

In Abschnitt 1.1 wurde erwähnt, dass bereits die C-Shell über eine Kommandozeilen-Editierfunktion verfügte. Diese Funktion steht auch in der Bash zur Verfügung. Mit `bind` lassen sich Tasten an bestimmte `readline`-Funktionen oder -Macros binden. Ferner zeigt das Builtin bestehende Definitionen an und setzt `readline`-Variablen.

```
bind [-m <Keymap>] [-lpsvPSV]
bind [-m <Keymap>] [-q <Funktion>] [-u <Funktion>] [-r <Keyseq>]
bind [-m <Keymap>] -f <Datei>
bind [-m <Keymap>] -x <Keyseq>:<Shell-Kommando>
bind [-m <Keymap>] <Keyseq>:<Funktion>
bind <Readline-Kommando>
```

---

[3] Es gibt allerdings keinen erkennbaren Vorteil gegenüber absoluten Pfaden in Skripten oder Variablen, die absolute Pfade speichern.

Readline Die `readline`-Bibliothek stellt in der Bash die Kommandozeileneditierfunktion zur Verfügung. Die Bibliothek wird nicht nur von der Bash, sondern von vielen anderen Programmen genutzt.[4]

Die Editierfunktion ist im interaktiven Modus per Default aktiviert. Möchte man sie deaktivieren, startet man die Bash mit der Option `--noediting`. Alternativ kann man im laufenden Betrieb den Editiermodus an-, aus- und umstellen, und zwar über das Builtin `set` (s. u.).

Einen bestimmten Satz an Key-Bindings gibt es auf allen Linux-Distributionen, andere sind nur bei einigen aktiviert. Beispielsweise ist das Blättern durch die Kommando-History unter openSUSE mit den Tasten „Bild auf" und „Bild ab" möglich, unter Debian oder Ubuntu ist dieses Binding nicht aktiviert. Die Bindings werden in der Datei `/etc/inputrc` oder mit dem `bind`-Builtin konfiguriert.

Kommen wir zu den Möglichkeiten, die das Builtin bietet: Ein Liste aller verfügbaren Funktionen der `readline`-Bibliothek zeigt der Aufruf `bind -l`. Eine Liste aller `readline`-Funktionen und ggf. deren Bindungen liefert die Option -P.

```
$ bind -P
abort can be found on "\C-g", "\C-x\C-g", "\e\C-g".
accept-line can be found on "\C-j", "\C-m".
alias-expand-line is not bound to any keys
arrow-key-prefix is not bound to any keys
backward-byte is not bound to any keys
backward-char can be found on "\C-b", "\eOD", "\e[D". % SYNFIX
backward-delete-char can be found on "\C-h", "\C-?".
backward-kill-line can be found on "\C-x\C-?".
backward-kill-word can be found on "\e\C-h", "\e\C-?".
backward-word can be found on "\e\e[D", "\e[1;5D", "\e[5D", "\eb".
...
vi-search is not bound to any keys
vi-search-again is not bound to any keys
vi-set-mark is not bound to any keys
vi-subst is not bound to any keys
vi-tilde-expand is not bound to any keys
vi-yank-arg is not bound to any keys
vi-yank-to is not bound to any keys
yank can be found on "\C-y".
yank-last-arg can be found on "\e.", "\e_".
yank-nth-arg can be found on "\e\C-y".
yank-pop can be found on "\ey".
```

Auf diese Weise erfahren Sie, ob ggf. durch den Administrator unerwartete Bindings vergeben wurden.

---

[4] Wer die `readline`-Bibliothek in seinen eigenen Programme einsetzen möchte, sei auf die Dokumentation unter `http://web.mit.edu/gnu/doc/html/rlman_2.html` verwiesen.

Mit der Option -p erhält man alle Bindungen und freien `readline`-Funktionen in einem verarbeitbaren Format. Möchte man einen Tastendruck an eine `readline`-Funktion binden, nutzt man die folgende Syntax:

```
$ bind "\e[5~": history-search-backward
$ bind "\e[6~": history-search-forward
```

Ab sofort lässt sich durch die Kommandozeilen-History mit den Tasten „Bild auf" und „Bild ab" navigieren.

Keycodes ermitteln Um die Keycodes für eine bestimmte Sondertaste zu erhalten, hilft Ihnen das `read`-Builtin.

```
$ read
^[[6~
```

Hier wurde das Kommando `read` gestartet und danach die Taste „Bild ab". Ein weiteres Enter beendet das `read`-Kommando wieder. Bei der Definition des Bindings ist nun nur noch die Zeichenkette ^[durch \e zu ersetzen.

Funktions- und Bindungsliste ausgeben Der Parameter -p liefert eine Liste aller `readline`-Funktionen. Existiert für eine Funktion eine Bindung, wird diese in einem Format ausgegeben, das direkt als Input für `bind` bzw. für eine `readline`-Initdatei dienen kann. Funktionen, für die es keine Definitionen gibt, erscheinen mit einem vorangestellten Hash (#). In dieser Form lassen sich auch diese Zeilen direkt in eine `readline`-Initdatei umleiten. Für eine Liste aller `readline`-Variablen wählen Sie entweder die Option -v oder aber -V. Auch bei -v erhält man ein wiederverwendbares Format.

Eigene Bindings definieren Eigene Definitionen für `readline`-Variablen definieren Sie auf folgende Weise:

```
$ bind 'set bell-style visible'
```

-s bzw. -S zeigt alle Tastenkombinationen, die mit Makros verbunden sind. Mit Makros lassen sich bestimmte Kommandofolgen automatisieren. Beispielsweise kann eine Tatenkombination sehr bequem sein, die ein Paar geschweifte Klammern schreibt und den Cursor zwischen diese setzt.

```
$ bind '"\C-x{": "{}\C-b"'
```

Ab sofort wird nun bei Drücken der Tastenkombination [Ctrl]+[X], gefolgt von [{] ein Paar geschweifter Klammern auf die Konsole geschrieben.

```
$ bind -s
"\C-x{": "{}\C-b"
```

Mit der Option -s wird dieses Binding in einem Format ausgegeben, das Sie unmittelbar in einer `readline`-Initdatei wiederverwenden können. Um es von `bind` auf der Konsole zu nutzen, muss der gesamte String in einfache Hochkommata eingeschlossen oder die Sonderzeichen müssen entwertet werden.

Möchte man den Aufruf einer Shell-Funktion oder eines beliebigen Kommandos an eine Taste binden, hilft ebenfalls `bind`:

```
$ f(){ echo foo; }
$ bind '"\e[24~":"f\n"'
```

Bei Druck auf [F12] wird nun die Funktion f aufgerufen. Im Grunde wird f und ein abschließender Zeilenumbruch auf die Konsole geschrieben, wodurch die Bash die entsprechende Funktion ausführt.

```
$ bind '"\e[23~":"date\n"'
```

Hier wird die Taste [F11] an das Kommando `date` gebunden.

type

Wollen Sie wissen, um welchen Objekttyp (Systemkommando, Builtin, Funktion oder Alias) es sich bei einem Kommandoaufruf handelt, hilft `type`:

```
type [-afptP] [<Name> ...]
```

Ohne Optionen aufgerufen, schreibt `type` eine verständliche Meldung nach `stdout`:

```
$ type f ssh bash
f is a function
f ()
{
    :
}
ssh is aliased to `ssh -A'
bash is /bin/bash
```

Sie sehen, dass für Funktionen und für Aliase die jeweilige Definition erscheint. Um lediglich ein einzelnes Schlagwort zu erhalten, steht die Option -t zur Verfügung. Hier sind die Werte `alias`, `function`, `builtin`, `file` oder `keyword` möglich.

`file` wird nur für ausführbare Skriptdateien erzeugt. Der Aufruf von `type` mit einer normalen Textdatei – ohne x-Bit – führt zu einer Fehlermeldung.

```
$ touch foo
$ type ./foo
bash: type: ./foo: not found
$ chmod +x foo
$ type -t ./foo
file
```

Für ein <Name> vom Typ `file` gibt `type -p` den absoluten Pfad zu der Datei zurück. Für alle anderen Typen liefert es keine Ausgabe. Um auch für die übrigen Typen einen Pfad zu ermitteln, nutzt man die Option `-P` – diese forciert eine Suche über den gesamten `PATH`.

Existieren verschienene Typen von <Name>, finden Sie mit der Option `-a` alle Vorkommen und lassen sie anzeigen:

```
$ type -at ls
alias
function
file
```

Um die Suche für Shell-Funktionen zu umgehen, steht der Schalter `-f` zur Verfügung:

```
$ type -atf ls
alias
file
```

10.1.7 Builtins für Shell- und Systemarbeiten

Um das Verhalten der Bash und des Systems zu steuern oder für Hilfe beim Umgang mit Builtins stehen ebenfalls einige Builtins zur Verfügung. Viele sind vor allem auf der interaktiven Shell hilfreich, doch gerade `eval` und `exec` finden sich auch häufig in Shell-Skripten.

eval

Die Syntax von `eval` ist recht simpel:

```
eval [<Argumente>]
```

`eval` verbindet alle <Argumente> zu einem Kommando und führt dieses dann aus. Ohne <Argumente> gibt `eval` 0 zurück, andernfalls den Exit-Code des ausgeführten Kommandos.

Dieses Builtin kommt immer dann zum Einsatz, wenn ein Expansionsdurchlauf nicht ausreicht, um das gewünschte Ziel zu erreichen. Ein Beispiel:

```
$ u_local='/usr/local/*'
$ ls -d "$u_local"
ls: Zugriff auf /usr/local/* nicht möglich: Datei oder Verzeichnis
nicht gefunden
```

Wir haben die Variable doch sauber gequotet – was aber funktioniert hier nicht? Wie wir bereits wissen, behalten alle Zeichen innerhalb von Quotes ihren Wert, mit Ausnahme von $, ` und \. In diesem Fall wurde der Inhalt der Variable richtig expandiert, die Pfadnamen-Expansion (`/usr/local/*`) findet allerdings nicht mehr statt, da die Zeichen ihren lexikalischen Wert behalten, und ein Verzeichnis mit dem Namen * gibt es unterhalb von `/usr/local` eben nicht.

Mit `eval` hat man nun die Möglichkeit, eine weitere Expansionsrunde zu starten, da dieses Builtin nichts anderes tut als die Argumente zu verbinden – was alle Expansionen einschließt – und das vollständig expandierte Kommando dann auszuführen.

```
$ eval ls -d "$u_local"
/usr/local/bin      /usr/local/include   /usr/local/sbin
/usr/local/etc      /usr/local/lib       /usr/local/share
/usr/local/games    /usr/local/man       /usr/local/src
```

Ein anderes Szenario, in dem man nicht um `eval` herum kommt, ist die indirekte Referenz.

Folgende Situation: ein Skript, das beliebig viele Positionsparameter übernehmen kann, die man nun zeilenweise ausgeben lassen und dazu noch erfahren möchte, welcher Positionsparameter welchen Wert hatte. Mit `echo $@` kommt man hier nicht so weit wie erhofft.

```
1  #!/bin/bash
2
3  i=1
4  while (($#))
5  do
6      echo $i: $1
7      ((i++))
8      shift
9  done
10
11 echo Positional Parameter: $@
```

Listing 10.15: runOverPosPar.sh

In diesem Ansatz verwenden wir eine `while`-Schleife, die in einer arithmetischen Expansion überprüft, ob es noch Positionsparameter gibt. Die Schleife nutzt eine zuvor definierte Zählvariable, um den aktuellen Postitionsparameter zu benennen; dann wird jeweils der erste Parameter ausgegeben. Ein `shift` sorgt dafür, dass beim nächsten Durchlauf der Parameter 2 auf Position 1 steht.

Diese Lösung funktioniert ohne `eval`, doch sind nach der Schleife die Parameter so nicht mehr verfügbar, da sie mit dem `shift` in Zeile 8 entfernt wurden.

Hier kommt die indirekte Referenz mit einer `for`-Schleife zum Einsatz. In einer Subshell wird mit Hilfe des Kommandos `seq` eine Sequenz, die von 1 bis zur Anzahl der Positionasparameter reicht, und in der Schleife dann ein Kommandoaufruf mit Hilfe von `eval` erzeugt.

Listing 10.16:
indirectReference.sh

```
1  #!/bin/bash
2
3  for i in $(seq 1 $#)
4  do
5      eval echo -e "$i: " $\{$(echo $i)\}
6  done
7
8  echo Positional Parameter: $@
```

Betrachten wir nun, was in Zeile 5 des Skripts passiert:

```
$ ./indirectReference.sh a
1: a
Positional Parameter: a
```

1. Parameter- und Variablen-Expansionen werden durchgeführt, danach hat die Zeile folgendes Format

   ```
   eval echo -e 1:  $\{$(echo 1)\}
   ```

2. Im zweiten Schritt der Evaluationsarbeit der Bash folgt die Command Substitution:

   ```
   eval echo -e 1:  $\{1\}
   ```

3. Zuletzt folgt das Quote Removal, und die Kommandozeile hat folgende Form:

   ```
   eval echo -e 1: ${1}
   ```

Um nun auf den Postitionasparameter zuzugreifen, wird mit `eval` eine weitere Expansionsrunde eingeleitet. Bei dieser Parameter- bzw. Variablen-Expansion wird das verbliebene `${1}` expandiert. Nach dieser Runde führt die Bash dann das eigentliche `echo` aus.

Der Vollständigkeit halber sei auf eine andere Möglichkeit zur Erzeugung einer indirekten Referenz hingewiesen, die allerdings nicht mehr abwärtskompatibel zur Bourne Shell ist.

Listing 10.17:
indirectReferenceBash.sh

```
1  #!/bin/bash
2
3  for i in $(seq 1 $#)
4  do
5      echo -e "$i: " $(echo ${!i})
6  done
```

Hier wird der Ausdruck `${!i}` im Rahmen der Parameter- bzw. Variablen-Expansion ausgewertet. Es bleibt also Ihnen als Entwickler überlassen, welchen Weg Sie wählen. Ist Abwärtskompatibilität gefordert, bleibt keine Wahl.

exec

Den Einsatz von `exec` für die Erzeugung von Umleitungen haben wir bereits in Abschnitt 9 behandelt. Wird das Builtin in dieser Form genutzt, ist der Parameter <Kommando> ohne Bedeutung; stattdessen wird eine Umleitungsdefinition verwendet – die im weitesten Sinne natürlich auch als <Kommando> verstanden werden kann:

```
exec [-cl] [-a <Name>] [<Kommando> [<Argumente>]]
```

Ein weiterer Einsatzzweck von `exec` ist die Ersetzung des aktuellen Shell-Prozesses durch <Kommando>. Dabei wird kein neuer Prozess geforkt, sondern der aktuelle Shell-Prozess wirklich ersetzt. Mit dem Parameter -l wird dem Kommando als erstes Argument ein Minuszeichen mitgegeben, wodurch das Kommando wie eine Login-Shell behandelt wird. Möchte man <Kommando> ohne Umgebungsvariablen – also mit einem sauberen Environment – ausführen, nutzt man den Parameter -c.

Mit -a übergeben Sie einen selbst definierten Wert <Name> als erstes Argument. Das Verhalten von `exec` soll das folgende Beispiel verdeutlichen:

```
$ echo $$
26191
$ pstree -p | grep $$
  |-sshd(12033)---sshd(26092)---sshd(26190)---bash(26191)-+-grep(27817)
$ exec /bin/sh
sh-3.2$ pstree -p | grep $$
  |-sshd(12033)---sshd(26092)---sshd(26190)---sh(26191)-+-grep(27867)
sh-3.2$
```

Zunächst wird die PID der aktuellen Bash-Sitzung ausgegeben. Das folgende `pstree`-Kommando zeigt, dass der aktuelle Bash-Prozess ein Kind des `sshd` ist.

Im nächsten Schritt wird durch den `exec`-Aufruf der Bash-Prozess durch einen `sh`-Prozess ersetzt, wie das folgende Kommando zeigt. Der `sh`-Prozess hat die gleiche PID wie die Bash zuvor.

times

Mit diesem Builtin wird verbrauchte User- und System-Zeit ausgegeben, die von der Shell und deren Kindern verbraucht wird. Die Syntax sieht lediglich den Aufruf selbst vor:

```
times
```

Passen Sie auf, das Builtin nicht mit dem Systemprogramm `time` zu verwechseln, das wir in Kapitel 3 bereits vorgestellt haben. `times` liefert nur den Ressourcen-Verbrauch der Shell und deren Kinder, nicht den Verbrauch einzelner Programme.

ulimit

Eine Eigenschaft von *nix-Systemen ist die Begrenzung von Systemressourcen für einzelne Benutzer und Gruppen. Mit `ulimit` setzen Sie diese Grenzen mit Hilfe der Bash.

```
ulimit [-abcdefilmnpqrstuvxHST] [<Grenze>]
```

limits.conf Die systemweit geltenden Grenzen konfigurieren Sie in der Datei `/etc/security/limits.conf`. Man unterscheidet weiche und harte Grenzen, die für die o. g. Typen gesetzt werden können.

Die Zuweisung der Grenzen kann für alle Benutzer (`*`), für Benutzergruppen (`%gruppe`) bzw. für einzelne Benutzer (`<Benutzer>`) erfolgen. Limits für den Benutzer `root` können Sie nur über eine Benutzerdirektive definieren. Grenzen, die mit `*` oder `%gruppe` definiert wurden, gelten nicht für `root`.

Hard und Soft Limits Weiche Grenzen (`soft`) kann der Benutzer ändern – Grenzen, die mit dem Schlüsselwort `hard` definiert wurden, nicht.

Betrachten wir ein Beispiel für die Datei `/etc/security/limits.conf`

```
*         hard    nofile    4096
root      hard    nofile    8192
cme       soft    nofile    2048
```

Hier wird über das Sternchen zu Beginn der ersten Zeile für alle Benutzer eine Grenze vom Typ `hard` (zweite Spalte) für die maximale Anzahl geöffneter Dateien vergeben. Das Limit betrifft die maximale Anzahl gleichzeitig geöffneter Files (`nofile`, dritte Spalte). Die vierte und letzte Spalte enthält den Wert, also 4096.

Für den Benutzer `root` wurde eine Ausnahme von dieser harten Grenze bestimmt und dem Benutzer `cme` eine weiche Grenze zugewiesen, so dass er sie mit dem Befehl `ulimit` ändern kann.

Dieser Ausflug in die systemweite Steuerung von Limits soll an der Stelle genügen. Mehr zu diesem Thema erfahren Sie etwa in `limits.conf(5)`.

Mit Limits arbeiten Zurück zum Thema: Mit `ulimit` zeigen Sie systemweite Limits an bzw. verändert sie temporär. Die Veränderung gilt immer nur für die aktuelle Shell und ihre Kinder.

Verschaffen wir uns also einen Überblick mit `ulimit -a`:

```
$ ulimit -a
core file size          (blocks, -c) 0
data seg size           (kbytes, -d) unlimited
```

```
scheduling priority             (-e) 20
file size              (blocks, -f) unlimited
pending signals                 (-i) 16382
max locked memory      (kbytes, -l) 64
max memory size        (kbytes, -m) unlimited
open files                      (-n) 2048
pipe size           (512 bytes, -p) 8
POSIX message queues    (bytes, -q) 819200
real-time priority              (-r) 0
stack size             (kbytes, -s) 8192
cpu time              (seconds, -t) unlimited
max user processes              (-u) unlimited
virtual memory         (kbytes, -v) unlimited
file locks                      (-x) unlimited
```

Die dreispaltige Ausgabe informiert über den Namen der jeweiligen Grenze (Spalte 1), die Einheit und den Parameter von `ulimit` zur Änderung des Werts (Spalte 2) sowie den aktuellen Wert der Begrenzung.

Für alle nicht in `limits.conf` aufgeführten bzw. per Hand gesetzten Limits gelten entweder die Werte, die vom Kernel definiert werden, oder sie sind unbegrenzt (`unlimited`).

Der obigen Ausgabe ist zu entnehmen, dass für den aktuellen Benutzer (hier cme) die Grenze `open files` (`nofile`) auf den in `limits.conf` gewünschten Wert gesetzt wurde.

In den folgenden Beispielen werden wir hauptsächlich diese Grenze manipulieren, da dies auch in der Praxis häufig notwendig ist. Den Grenztyp bestimmen Sie mit folgenden Parametern:

`-S`
> direkter Zugriff auf eine weiche Grenze.

`-H`
> spricht eine harte Grenze an.

Zu den weiteren Optionen:

`-a`
> erzeugt eine übersichtliche Ausgabe der aktuell gesetzten Begrenzungen.

`-c`
> liest bzw. setzt der Direktive für die maximale Größe der möglichen Corefiles.
>
> `corefiles` werden vom Kernel immer dann erzeugt, wenn sich ein Programm nicht richtig verhält, wenn es also beispielsweise Schutzmechanismen für die CPU- bzw. die Speichernutzung verletzt. In diesem Fall killt das System dieses Programm und erzeugt `corefiles`.

Corefiles werden in der Regel genau dort gespeichert, von wo aus der Prozess gestartet wurde.

```
$ kill -s SIGSEGV $$
```

Über dieses Kommando wird in dem Verzeichnis, das gerade das PWD war, eine Datei core abgelegt. Um den Speicherort zu ändern, sind einige kleine Modifikationen als User root notwendig:

```
$ mkdir /tmp/corefiles
$ chmod 777 /tmp/corefiles
$ echo "/tmp/corefiles/core" > /proc/sys/kernel/core_pattern
```

In diesem Fall werden alle Corefiles im Verzeichnis /tmp/corefiles abgelegt. Wichtig bei dieser Einstellung ist, dass man Corefiles von verschiedenen Prozessen irgendwie unterscheiden muss. Hier ist folgende Einstellung sinnvoll:

```
$ echo 1 > /proc/sys/kernel/core_uses_pid
```

So werden die Dateien nach dem Muster core.<PID> erstellt.[5]

-d

setzt die Größe des Data Segments von Prozessen. Die Grenze ist üblicherweise unlimitiert. Der Wert für data segment size ist die Menge an Speicher, die einem Prozess für die Speicherung von Variablen zur Verfügung steht.

-e

Zum Eingrenzen der maximalen Priorität eines Prozesses wird die scheduling priority mit diesem Limit angegeben.

-f

setzt oder manipuliert die maximum size of files, also die maximale Dateigröße, die von der Shell bzw. deren Kindern erzeugt und geschrieben werden darf.

-i

Auch die maximale Größe des Speichers, die ein Prozess reservieren kann, ist limitierbar.

-l

Programme können unter bestimmten Umständen so geschrieben werden, dass Signale geblockt werden. Die maximale Anzahl geblockter Signale bestimmt diese Option.[6]

---

[5] Mehr zu diesem Thema erfahren Sie in man 5 core.
[6] Nähere Informationen über wartende Signale und ihre Verarbeitung liefern sigpending(2) und die Manpages, auf die in diesem Dokument verwiesen wird.

`-m`
regelt die `resident set size (vsize)` von Prozessen. Hierbei handelt es sich um den Speicher, der wirklich im Raum reserviert werden kann. Auf vielen Systemen wird diese Einstellung ignoriert und der Kernel regelt die Speicheraufteilung intern.

`-n`
Die maximale Anzahl gleichzeitig geöffneter Dateien ist eine wichtige Kennzahl und wird mit dieser Option abgefragt bzw. gesetzt. In den Beispielen weiter unten werden wir mit dieser Option arbeiten.

`-p`
Puffergröße für Pipes

`-q`
limitiert die Größe von POSIX Message Queues, die mit Pipes im Rahmen der Interprozesskommunikation vergleichbar sind. Sie verfügen jedoch über einige Eigenschaften, die Pipes nicht haben, etwa die Beachtung von Priorisierungen.

`-r`
Zuweisung einer höheren oder niedrigeren Priorität beim Real-Time Scheduling.

`-s`
limitiert die *Stack Size* von Prozessen.

`-t`
begrenzt die maximale Rechenzeit in Sekunden.

`-u`
bestimmt die maximale Anzahl von Prozessen für einen Benutzer.

`-v`
maximale Größe des virtuellen Speichers. Prozessen wird sogenannter virtueller Speicher en bloc zugewiesen, in Wirklichkeit verbirgt sich dahinter aber durchaus eine Mischung aus Ram und Swap. Das Betriebssystem kümmert sich im Hintergrund um die Verteilung der echten Speicherbereiche.

`-x`
maximale Anzahl von Dateilocks.

Mit Version 4 der Bash wurden zwei weitere Parameter für `ulimit` eingeführt.

`-b`
erlaubt Zugriff auf die maximale Puffergröße für Sockets (`max socket buffer size`).

`-T` maximale Anzahl an Threads, die ein Prozess erzeugen kann.

Kommen wir damit zu den Beispielen, in denen wir mit den maximal offenen FDs arbeiten (Option `-n`):

Limits abfragen Wie bereits gezeigt, schreibt `ulimit -a` alle gesetzten Begrenzungen tabellarisch nach `stdout`. Um das Setting für ein Limit zu erfahren, nutzen Sie die folgende Kommandozeile:

```
$ ulimit -n
2048
```

Die Ausgabe zeigt die aktuell geltende Grenze für die abgefragte Eigenschaft, die in jedem Fall auch die aktuelle weiche Grenze ist. Möchte man die Begrenzung für die maximale Ausdehnung der Eigenschaft erfragen, so kombiniert man die Abfrage mit der Option `-H`.

```
$ ulimit -Hn
4096
```

Limits setzen Um ein Limit zu setzen, ruft man `ulimit` mit der gewünschten Option, in unserem Beispiel mit `-n`, auf, gefolgt von dem Zahlwert für `<Grenze>`.

```
$ ulimit -n 1024
$ ulimit -n
1024
```

Ab sofort lassen sich in der aktuellen Shell damit maximal 1024 Dateien gleichzeitig öffnen. Ist das zu wenig, müssen Sie den Wert wieder anheben.

```
$ ulimit -n 2048
-bash: ulimit: open files: cannot modify limit: Operation not permitted
```

Was ist hier schief gegangen? Ganz einfach: Ohne Angabe des Bezugs – `hard` oder `soft` – werden beide Limits gesetzt, doch wir haben bereits festgestellt, dass nur die weiche Grenze durch den Benutzer gesetzt werden darf. Allein `root` ist berechtigt, auch das harte Limit zu setzen.

Also alles auf Anfang:

```
$ ulimit -Hn
4096
$ ulimit -Sn
2048
$ ulimit -Sn 1024
$ ulimit -Sn
1024
```

```
$ ulimit -Sn 2048
$ ulimit -Sn 8192
-bash: ulimit: open files: cannot modify limit: Invalid argument
```

In diesem Beispiel hat alles funktioniert: Auch der Versuch, das Soft Limit über die harte Grenze zu erweitern, wurde umgehend mit einem Fehler quittiert.

enable

Als Systemverwalter möchte man ggf. dafür sorgen, dass den Benutzern einige Builtins *nicht* zur Verfügung stehen; beispielsweise könnte `eval` aus Sicherheitsgründen nicht erwünscht sein. Hier hilft das Builtin `enable`:

```
enable [-a] [-dnps] [-f <Datei>] [<Name> ...]
```

Eine Liste aller aktivierten Builtins erhält man durch den Aufruf von `enable` ohne Parameter oder mit `-p`. Durch `-a` werden zusätzlich die deaktivierten Builtins angezeigt.

Zum Deaktivieren steht die Option `-n` unter Angabe des Namens zur Verfügung.

```
$ enable -pa |grep test
enable test
$ enable -n test
$ enable -pa |grep test
enable -n test
$ enable test
$ enable -pa |grep test
enable test
```

Einige Systeme unterstützen das Nachladen von Builtins aus Shared Libraries; hier kommt die Optionen `-f` zum Einsatz. Unter Debian und Ubuntu stehen Sourcen für nachladbare Builtins im Paket `bash-builtin` zur Verfügung. Darin findet man die benötigten Headerfiles und Beispiel-Sourcen, unter anderem eine Builtin-Implementierung von `cat` und `cut`.

Dem Entladen solcher dynamisch geladenen Builtins dient der Parameter `-d`.

Mit `enable` deaktivieren Sie also unnötige Builtins, können aber die Bash auch um Funktionen erweitern, die sie von Hause aus nicht mitbringt. Ferner lässt sich, entsprechende C-Kenntnisse vorausgesetzt, die Bash um oft genutzte Funktionen erweitern, was wiederum den Verzicht auf externe Kommandos erlaubt.

help

Die Bash implementiert auch ein eigenes kleines Hilfesystem zu ihren Builtins:

```
help [-dms] [<Suche>]
```

Ruft man `help` gefolgt von einem Builtin-Namen auf, erscheint bei einem Treffer die entsprechende Hilfe. Das `help`-Builtin kann aber noch mehr: Verwendet man für <Suche> ein Muster, das den Regeln der Mustererkennung (vgl. Seite 48) folgt, so listet die Bash alle passenden Hilfeseiten.

```
$ help ex??
Shell commands matching keyword `ex??'

exec: exec [-cl] [-a name] file [redirection ...]
    Exec FILE, replacing this shell with the specified program.
    If FILE is not specified, the redirections take effect in this
    shell.  If the first argument is `-l', then place a dash in the
    zeroth arg passed to FILE, as login does.  If the `-c' option
    is supplied, FILE is executed with a null environment.  The `-a'
    option means to make set argv[0] of the executed process to NAME.
    If the file cannot be executed and the shell is not interactive,
    then the shell exits, unless the shell option `execfail' is set.
exit: exit [n]
    Exit the shell with a status of N.  If N is omitted, the exit
    status is that of the last command executed.
```

Wird kein Muster übergeben, erzeugt `help` eine Liste mit dem Aufrufformat aller Builtins. Alle deaktivieren Kommando sind mit einem Stern (*) vor dem Namen markiert.

In der Bash kleiner Version 4 steht nur die Option -s zur Verfügung, das eine kurze Usage-Anweisung ausgibt:

```
$ help -s export
export: export [-nf] [name[=value] ...] or export -p
```

Ab Version 4 hat man zudem die Möglichkeit, die Ausgabe von `help` mit der Option -m im Manpage-Format darzustellen:

```
$ help -m exit
NAME
    exit - Exit the shell.

SYNOPSIS
    exit [n]

DESCRIPTION
    Exit the shell.

    Exits the shell with a status of N.  If N is omitted, the exit
    status is that of the last command executed.
```

SEE ALSO
    bash(1)

IMPLEMENTATION
    GNU bash, version 4.1.9(1)-release (x86_64-unknown-linux-gnu)
    Copyright (C) 2009 Free Software Foundation, Inc.
    License GPLv3+: GNU GPL version 3 or later
    <http://gnu.org/licenses/gpl.html>

Mit dem Schalter -d erhält man einen kurzen Erklärungstext für das gesuchte Builtin.

10.1.8 Builtins zur Job-Kontrolle

Bereits mit der sh und der csh wurden die Grundlagen der Job-Kontrolle über die Shell eingeführt, indem man über Builtins laufende und pausierte Prozesse manipulieren konnte. So gibt es Builtins, die Jobs in den Hintergrund oder in den Vordergrund bringen. Sie spielen vor allem bei der interaktiven Arbeit mit der Shell eine Rolle.

Job-Bezeichner

Im Folgenden sprechen wir von <Jobbez>, also einem String, der mit einem Prozentzeichen beginnt. Folgende Regeln liegen der Syntax zu Grunde:

%<N>
    Alle Jobs werden nummeriert. Um nun auf einen Job per Jobnummer <N> zuzugreifen, nutzen Sie diesen Ausdruck.

%<String>
    Ist die Jobnummer nicht bekannt, so können Sie einen Job über dessen Kommando ansprechen, das mit <String> beginnt. Bei mehr als einem Job, dessen ausgeführtes Kommando mit der gesuchten Zeichenkette beginnt, erhält man eine Fehlermeldung.

%?<String>
    Um nur einen Teil der Kommandozeile zu suchen, kommt diese Syntax für den Suchstring zum Einsatz. Genau wie im vorherigen Punkt erhält man einen Fehler, wenn <String> auf mehr als einen Job passt.

%% bzw. %+
    Wurden vom Benutzer bereits Jobs mit einem der folgenden Kommandos bearbeitet, so ist in diesen Bezeichnern die Jobnummer des zuletzt bearbeiteten Jobs hinterlegt.

%-
: greift auf den Vorgänger von %% zu.

So viel zu den Bezeichnern – kommen wir nun zu den Builtins.

bg

Mit bg bringen Sie einen pausierten Job in den Hintergrund:

```
bg [<Jobbez> ...]
```

Unter Angabe eines oder mehrerer Job-Bezeichner bringen Sie genau diese Jobs in den Hintergrund. Ohne Angabe eines Werts für <Jobbez> wird der letzte pausierte Job in den Hintergrund gestellt.

Um einen Job direkt nach dem Starten in den Hintergrund zu bringen, genügt es – wie bekannt sein dürfte –, ein Kaufmanns-Und (&) ans Ende der Kommandozeile zu stellen. Hat man einen Prozess im Vordergrund gestartet und möchte diesen in den Hintergrund bringen, nutzt man die mit der csh eingeführte Tastenkombination [Ctrl]+[Z], gefolgt von bg.

```
$ yes eins > /dev/null
[1]+  Stopped                 yes eins > /dev/null
$ yes zwei > /dev/null
[2]+  Stopped                 yes zwei > /dev/null
```

Hier wurden zwei Prozesse gestartet und jeweils mit [Ctrl]+[Z] pausiert. Nun können Sie die Prozesse nacheinander durch den Aufruf von bg ohne Parameter in den Hintergrund bringen. Alternativ führt der Weg über die Jobnummern (1 bzw. 2):

```
$ bg
[2]+ yes eins > /dev/null &
$ bg 1
[1]+ yes zwei > /dev/null &
```

Die Ausgabe zeigt, dass dem Kommando quasi das Kaufmanns-Und hinzugefügt wurde. Beachten Sie, dass Prozesse im Hintergrund weiterhin ihre Ausgaben nach stdout bzw. stderr schreiben. In diesem Beispiel leiten wir die Ausgaben nach stdout darum nach /dev/null. Fehlerausgaben würden weiterhin auf dem Bildschirm erscheinen.

fg

Einen im Hintergrund laufenden Job wieder in den Vordergrund zu bringen, ist ebenfalls einfach:

```
fg [<Jobbez>]
```

Ohne Angabe eines Bezeichners holt `fg` den letzten Job in der Jobliste in den Vordergrund geholt. Das Kommando erlaubt nur eine <Jobbez>, da immer nur ein Job im Vordergrund laufen kann.

```
$ fg
yes zwei > /dev/null
[2]+  Stopped                 yes zwei > /dev/null
$ bg
[2]+ yes zwei > /dev/null &
$ fg 1
yes eins > /dev/null
[1]+  Stopped                 yes eins > /dev/null
$ bg
[1]+ yes eins > /dev/null &
```

Sie sehen, dass `fg` ohne Parameter den Prozess in den Vordergrund bringt, der zuletzt in den Hintergrund verlagert wurde. Wird er wieder in den Hintergrund gesetzt, wird über `fg 1` unser erster Hintergrundprozess in den Vordergrund geholt und danach wieder über [Ctrl]+[Z] und `bg` zurückgestellt. Die Ordnung in der Job-Tabelle bleibt unverändert.

jobs

Von der Job-Tabelle war bereits die Rede – einen direkten Zugriff auf diese Tabelle bietet das Builtin `jobs`:

`jobs [-lnprs] [<Jobbez>]`

In der Jobtabelle verwaltet die Bash alle Jobs mit den Status `running` und `stopped`. Für das obige Beispiel sieht die Tabelle wie folgt aus.

```
$ jobs
[1]-  Running                 yes eins > /dev/null &
[2]+  Running                 yes zwei > /dev/null &
```

Startet man einen weiteren Hintergrundprozess, hat die Tabelle das folgende Format:

```
$ yes drei > /dev/null &
[3] 17657
$ jobs
[1]   Running                 yes eins > /dev/null &
[2]-  Running                 yes zwei > /dev/null &
[3]+  Running                 yes drei > /dev/null &
```

Wichtig ist vor allem die erste Spalte, die in eckigen Klammern die Jobnummer zeigt.

```
$ fg 1
yes eins > /dev/null
[1]+  Stopped                 yes eins > /dev/null
```

```
$ jobs
[1]+  Stopped                 yes eins > /dev/null
[2]   Running                 yes zwei > /dev/null &
[3]-  Running                 yes drei > /dev/null &
```

Das Beispiel zeigt, wie sich die Markierung mit Plus- bzw. Minuszeichen bei einer Manipulation der aktiven Jobs verhält. Der Job mit der Ordungsnummer 1 wurde über `fg 1` in den Vordergrund gebracht und mit [Ctrl]+[Z] gestoppt. Betrachtet man nun die Job-Tabelle, so sieht man, dass der Job 3 nun die Markierung - trägt. Er ist somit der Job, der vor dem aktuell bearbeiteten Job manipuliert wurde. Das Plus liegt nun bei dem Job mit der Nurmmer 1. Sobald dieser wieder in den Hintergrund versetzt wird, werden die Markierungen wieder zurückgesetzt.

```
$ bg
[1]+ yes eins > /dev/null &
$ jobs
[1]   Running                 yes eins > /dev/null &
[2]-  Running                 yes zwei > /dev/null &
[3]+  Running                 yes drei > /dev/null &
```

Durch diese Markierungen ist es den Kommandos der Job-Kontrolle möglich, die Liste Element für Element zu leeren.

`jobs` liefert ferner einige Optionen, mit denen Sie das Ausgabeformat der Job-Tabelle verändern.

`-1`
: zeigt zusätzlich die PID.

```
$ jobs -l
[1]    9529 Running           yes eins > /dev/null &
[2]-  11740 Running           yes zwei > /dev/null &
[3]+  17657 Running           yes drei > /dev/null &
```

`-n`
: liefert einen Überblick über die Jobs, deren Status sich seit der letzten Information verändert hat. Wird ein Job beispielsweise in den Vordergrund oder Hintergrund gebracht, wird der Benutzer über den neuen Status informiert. Dennoch kann es passieren, dass nicht alle Informationen den Benutzer erreichen.

```
$ fg 1
yes eins > /dev/null
[1]+  Stopped                 yes eins > /dev/null
$ jobs -n
$ bg
[1]+ yes eins > /dev/null &
$ jobs -n
[1]   Running                 yes eins > /dev/null &
```

Soll ein Job in den Hintergrund versetzt werden, hat er bekanntlich den Status `Stopped`. Ruft man nun bg auf, erhält man als Ausgabe die Jobnummer mit der neuen Kommandozeile – am Ende steht das Kaufmanns-Und. Ruft man anschließend `jobs -n` auf, wird der neue Status `Running` ausgegeben.

Ähnlich verhält es sich, wenn Kommandos der Job-Tabelle beendet wurden.

-p
reduziert die Ausgabe der Jobtabelle auf die Prozess-IDs.

-r
listet nur Jobs mit dem Status `Running`.

-s
liefert alle Jobs mit dem Status `Stopped`.

```
jobs -x <Kommando> [<Argumente>]
```

Oft muss ein Admin auf eine bestimmte PID zugreifen, die er zuvor über Pipes aus `ps` und `grep` ermittelt. Mit `jobs` steht eine sehr elegante Alternative zur Verfügung, die zudem ohne externe Programme auskommt.

In dieser Form aufgerufen, wird eine Kommandozeile mit Argumenten erzeugt, und sobald ein Jobbezeichner erkannt wird, wird dieser durch die PID des gefundenenen Prozesses ersetzt.

Besonders hilfreich ist diese Funktion beispielsweise, um auf einen im Hintergrund gestarteten Prozess sofort wieder zuzugreifen. So wird zwar die PID nach dem Transport eines Prozesses in den Hintergrund angezeigt, aber der Admin ist ja von Natur aus faul.

```
$ /path/to/program -a -b -c foo bar baz &
[1] 12345
$ jobs -x strace -p %%
```

Hier wird das Programm /path/to/program mit diversen Optionen und Parametern gestartet und der Job durch das abschließende Kaufmanns-Und sofort in den Hintergrund gelegt.

Die Kommandozeile `jobs -x strace %%` generiert die Kommandozeile `strace -p 12345` und führt sie aus. Dadurch wird `strace` an die PID des eben gestarteten Programms angehängt. Das ist nicht nur bequem, sondern auch sehr übersichtlich.

kill

Auch die Bash implementiert das Kommando `kill`, jedoch bietet das Builtin zusätzlich die Möglichkeit, über einen Job-Bezeichner ein Signal an einen bestimmten Job zu senden:

```
kill [-s <Signame>] [-n <Signr>] [-<Signal>] <Jobbez> oder <PID>
```

Analog zu dem Systemkommando werden die Schalter `-s` und `-signal` unterstützt. Die Option `-n` ist nur beim Builtin `kill` zu finden.

Einen Signalnamen übergibt man entweder über die Option `-s` gefolgt von `<Signame>` oder über `<Signame>`, eingeleitet von einem Minus (-). Bei der zweiten Variante ist es wichtig, dass kein Leerzeichen zwischen dem Minuszeichen und dem Signalnamen steht.

Um eine Signalnummer zu übergeben, steht die Option `-n` bzw. die Signalnummer mit führendem Minuszeichen zur Verfügung.

```
$ yes foo > /dev/null &
[1] 8006
$ kill - term %%
bash: kill: : invalid signal specification
$ kill -term %%
$ jobs -n
[1]+  Terminated               yes foo > /dev/null
```

Signale auflisten Nicht immer hat man alle Signalnamen oder deren korrespondierende Signalnummer im Kopf – hier hilft die Option `-l`:

```
kill -l [<Signal>]
```

Ruft man nun `kill` mit diesem Parameter und ohne Angabe eines Signals auf, erhält man eine vollständige Liste aller zur Verfügung stehenden Signale mit Namen und Nummer. Unter Angabe von `<Signal>` – was ein Name oder eine Nummer sein kann – liefert `kill -l` das Pendant:

```
$ kill -l TERM
15
$ kill -l 15
TERM
```

wait

Mit diesem Builtin veranlassen Sie die Shell, auf einen Hintergrundprozess zu warten, bis dieser beendet ist:

```
wait [<Jobbez> oder <PID> ...]
```

Ohne die Angabe einer Prozess-ID oder eines Bezeichners wartet die Bash auf alle Hintergrundprozesse. Als Rückgabewert von `wait` wird bei Angabe eines Bezeichners oder einer PID der Rückgabewert des Kommandos geliefert. Ohne weitere Angaben ist der Rückgabewert immer 0.

Ein Beispiel wäre ein Backup-Skript, das parallel zwei Jobs – Backup einer DB und Backup von Webdaten – erledigt. Sind beide Aufgaben erfüllt, sollen weitere Arbeiten erfolgen:

Listing 10.18: waitTest.sh

```
1  #!/bin/bash
2
3  # db-Backup starten
4  ./bckDB.sh &
5
6  # web-Backup starten
7  ./bckWeb.sh &
8
9  pstree -A -p $$
10
11 wait
12
13 echo "Hier kommt noch weiterer sinnvoller Code"
```

Das Programm wartet so lange, bis wirklich beide Jobs abgeschlossen sind, und setzt dann seine normale Arbeit fort. Man könnte nun einwenden, dass beiden Backup-Skripte ebenso gut im Vordergrund laufen könnten – damit würde aber der Vorteil der Hintergrundprozesse, nämliches paralleles Arbeiten, verloren gehen. Zudem lassen sich nach dem Start der beiden Prozesse noch weitere Anweisungen einfügen, bevor das `wait` abgesetzt wird.

```
$ ./waitTest.sh
waitTest.sh(10249)-+-bckDB.sh(10250)---sleep(10251)
                   |-bckWeb.sh(10252)---sleep(10253)
                   `-pstree(10254)
^Z
[1]+  Stopped                 ./waitTest.sh
$ bg
[1]+ ./waitTest.sh &
$ ps ax|grep waitTest
10249 pts/1    S      0:00 /bin/bash ./waitTest.sh
10256 pts/1    S+     0:00 grep waitTest
$ fg
./waitTest.sh
Hier kommt noch weiterer sinnvoller Code
```

Die Ausgabe mit dem Prozessbaum zeigt, dass `waitTest.sh` die beiden Prozesse für die Backup-Skripten und einen weiteren für das `pstree`-Kommando geforkt hat.

Da wir gleich einmal sehen wollten, welchen Status `waitTest.sh` wirklich hat, wurde dieser Prozess gestoppt ([Ctrl]+[Z]) und mit `bg` in den Hintergrund verlagert.

Das anschließende `ps`-Kommando zeigt, dass der Prozess schläft (S).[7]

---

[7] Der Status des Prozesses wäre T (angehalten), hätte man das `ps`-Kommando vor dem `bg` aufgerufen.

disown

Normalerweise sind Hintergrundprozesse immer an die aufrufende Shell gebunden; erhält die Shell also ein `SIGHUP`, wird dieses Signal auch an alle Hintergrundprozesse gesendet. Das hat zur Folge, dass, wenn die Shell durch ein `SIGHUP` beendet wird, auch alle Hintergrundprozesse beendet werden. Das ist aber nicht immer gewünscht, und hier kommt `disown` zum Einsatz.

```
disown [-ar] [-h] [<Jobbez> ...]
```

Ohne Optionen wird der Job, der auf die übergebene Bezeichnung zutrifft, von der Job-Tabelle entfernt. Um einen Job zwar in der Job-Tabelle zu behalten, ihn aber zu markieren, so dass er nicht mehr auf `SIGHUP` reagiert, nutzt man die Option `-h`. Alle Jobs werden mit dem Parameter `-a` von der Job-Tabelle entfernt. Durch die Kombination von `-a` und `-h` werden alle Jobs markiert. Mit `-r` werden lediglich Jobs im Status `running` von `disown` erfasst.

```
$ yes foo > /dev/null &
[1] 19812
$ yes bar > /dev/null &
[2] 19834
#
$ pstree -A -p $PPID
sshd(32671)---bash(32673)-+-pstree(19935)
                          |-yes(19812)
                          `-yes(19834)
```

Verlässt man nun diese Login-Shell, würden auch die Prozesse `yes(19812)` und `yes(19834)` beendet. Um das zu verhindern, reicht die folgende Eingabe:

```
$ disown -a
$ exit
```

Somit laufen die Prozesse weiter, bis sie ihre Aufgabe erfüllt haben. Besonders hilfreich ist dieses Builtin, wenn man beispielsweise einen `tar`-Prozess angestoßen hat, der länger dauert als erwartet. Um nun aber nicht die Session ewig offen zu haben oder durch einen Verbindungsabbruch den `tar`-Prozess zu verlieren, trennt man diesen einfach von der Shell und kann guten Gewissens die Session verlassen.

Eine Alternative wäre es, einen solchen Prozess entweder in einer `screen`-Session oder mit dem Kommando `nohup` gemeinsam startet.

suspend

Mit `suspend` lassen Sie eine Shell – die nicht Login-Shell ist – ruhen.

```
suspend [-f]
```

Der Prozess ruht so lange, bis er ein `SIGCONT` erhält. Mit der Option `-f` kann auch eine Login-Shell suspendet werden.

10.1.9 Builtins für die History

Die Shell-Option `-o history` aktiviert die Verfolgung aller in der Bash ausgeführten Kommandos. Die Menge der zu speichernden Einträge wird über die Variable `HISTSIZE` gesetzt. Der Defaultwert liegt bei 500 Einträgen. Wem das nicht reicht, der kann diese Variable leicht anpassen und beispielsweise in einer der Profildateien (`~/.profile` oder `/etc/bashrc`) hinterlegen.

Per Default werden die History-Einträge in der Datei `~/.bash_history` gespeichert. Über die Shell-Variable `HISTFILE` geben Sie eine andere Datei vor. Über die Shell-Variable `HISTFILESIZE` bestimmen Sie, wie viele Zeilen im History-File gespeichert werden.

Neben den Shell-Variablen zur Beeinflussung des Verhaltens bei der Speicherung ausgeführter Kommandos stehen zwei Builtins zur Verfügung, mit deren Hilfe man Zugriff auf die History erhält und sowohl diese als auch das History-File manipuliert.

fc

Mit `fc` editieren Sie History-Einträge mit einem Editor, bevor sie nochmals ausgeführt werden:

```
fc [-e <Name>] [-lnr] [<Start>] [<Ende>]
```

Ohne Angabe von `<Start>` und `<Ende>` wird immer nur die letzte Zeile der History in den Editor geladen. Für diesen Zweck ist es sicher einfacher, mit den Pfeil-Tasten die letzte Kommandozeile aus der History erneut aufzurufen.

Betrachten wir aber nun folgendes Beispiel: Ein Operator im Shared-Hosting legt für einige Kunden neue Unterverzeichnisse für einen Webserver an. In jedem dieser Verzeichnisse muss eine leere Datei `index.html` angelegt werden.

```
$ mkdir -p ./srv/www/customer_{1..10}/htdocs
$ touch ./srv/www/customer_{1..10}/htdocs/index.html
$ ls -la ./srv/www/*/*
./srv/www/customer_10/htdocs:
insgesamt 8
drwxr-xr-x 2 cme cme 4096 28. Mär 15:10 .
drwxr-xr-x 3 cme cme 4096 28. Mär 15:10 ..
-rw-r--r-- 1 cme cme    0 28. Mär 15:10 index.html
```

```
./srv/www/customer_1/htdocs:
insgesamt 8
drwxr-xr-x 2 cme cme 4096 28. Mär 15:10 .
drwxr-xr-x 3 cme cme 4096 28. Mär 15:10 ..
-rw-r--r-- 1 cme cme    0 28. Mär 15:10 index.html
```

Kaum ist die Arbeit erledigt, kommt die nächste Gruppe Kunden herein, die auch eine entsprechende Umgebung erhalten sollen. Was nun? Endweder alles noch einmal tippen oder mit der Tastenkombination [Ctrl]+[R] die Rückwärtssuche der History nutzen. Oder ganz elegant: `fc mkdir touch`. Das Kommando ruft die aktuellste Kommandoabfolge auf, die mit `<Start>` beginnt und mit `<Ende>` abschließt. Für die Feststellung der Grenzen wird immer der aktuellste Treffer herangezogen.

```
$ mkdir -p /srv/www/customer_{1..10}/htdocs
$ touch /srv/www/customer_{1..10}/htdocs/index.html
$ touch /srv/www/customer_{1..10}/htdocs/info.php
```

Der oben benutzte Aufruf von `fc` würde also alle Kommandos von `mkdir` bis zum letzten `touch` finden. Da `fc` einen Editor öffnet, lassen sich darüber hinaus überflüssige Zeilen vor dem Aufruf einfach entfernen.

Für `<Start>` und `<Ende>` können Sie sowohl Strings als auch Zahlen angeben. Im Falle von Strings werden die Kommandos gesucht, die mit diesen beginnen. Wurden hingegen Zahlen gewählt, so werden die Kommandos gewählt, deren Index-Werte der History mit `<Start>` bzw. `<Ende>` übereinstimmen.

Wird nur `<Start>` angegeben, wird `<Ende>` auf den Wert von `<Start>` gesetzt.

Ferner stehen die folgenden Optionen für `fc` im interaktiven Modus zur Verfügung:

`-e <Name>`
> gibt den zu verwendenden Editor an. `<Name>` ist entweder der Programmname oder der vollständige Pfad, wenn der gewünschte Editor nicht im Pfad ist. Ohne Angabe von `-e` wird der Standardeditor des Systems bzw. der in der Shell-Variable `FCEDITOR` bzw. in `EDITOR` stehende herangezogen.

`-l`
> Ausgabe der gewünschten Kommandos nach `stdout`.

`-n`
> Anzeige ohne History-Index

`-r`
> kehrt die Anzeigereihenfolge um.

Manipulation von History-Einträgen Neben der interaktiven Manipulation von History-Einträgen bietet `fc` auch eine Möglichkeit, direkt das letzte Kommando zu verändern und auszuführen. Hier gilt die folgende Syntax:

```
fc -s [<Muster>=<Ersatz>] [<Kommando>]
```

Ohne die Angabe einer Kombination <Muster>=<Ersatz> wird die zuletzt gespeicherte Kommandozeile ausgeführt, die mit <Kommando> beginnt.

```
$ ssh root@192.0.2.101
...
$ fc -s "101"="18" ssh
```

In diesem Fall wird zunächst eine `ssh`-Verbindung zu einem Host aufgebaut; für den Aufbau einer weiteren Verbindung wird auf `fc` zurückgegriffen.[8]

history

Das zweite Builtin für die Manipulation der History ist `history`. Das Kommando lernt man sehr schnell zu schätzen, wenn man neu auf einer Linux-Konsole unterwegs ist.

```
history [n] [-c] [-d <Offset>] [-anrw [<Datei>]] [-ps <Argument>]
```

Eine nummerierte Liste aller Kommandos in der History erhält man durch den Aufruf von `history` ohne Parameter. Modifizierte Zeilen sind durch einen Stern (*) markiert.

Möchten Sie neben den Kommandos auch die Zeit des Kommandoaufrufs speichern und diese später auch ausgeben, muss die Shell-Variable `HISTTIMEFORMAT` gesetzt sein. Darin kann ein Zeitformatstring, wie etwa in `data(1)` beschrieben, gespeichert werden.

Ist `HISTTIMEFORMAT` gesetzt, werden beim Aufruf von `history` ohne Optionen alle zurückliegenden Kommandos (dritte Spalte) mit der Indexnummer (erste Spalte) der History, gefolgt von dem Zeitstring (zweite Spalte) ausgegeben.[9]

In der History-Datei wird vor jedem Kommando ein durch ein Hash (#) eingeleiteter Unix-Timestamp gespeichert. Für Kommandos, die gespeichert wurden, ohne dass die Shell-Variable gesetzt war, wird das Datum des `history`-Aufrufs ausgegeben.

Betrachten wir nun die zur Verfügung stehenden Optionen und Parameter von `history`.

---

[8] Zugegeben, hier wäre eine rekursive Suche über [Ctrl]+[R] in der History naheliegender.

[9] Da per Default kein Leerzeichen zwischen `HISTTIMEFORMAT` und dem gespeicherten Kommando bei der Ausgabe eingeführt wird, muss dieses bei der Variablendefinition eingefügt werden.

history <N>
: Die Ganzzahl <N> entspricht der Anzahl der angezeigten Zeilen aus der Historie. Ist <N> keine Ganzzahl, erhält man einen Fehler.

-c
: löscht die gesamte History, nicht aber die Datei .bash_history oder jene, die in der Shell-Variablen HISTFILE hinterlegt ist.

-d <Offset>
: entfernt nur einen Eintrag aus der Liste der genutzten Kommandos. Die Ganzzahl für <Offset> gibt die Position in der History an. <Offset> entspricht dem Index, der bei der Anzeige der History in der ersten Spalte erscheint.

-a
: schreibt die History der aktuellen Session sofort in die History-Datei. Die Session-History wird an die History-Datei angehängt.

-n
: lädt neue Zeilen in der History-Datei in die History-Liste der aktuellen Session.

-r
: liest eine vollständige History-Datei in die Session-History. Bis dahin angelaufene Einträge in der Session-History bleiben erhalten.

-w
: schreibt die History der aktuellen Session in die History-Datei. Ein existierendes File wird vorher geleert.

-p <Argument>
: führt History-Substitutionen durch. In dieser Variante wird die Substitution ausgeführt und das Ergebnis auf stdout ausgegeben, ohne das Ergebnis selbst in der History zu speichern. Der Aufruf von history -p wird ebenfalls nicht in der Session-History gespeichert. Für <Argument> gelten die Regeln der History Expansion. Alternativ kann für <Argument> jeder beliebige String genutzt werden.

```
$ history -p "!?foo?"
ssh foo@example.com
```

In diesem Beispiel wird über History Expansion das letzte Kommando gesucht, das den String foo enthält – in diesem Fall das o. g. ssh-Kommando.

-s <Argument>
: fügt <Argument> als einzelnen Eintrag an die aktuelle Session-History an.

Für die Optionen -anrw geben Sie einen Dateinamen an, der dann alternativ zu der in `HISTFILE` hinterlegten Datei genutzt wird. Wird auf `<Datei>` verzichtet, wird immer der Wert von `HISTFILE` genutzt. Ist die Shell-Variable nicht gesetzt, wird nichts geschrieben.

10.2 Shell-Optionen

Über Shell-Optionen haben Sie die Möglichkeit, das Verhalten der Bash für verschiedene Einsatzzwecke anzupassen bzw. zu optimieren.

Für die Verwaltung von Shell-Optionen stehen zwei Builtins – `set` und `shopt` – zur Verfügung. In den folgenden Abschnitten geht es um diese beiden Builtins und die Optionen, die sie setzen, löschen oder anzeigen. Aufgrund ihrer Komplexität haben wir die Beschreibung von `set` und `shopt` von der der übrigen Builtins getrennt.

10.2.1 Einfache Shell-Optionen

Über das `set`-Builtin können Sie nicht nur Shell-Optionen anzeigen oder ändern; vielmehr dient es auch dem Setzen von Positionsparametern und der Anzeige von Namen und Werten von Shell-Variablen.

Um Positionsparameter zu setzen, genügt ein Aufruf mit den entsprechenden Werten:

```
$ set eins zwei drei
$ echo $@
eins zwei drei
$ set --
$ echo $@
```

Der dritte Aufruf löscht die Positionsparameter wieder. Hier darf dem doppelten Minus (`--`) kein weiteres Argument folgen. Sollten dem doppelten Minus Argumente folgen, werden diese statt der bisherigen Positionsparameterwerte verwendet.

`set`, ohne Argumente aufgerufen, liefert eine Liste aller Shell-Variablen und deren Werte sowie alle definierten Funktionen. Die Sortierung der Ausgabe erfolgt nach den Regeln der eingestellten Locales. Im POSIX-Modus werden lediglich Shell-Variablen und deren Werte angezeigt.

```
$ set
BASH=/bin/bash
BASH_ALIASES=()
BASH_ARGC=()
BASH_ARGV=()
BASH_CMDS=()
BASH_COMPLETION=/etc/bash_completion
```

```
BASH_COMPLETION_COMPAT_DIR=/etc/bash_completion.d
BASH_COMPLETION_DIR=/etc/bash_completion.d
BASH_LINENO=()
BASH_SOURCE=()
```

Das Beispiel zeigt eine Ausgabe im POSIX-Modus (stark gekürzt).

In beiden Fällen (POSIX-konform und nicht POSIX-konform) hat die Ausgabe ein Format, das unmittelbar als Inputformat etwa für Variablenzuweisungen dienen kann. Variablen und Funktionen, die als read-only markiert sind, können hiermit jedoch auch nicht bearbeitet werden.

`set` kennt die folgenden beiden Aufrufformen:

```
set [--abefhkmnptuvxBCEHPT] [-o <Option>] [<Argument> ...]
set [+abefhkmnptuvxBCEHPT] [+o <Option>] [<Argument> ...]
```

Alle Optionen können mit einem führenden Minus (-) bzw. einem führenden Plus (+) angegeben werden. Durch das Minuszeichen wird die entsprechende Option aktiviert, durch das Pluszeichen deaktiviert. Ein alleinstehendes Minuszeichen hingegen signalisiert `set`, dass keine Optionen mehr folgen, und alle weiteren Argumente werden den Positionsparametern zugewiesen.

Kommen wir also zu den Optionen und Aufrufparametern von `set` im Detail:

Lang oder kurz

Jede Shell-Option, die mit `set` gesetzt werden kann, ist mit der Option `-o` über einen Namen zu setzen. Für einige dieser Namen gibt es eigene Optionsschalter, so dass man sie mit weniger Code/Aufwand aktivieren oder deaktivieren kann.

```
set -o <Option>
```

Ein Beispiel:

```
$ set -o errexit
$ set -e
```

Beiden Zeilen bewirken das gleiche und setzen die Shell-Option `errexit` (dazu unten mehr).

Ruft man `set` nur mit der Option `-o` auf, erhält man eine Anzeige aller Optionen und deren Status. Die Ausgabe ist in diesem Fall nicht als Eingabeformat zu verwenden. Im Folgenden stellen wir alle zur Verfügung stehenden Optionen vor und geben jeweils den Langname wie auch den passenden Optionsschalter an. Beim Aufruf der Kurzoptionen wird `-o` nicht verwendet.

allexport (-a)

Sie exportiert Variablen und Funktionen automatisch. Das Erstellen bzw. das Modifizieren führt hier automatisch zum Export.

braceexpand (-B)

Die Auswertung von Klammerausdrücken (vgl. Abschnitt 4.1) ist per Default aktiviert. Durch Deaktivieren dieser Option über den Langnamen oder den Schalter -B werden diese Ausdrücke nicht mehr ausgewertet.

emacs

Um das Verhalten der Editierfunktion für die Kommandozeile auf die Eigenschaften des `emacs` zu ändern, steht diese Option zur Verfügung. Ist die Option gesetzt, wirkt sie sich auch auf das Verhalten von `read -e` aus.

errexit (-e)

Manchmal ist es sinnvoll, dass ein Skript sofort beendet wird, wenn ein Kommando einen Exit-Status ungleich 0 erzeugt. Ist `errexit` gesetzt, wird die Session bzw. das laufende Skript beendet, sobald ein Kommando unter folgenden Bedingungen fehlschlägt:

- Bei dem Kommando handelt es sich um ein alleinstehendes Kommando.
- Es ist das letzte Kommando einer Pipeline.
- Das Kommando ist Teil einer Kommandoliste, entweder in einer einfachen Liste (in geschweiften Klammern) in einem Subshell-Aufruf (in runden Klammern).

Die Option wird *nicht* auf Kommandos angewendet, die eine der nachstehenden Bedingungen erfüllen.

- Das Kommando ist Teil einer Bedingung in einer `while`- oder `until`-Schleife.
- Es handelt sich um einen Teil eines Tests in einem `if`-Ausdruck.
- Der Befehl gehört zu einer Kommandoverkettung mit && oder ||, es sei denn, es handelt sich um das letzte Kommando einer Kommandoverknüpfung mit den beiden genannten Operatoren. Das Verhalten ist darauf zurückzuführen, dass die gesamte Verkettung falsch ist.

10 Bash-Builtins und -Optionen

- Der Rückgabewert des Kommandos wurde mit ! negiert.
- Jedes Kommando einer Pipeline, außer dem letzten.

Mit einem `trap` auf das Signal ERR ist man in der Lage, vor dem Beenden bestimmte Kommandos auszuführen.

errtrace (-E)

Im Standardbetrieb wird ein `trap` auf SIGERR nicht an eine Subshell vererbt. Mit der Option errtrace (-E) sorgt man dafür, dass ein solches `trap` beispielsweise von Funktionen in einer Subshell weiter wirkt.

functrace

Um ein DEBUG- oder RETURN-trap ebenfalls in Subshells zu vererben, wird diese Option gesetzt. Im Normalbetrieb findet keine solche Vererbung statt.

hashall (-h)

Für schnelles Auffinden von Kommandos werden diese in einer Hashtabelle der Bash inklusive des vollen Pfades gespeichert. Dafür ursächlich ist diese Option. Per Default ist sie aktiviert.

histexpand (-H)

Ist die Option aktiviert, kann man auf Kommandos der Historie mit den !-Operatoren zugreifen. In einer interaktiven Shell-Session ist diese Option per Default aktiviert.

history

Durch Aktivierung dieser Option wird eine Kommandohistorie gespeichert. Wird die Bash interaktiv genutzt, so ist die Option standardmäßig aktiviert.

ignoreeof

Die Option verhindert, so sie aktiviert ist, dass eine interaktive Session auf ein EOF reagiert. Normalerweise kann eine interaktive Session über [Ctrl]+[D] beendet werden, das der Bash ein EOF sendet.

```
$ set -o ignoreeof
# Use "exit" to leave the shell.
```

Ist die Option aktiviert, erhält man bei [Ctrl]+[D] eine Information, wie die oben gezeigte. Diese wird in der Regel lokalisiert, wenn die Variable LC_MESSAGES entsprechend gesetzt wurde.

keyword (-k)

Durch Aktivieren dieser Option wird jede Variable bei Zuweisung im Environment eines Kommandos gespeichert. Ohne diese Option geschieht das nur mit Variablen, denen unmittelbar vor dem Kommando ein Wert zugewiesen wurde.

monitor (-m)

Aktiviert bzw. deaktiviert die Jobkontrolle der Bash. Per Default ist diese Option aktiviert. Alternativ kann -m zur Aktivierung bzw. +m zur Deaktivierung genutzt werden.

noclobber (-C)

Über den Schalter -C aktiviert man die Option noclobber, die verhindert, dass existierende Dateien bei der Ausgabeumleitung überschrieben – respektive geleert – werden.

```
$ set -o noclobber
$ touch tmp/datei
$ echo "hallo" > tmp/datei
-bash: tmp/datei: cannot overwrite existing file
```

Wie in diesem Beispiel zu sehen, quittiert die Bash bei gesetzter noclobber-Option den Versuch, eine existierende Datei zu überschreiben, mit einer Fehlermeldung. Ferner liefert das Kommando einen Exit-Code 1 zurück.

noexec (-n)

Zum Aufspüren von Syntaxfehlern ist es sinnvoll, den Quelltext eines Skriptes nur einzulesen, jedoch keine Kommandos auszuführen. Dieses Verhalten erreicht man über den Optionsschalter -n, also dem Setzen der Option noexec.

noglob

Möchte man sicherstellen, dass Globbing – also Pfadnamen-Expansionen – nicht genutzt werden können, steht noglob zur Verfügung.

```
$ set -o noglob
$ ls -la tmp/dat*
ls: cannot access tmp/dat*: No such file or directory
```

Bei gesetzter `noglob`-Option, wird jedes Globbing mit einer Fehlermeldung und einem Rückgabewert 2 quittiert.

nolog

Eine Option, die aktuell noch vollständig ignoriert wird. Ggf. wird sie in neueren Versionen ausgewertet.

notify (-b)

Der neue Status beendeter Hintergrundprozesse wird normalerweise erst ausgegeben, wenn der nächste Prompt zur Verfügung steht. Mit -b wird dieses Verhalten dahingehend geändert, dass die Ausgabe unverzüglich geschieht. Das Normalverhalten sieht wie folgt aus:

```
$ yes eins > /dev/null &
[1] 16301
$ killall yes
$
[1]+  Terminated              yes eins > /dev/null
```

Nach dem Setzen der Option `notify` stellt sich das Verhalten folgendermaßen dar.

```
$ set -o notify
$ yes eins > /dev/null &
[1] 3735
$ killall yes
$ [1]+  Terminated              yes eins > /dev/null
```

Das nächste Kommando kann sofort eingegeben werden, wobei ein Enter das Ganze schöner mit einem neuen Prompt darstellt.

nounset (-u)

Normalerweise führt die Expansion einer nicht gesetzten (`unset`) Variablen zu einem `null`-String. Durch -u wird der Umgang mit solchen Variablen restriktiver. Die Verwendung einer nicht definierten bzw. durch unset entfernten Variablen führt zu einer Fehlermeldung und einem Rückgabewert 1.

```
$ set -o nounset
$ i=10
$ echo $i
```

```
10
$ unset i
$ echo $i
bash: i: unbound variable
$ echo $j
bash: j: unbound variable
```

Für die Spezial-Variablen $*$ und $@$ findet diese Shell-Option keine Anwendung.

onecmd (-t)

Ist onecmd aktiviert, wird die Session oder das Skript nach dem ersten ausgeführten Kommando beendet.

physical (-P)

Durch -P sorgt man dafür, dass ein Kommando keinen symbolischen Links folgt. Stattdessen wird der physikalische Pfad verwendet.

```
$ ls -l /opt/
insgesamt 12
drwxr-xr-x 12 tomcat tomcat 4096 2011-04-08 15:03 apache-tomcat-7.0.11
lrwxrwxrwx  1 root   root     20 2011-04-01 13:22 tomcat -> apache-\
tomcat-7.0.11
$ echo ~tomcat
/opt/tomcat
$ cd ~tomcat
$ pwd
/opt/tomcat
```

Aktiviert man nun die `phsysical`-Option, wird statt des o. g. Links das echte – physikalische – Verzeichnis verwendet.

```
$ set -o physical
$ cd ~tomcat
$ pwd
/opt/apache-tomcat-7.0.11
```

pipefail

Wird diese Option aktiviert, ist der Rückgabewert einer Pipeline 0, wenn alle Kommandos erfolgreich waren. Gaben Kommandos einen Rückgabewert ungleich 0 zurück, so ändert sich der Exit-Code der Pipeline auf den des letzten fehlgeschlagenen Kommandos (von rechts).

```
$ date | false | true
$ echo $?
```

```
0
$ set -o pipefail
$ date | false | true
$ echo $?
1
```

posix

Die Option sorgt dafür, dass die Bash strikt den POSIX-Standard einhält Damit verhalten sich Operationen der Bash genau wie im Standard definiert; erweiterte Möglichkeiten der Bash werden deaktiviert.[10]

```
$ set
...
WINDOWID=54525955
XDG_DATA_DIRS=/usr/share/gnome:/usr/local/share/:/usr/share/
XDG_SESSION_COOKIE=a5f59d312036a2a5b1e8eb2700000008\
-1302501708.845371-5827780
_=
_scp_path_esc='[] [(){}<>",:;^&\!$=?`|\ '\''] '
__expand_tilde_by_ref ()
{
    if [ "${!1:0:1}" = "~" ]; then
        if [ "${!1}" != "${!1//\/}" ]; then
            eval $1="${!1/%\/*}"/'${!1#*/}';
        else
            eval $1="${!1}";
        fi;
    fi
}
```

Ruft man set im Nicht-POSIX-Modus auf, gibt es alle im Environment gespeicherten Variablen und Funktionen aus.[11]

```
$ set -o posix
$ set
BASH=/bin/bash
BASH_ALIASES=()
BASH_ARGC=()
BASH_ARGV=()
BASH_CMDS=()
```

Bei aktivierter POSIX-Kompatibilität werden hingegen nur die Umgebungsvariablen ausgegeben.

---

[10] Eine vollständige Liste mit Verhaltensänderungen im POSIX-Mode findet man unter http://www.gnu.org/software/bash/manual/bashref.html#Bash-POSIX-Mode

[11] Die Ausgabe wurde stark verkürzt.

privileged (-p)

`privileged` sorgt dafür, dass die Shell-Variablen ENV, BASH_ENV, SHELL-OPTS, BASHOPTS, CDPATH und GLOBIGNORE ignoriert werden. Funktionen werden nicht vererbt.

Diese Option hat ebenfalls Einfluss auf die reale und effektive User-ID. Wird die Bash ohne die Option -p gestartet und unterscheiden sich reale und effektive UID, wird die effektive UID auf den Wert der realen User-ID gesetzt.

Wird die Bash mit der Option -p gestartet, wird die effektive User-ID nicht überschrieben. Das Deaktivieren der Option führt dazu, dass die effektive UID durch die reale User-ID überschrieben wird. Gleiches gilt für die effektive- und reale GID.

verbose (-v)

Diese Option führt dazu, dass jede Eingabezeile ausgegeben wird, wie sie von der Bash eingelesen wurde.

```
$ set -o verbose
$ ./foo.sh
#!/bin/bash

unset PATH

command -p date
Mo 11. Apr 09:42:21 CEST 2011
```

Wie in diesem Beispiel zu erkennen, wird das gesamte Skript vor der Ausführung ausgegeben. In der letzten Zeile erscheint dann die eigentliche Skriptausgabe.

vi

Für die Liebhaber der `vi`-Keybindings steht diese Option zur Verfügung, um das Verhalten der Kommandozeilen-Editierfunktion entsprechend zu verändern.

Ist diese Option gesetzt, wirkt sie sich auch auf das Verhalten von `read -e` aus.

xtrace (-x)

Mit dieser Option werden alle Kommandozeilen vor ihrer Ausführung nochmals ausgegeben. Expansionen werden vorher angewendet und der Inhalt von PS4 wird jeder Trace-Zeile vorangestellt.

Auf diese Weise erhält man eine einfache Möglichkeit, seinen Bash-Code zu debuggen.

```
$ bash -o xtrace commandTest.sh
+ unset PATH
+ command -p date
+ date
Mo 11. Apr 09:52:19 CEST 2011
```

Alle hier vorgestellten Optionen können nicht nur in einer interaktiven Sitzung oder in einem Skript über das Kommando `set` geändert werden; es ist vielmehr möglich, sie direkt als Aufrufoptionen an die Bash zu übergeben. Das letzte Beispiel illustriert diese Möglichkeit.

Bei der Nutzung als Aufrufparameter kommen in der Regel die Shortopts zum Einsatz.

10.2.2 Erweiterte Shell-Optionen

Neben den Shell-Optionen, die durch das `set`-Builtin gesetzt werden, stehen über das Builtin `shopt` weitere Optionen zur Verfügung.

`shopt` besitzt nur wenige Optionsschalter, was den Funktionsumfang aber nicht einschränkt.

```
shopt [-pqsu] [-o] [<Option> ...]
```

Ohne Optionsschalter aufgerufen, werden alle Optionen inklusive Status angezeigt.

-o

> Alle Optionen, die mit `set` gesetzt werden können, stehen auch für `shopt` zur Verfügung. Hierfür verwendet man den Optionsschalter -o. Kombiniert mit dem Schalter -p bzw. ohne weitere Parameter, wird eine Liste aller einfachen Shell-Optionen inklusive Status ausgegeben.
>
> Die erzeugte Liste mit der Kommmandozeilenoption -p erzeugt ein wiederverwendbares Format.
>
> ```
> $ shopt -p -o
> set +o allexport
> set -o braceexpand
> set -o emacs
> set +o errexit
> set +o errtrace
> set +o functrace
> ```

`-p`

shopt in Verbindung mit `-p` erzeugt eine Liste aller Optionen und deren Status. Die Ausgabe erfolgt zeilenweise in einem Format, das weiterverarbeitet werden kann.

```
$ shopt -p
shopt -u autocd
shopt -u cdable_vars
shopt -u cdspell
shopt -u checkhash
shopt -u checkjobs
shopt -s checkwinsize
shopt -s cmdhist
shopt -u compat31
```

Ruhe bitte!

`-q`

Führt `shopt` im Quiet-Modus aus; es werden also keine Ausgaben erzeugt. Über den Rückgabewert kann ermittelt werden, ob die ausgeführte Aktion erfolgreich war. Ein Rückgabewert von 0 bedeutet Erfolg. Wurden mehrere Optionen übergeben, so ist der Rückgabewert 0, wenn alle Optionen erfolgreich gesetzt wurden, andernfalls ist der Rückgabewert ungleich 0.

`-s [<Option>]`

aktiviert die angebene Option bzw. die angebenen Optionen. Ohne die Angbabe von `<Option>` werden alle aktivierten Optionen ausgegeben. Mit dem Schalter `-p` kombiniert wird ein wiederverwendbares Format erzeugt.

`-u [<Option>]`

deaktiviert die angebene Option bzw. die angegebenen Optionen. Ohne die Angbabe von `<Option>` werden alle aktivierten Optionen ausgegeben. Mit dem Schalter `-p` kombiniert, wird ein wiederverwendbares Format erzeugt.

Werfen wir nun einen Blick auf die Optionen, die Sie mit `shopt` ändern können.

autocd

Um durch die Angabe eines Verzeichnisses direkt einen Wechsel in dieses Verzeichnis durchzuführen, dient diese Option. Sie ist nur in interaktiven Sitzungen nutzbar. Versuchen Sie, `autocd` in Skripten zu setzen, führt das zu einer Fehlermeldung.

```
$ set -u autocd
$ /usr/local/src
cd /usr/local/src
$ pwd
/usr/local/src
```

Die Option steht erst seit Bash Version 4 zur Verfügung. In einer Bash der Version kleiner 4 führt der Versuch, diese Option zu setzen, zu einem Fehler.

```
$ shopt -s autocd
-bash: shopt: autocd: invalid shell option name
```

cdable_vars

Ist die Option aktiviert, wird jedes Argument, das cd übergeben wird und kein Verzeichnis ist, als Variable interpretiert. Die Bash versucht diese somit umgehend zu expandieren und einen Verzeichniswechsel durchzuführen.

```
$ i=0; j=/tmp
$ cd i ; cd j
-bash: cd: i: Datei oder Verzeichnis nicht gefunden
-bash: cd: j: Datei oder Verzeichnis nicht gefunden
$ shopt -s cdable_vars
$ cd i ; cd j
-bash: cd: i: Datei oder Verzeichnis nicht gefunden
/tmp
```

Ist in der übergebenen Variable kein Verzeichnisname gespeichert, wird eine Fehlermeldung generiert.

cdspell

Ist die Option aktiviert, versucht die Bash Tippfehler in Verzeichnisnamen zu korrigieren. Zu den Korrekturen gehört der Versuch, Zeichendreher, fehlende oder überschüssige Zeichen zu erkennen. Ist die Korrektur erfolgreich, wird die Lösung angezeigt und das Kommando ausgeführt.

```
$ shopt -s cdspell
$ cd /usr/loacl
/usr/local
$ cd /usr/loca/sibn
/usr/local/sbin
```

In diesem Beispiel ist zu erkennen, dass die Bash nicht nur auf einen Teil eines Pfades, sondern auf alle Elemente eine Korrektur versucht. cdspell wird nur in interaktiven Bash-Sitzungen verwendet.

checkhash

Um die Hashtabelle für gehashte Kommandos auf dem neuesten Stand zu halten, muss diese Option aktiviert sein. Hierbei überprüft die Bash vor dem Aufruf eines Kommandos, wenn es gehasht ist, ob es noch an diesem Ort zu finden ist. Ist dem nicht so, wird das Kommando aus der Liste gelöscht und eine Suche im Pfad ausgeführt.

```
$ hash -t foo
/home/chris/bin/foo
$ mv /home/chris/bin/foo /usr/local/bin/
$ foo
bash: /home/chris/bin/foo: No such file or directory
$ shopt -s checkhash
$ foo
foobar
```

Ohne gesetzte `checkhash`-Option wird bei Aufruf eines gehashten Kommandos, das nicht mehr an dem Ort, der im Hash gespeichert ist, existiert, ein Fehler erzeugt. Die Option sorgt ferner dafür, dass das Kommando mit dem neuen Pfad erneut im Hash gespeichert wird.

checkjobs

Möchte man verhindern, dass Hintergrundprozesse beim Verlassen einer Shell-Sitzung stillschweigend beendet werden, so erledigt `checkjobs` diese Aufgabe.

Wurden Hintergrundprozesse gefunden, so erhält der Benutzer eine Warnung und der Exit-Versuch wird abgebrochen. Eine nochmalige Exit-Anforderung führt jedoch zum Beenden der aktuellen Sitzung. Laufende Hintergrundjobs bleiben auf diese Weise erhalten und werden von dem aufrufenden Kontext gelöst.

```
$ shopt -s checkjobs
$ yes eins > /dev/null &
[1] 14029
$ exit
exit
There are running jobs.
[1]+  Running                 yes eins > /dev/null &
```

Auf diese Weise hat man einen guten Überblick über laufende Hintergrundjobs, die ggf. besser gestoppt werden, bevor man die Bash-Session beendet.[12]

Die Überprüfung auf gestoppte Hintergrundprozesse findet immer statt. Wurden solche Prozesse gefunden, wird die Exit-Anforderug zurückgestellt.

---

[12] Es kommt durchaus vor, dass Hintergrundjobs nach dem Verlassen einer Shell-Sitzung weiter laufen und wichtige Ressourcen verbrauchen.

checkwinsize

Oft kommt es vor, dass bei der Remote-Arbeit das Terminal-Fenster maximiert oder minimiert wird. Dabei verändert sich natürlich die Anzahl der darstellbaren Zeilen und Spalten.[13] Mit gesetzter `checkwinsize`-Option überprüft die Bash nach jedem Kommando die aktuell verfügbaren Dimensionen zur Darstellung.

cmdhist

In der Bash ist es bekanntlich möglich, Kommandos über mehrere Zeilen einzugeben – besonders nützlich bei Strukturen wie `if` oder `for`. Um diese auch in der History zu speichern, muss die Option `cmdhist` aktiviert sein.

Dadurch eröffnet sich eine einfache Editiermöglichkeit mehrzeiliger Kommandos. Die Zeilenumbrüche eines mehrzeiligen Kommandos werden im Editiermodus dann durch Semikola (;) ersetzt.

```
$ for i in {1..3}
> do
> echo $i
> done
1
2
3
$ for i in {1..3}; do echo $i; done
```

Diese Option ist in den meisten Umgebungen bereits aktiviert.

compat<NN>

Um beispielsweise ein Bash-Skript für eine Bash Version 3.2 zu entwickeln, obwohl man nur eine Version 4 zur Verfügung hat, kann man mit `compat32` dafür sorgen, dass sich dieses Skript so verhält, als ob es auf dieser älteren Shell läuft. Alle Features späterer Versionen werden deaktiviert.

Je nach eingesetzter Bash-Version stehen weitere Optionen zur Kompatibilität zur Verfügung. In der Version 4.1 beispielsweise `compat32` und `compat40`.[14]

dirspell

Ähnlich `cdspell`, versucht die Bash bei eingeschalteter `dirspell`-Option Tippfehler während der Pfad-Vervollständigung zu korrigieren.

---

[13] Gerade `putty` ist dafür bekannt, dass es nach Verändern der Fensterdimensionen die gesamte Session-Darstellung – vor allem bei langen Zeilen – zerstört.

[14] Die verfügbaren Kompatibilitätsmodi finden Sie über `man bash`.

Hierbei werden wiederum vertauschte, fehlende und überschüssige Zeichen versucht zu korrigieren.

Die Option kann zwar in Skripten gesetzt werden, jedoch werden keine Korrekturen an hinterlegten Pfadnamen vorgenommen.

dotglob

Dateien- und Verzeichnisse, die mit einem Punkt beginnen, werden normalerweise vom Globbig ausgeschlossen. Aktiviert man diese Option, so werden auch solche Namen vom Globbing erfasst.

execfail

Durch Setzen dieser Option wird die Bash daran gehindert, dass nach einem fehlgeschlagenen `exec` der aufrufende Kontext terminiert wird. Diese Option ist für interaktive und nicht-interaktive Sitzungen möglich.

expand_aliases

Um die Expansion von Aliasen zu aktivieren, bedarf es dieser aktivierten Option. In interaktiven Shells ist sie standardmäßig aktiviert.

extdebug

Für Debuggingzwecke kann diese Option sehr nützlich sein. Details dazu finden Sie in der Manpage.

extglob

Hier werden erweiterte Fähigkeiten für das Patternmatching (vgl. 3.3 ab Seite 48) aktiviert.

extquote

Um die Ausdrücke `$"<String>"` und `$'<String>'` verwenden zu können, aktiviert man diese Option.

Der Ausdruck `$"string"` dient der Übersetzung von Strings in die Sprache, die aktuell in den Locales gespeichert ist. Mit `$'<String>'` ist es möglich, Escape-Sequenzen in Strings auswerten zu lassen.

Die Option `extquote` ist standardmäßig aktiviert.

failglob

Um eine Fehlermeldung aus dem Patternmatching für Muster erzeugen zu lassen, die nicht matchen, muss diese Option aktiviert werden.

force_fignore

Mit der Shell-Variable FIGNORE sorgen Sie dafür, dass Dateien, die auf dort verzeichnete Suffixe enden, nicht in der Namensvervollständigung verwendet werden. Die Option force_fignore muss dafür aktiviert sein.

globstar

Aktiviert in der Bash ab Version 4 das Pattern **. Es erzeugt im Rahmen der Dateinamenexpansion Dateien und Verzeichnisse sowie deren Unterverzeichnisse.

Folgt dem Pattern ein Slash (/), werden nur Verzeichnisse, deren Unterverzeichnisse und die jeweils in diesen enthaltenen Dateien expandiert.

gnu_errfmt

Mit dieser Option sorgt man dafür, dass Fehlermeldungen im Standard-GNU-Fehlerformat ausgegeben werden.

histappend

Um History-Daten einer Shell-Sitzung nach Verlassen an die History-Datei – gespeichert in HISTFILE – anzuhängen, muss diese Option aktiviert sein. Ist sie deaktiviert, wird die History-Datei überschrieben.

Die Shell-Option, gepaart mit einer weiteren Shell-Variablen, ermöglicht die sorfortige Speicherung von Kommandos verschiedener Sitzungen in der History-Datei.

```
shopt -s histappend
HISTORY_COMMAND="history -a"
```

Schreibt man diese Einstellungen in eine Profildatei (.bashrc oder .bash_profile), stehen ab sofort in mehreren Sessions immer die Kommandos aller dieser Sitzungen in der History zu Verfügung.

histreedit

Aktiviert die Benutzung von readline für die Bearbeitung von fehlerhaften History-Ersetzungen.

histverify

Möchte man Ergebnisse der History Expansion vor dem Ausführen nochmals bearbeiten können, so aktiviert man `histverify`. Hier wird das Ergebnis der Expansion zur Bearbeitung in den Puffer von `readline` geladen.

hostcomplete

Ein sehr nützliches Feature ist die Vervollständigung von Hostnamen in der Kommandozeile. Dazu muss diese Option aktiviert sein. Sobald ein @ Zeichen in der Kommandozeile auftaucht, versucht die Bash Hostnamen zu vervollständigen.

Die verfügbaren Hostnamen werden entweder aus der Datei /etc/hosts oder aus der Datei, die in der Shell-Variablen `HOSTFILE` hinterlegt wurde, herangezogen.

```
shopt -s hostcomplete
export HOSTFILE="$HOME/.hosts"
```

Die beiden Zeilen in einer der möglichen Profildateien sorgen dafür, dass die Datei .hosts im Homedir des Benutzers als Quelle für Hostnamen-Vervollständigung benutzt wird. Die Datei /etc/hosts wird weiterhin genutzt.

huponexit

Um sicherzustellen, dass alle Kindprozesse einer interaktiven Sitzung bei deren Beenden ein `SIGHUP` erhalten, aktiviert man diese Option.

interactive_comments

Per Default werden Rauten (#) und alle Zeichen bis zum Zeilenende in interaktiven Shells als Kommentar erkannt. Dafür ist diese Option verantwortlich.

lithist

Um Zeilenumbrüche mehrzeiliger Kommandos in der History nicht durch ein Semikolon ersetzen zu lassen, ist das Aktivieren dieser Option notwendig. Ferner ist das generelle Aktivieren zum Speichern mehrzeiliger Kommandos zu aktivieren (`cmdhist`).

login_shell

Über diese Option wird eine Shell als Login-Shell markiert. Sie wird automatisch durch die Bash gesetzt und kann nicht verändert werden.

```
$ shopt -p login_shell
shopt -u login_shell
$ shopt -s login_shell
$ shopt -p login_shell
shopt -u login_shell
```

Der Versuch, diese Option zu ändern, wird stillschweigend ignoriert, als Rückgabewert erhält man eine 0. Es besteht auch nicht die Möglichkeit, eine Nicht-Login-Shell über diese Option zu einer Login-Shell hochzustufen.

mailwarn

Durch diese Option kann eine regelmäßige Überprüfung nach neuen Mails durch die Bash aktiviert oder deaktiviert werden.

Die zu überprüfende Maildatei wird in der Shell-Variablen MAIL und das Intervall in der Shell-Variablen MAILWARN hinterlegt. Das Intervall wird in Sekunden angegeben.

```
$ shopt -s mailwarn
$ mail -s "Testmail" cme < /dev/null
Null message body; hope that's ok
$ echo $MAIL $MAILCHECK
/var/mail/cme 60
You have new mail in /var/mail/cme
#
```

Die Ausgabe, die die Bash bei neuen Mails erzeugt, wird anhand der eingestellten Locales übersetzt.

no_empty_cmd_completion

Um die Bash davon abzuhalten, eine Suche im Pfad zu beginnen, wenn die Kommandovervollständigung für eine leere Kommandozeile initiiert wird, ist diese Option zu aktivieren.

nocaseglob

Soll bei der Dateinamen-Expansion (Globbing) nicht auf Groß- und Kleinschreibung geachtet werden, so aktiviert man diese Option. Sie ist standardmäßig deaktiviert.

nocasematch

Per Default werden bei der Mustererkennung Groß- und Kleinschreibung unterschieden. Aktiviert man diese Option, findet keine Unterscheidung mehr statt.

nullglob

Normalerweise expandiert ein Ausdruck der Pfadnamenexpansion zu einem nicht existierenden Pfad zum Ausdruck selbst. Aktiviert man diese Option, so expandiert ein solcher Ausdruck zu einem `null`-String.

```
$ ls
Makefile   a.c   b.c   c.c   cleanObjects.sh   cleanObjects1.sh
```

Folgende Situation: Man möchte mit einem Bash-Skript alle Objekt-Dateien in einem C-Projekt entfernen. Dafür wurde das folgende Skript geschrieben:

Listing 10.19: cleanObjects.sh

```
1  #!/bin/bash
2
3  cleaned=0
4  for i in *.o
5  do
6          echo "remove $i"
7          rm $i
8          ((cleaned++))
9  done
10
11 echo "$cleaned files removed"
```

Führt man dieses Skript aus, passiert nicht das, was man erwartet hat:

```
$ ./cleanObjects.sh
remove *.o
rm: cannot remove `*.o': No such file or directory
1 files removed
```

Das Pattern expandierte nicht zu einer Datei, sondern wird stattdessen verwendet. Da eine Datei `*.o` jedoch nicht existiert, erzeugt das `rm` einen Fehler.

Benutzt man nun die Option `nullglob`, so verhält sich das Programm wie gewünscht.

Listing 10.20: clenaObjects1.sh

```
1  #!/bin/bash
2
3  shopt -s nullglob
4
5  cleaned=0
```

10 Bash-Builtins und -Optionen

```
 6  for i in *.o
 7  do
 8          echo "remove $i"
 9          rm $i
10          ((cleaned++))
11  done
12
13  echo "$cleaned files removed"
```

```
$ ./cleanObjects1.sh
0 files removed
```

Da das Pattern nicht zu einem Dateinamen expandiert werden kann, wird ein Null-String erzeugt. Dadurch wird die `for`-Schleife niemals ausgeführt und es wird kein Fehler erzeugt.

progcomp

Hiermit aktiviert man die programmierbare Kommandovervollständigung. Diese Option ist standardmäßig aktiviert.

promptvars

Standerdmäßig finden innerhalb von Bash-Promptvariablen PS1..4 Parameter- und arithmetische Expansionen sowie Kommando-Substitutionen statt. Dafür ist diese Option verantwortlich. Deaktiviert man sie, werden die Variableninhalte ohne jegliche Expansion dargestellt.

```
$ shopt -p promptvars
shopt -s promptvars
$ PS1='$USER sagt: '
chris sagt: shopt -u promptvars
$USER sagt:
```

restricted_shell

Diese Option versetzt die Bash in einen beschränkten Modus. Der Modus selbst kann durch den Benutzer nicht mehr verändert werden. Jeder Änderungsversuch wird schlichtweg ignoriert und führt zu einem Rückgabewert 0.

Aktiviert ist diese Option, wenn die Bash mit der Kommandozeilenoption `--restricted` bzw. `-r` oder über das Kommando `rbash` gestartet wurde.

Folgende Einschränkungen gelten für diesen Modus:

- Verzeichniswechsel mit `cd` sind nicht mehr möglich.

- Veränderungen an den Shell-Variablen SHELL, PATH, ENV und BASH_ENV sind nicht gestattet.

- Kommandos, die einen Slash (/), enthalten werden nicht ausgeführt.

- Die Verwendung von Kommandos mit einem Slash als Parameter für das Builtin `hash` mit der Option -p ist nicht möglich.

- Der Import von Funktionsdefinitionen aus dem Environment zu Sitzungsbeginn ist nicht möglich.

- Ferner ist das Parsen der Shell-Variablen SHELLOPTS zu Beginn der Session nicht möglich.

- Ausgabeumleitungen sind untersagt.

- Ersetzungen des aktuellen Prozesses der Shell durch `exec` werden verhindert.

- Das Aktivieren bzw. Deaktivieren von Builtins über `enable` ist untersagt.

- Die Verwendung des Parameters -p für das Builtin `command` ist nicht möglich.

- Veränderungen der Shell-Option `restricted_shell` wird ebenfalls verhindert.

Der eingeschränkte Modus scheint recht ausgereift, doch gibt es einige Wege, dies Einschränkungen zu umgehen.

```
$ shopt -p restricted_shell
shopt -s restricted_shell
$ cd /tmp/
rbash: cd: restricted
$ vim foo
```

In diesem Beispiel wurde eine Restricted Shell mit dem Kommando `rbash` gestartet. Mit `shopt -p restricted_shell` erhalten wir die Bestätigung, dass die Option für den eingeschränkten Modus gesetzt ist. Ein Versuch, das aktuelle Verzeichnis mit `cd` zu verlassen, zeigt, dass dies nicht möglich ist.

Öffnet man nun beispielsweise eine `vim`-Sitzung, so ist dies der erste Schritt, um aus dem Käfig auszubrechen. Innerhalb von `vim` startet man nun mit `:sh` – im Kommandomodus – eine neue Shell-Sitzung.

```
$ cd /tmp/
$ pwd
/tmp
$ /bin/date
Sun Apr 17 15:33:13 CEST 2011
$
```

Wie zu erkennen, sind sofort alle Einschränkungen nicht mehr gültig und man kann sich wie in einer normalen Bash-Sitzung im System bewegen.

Eine andere Möglichkeit ist die Verwendung des Programms `screen`. Es kann innerhalb einer Shell-Sitzung viele weitere Shells ausführen. Das Programm wird ohne Pfadangabe gestartet, da der Speicherort (/usr/bin) im PATH gespeichert ist. Nachdem `screen` gestartet wurde, wird eine neue Shell-Sitzung geöffnet, die keine Einschränkungen mehr besitzt.

Noch einfacher ist es, einfach eine neue Bash-Sitzung durch den Aufruf von bash ohne Pfadangabe zu starten.

Um sicher zu sein, dass solche Lücken nicht ausgenutzt werden, sollte man den PATH genau so setzen, dass keine der o. g. Möglichkeiten zur Verfügung steht. Ferner sollte man sich darüber im Klaren sein, dass eine Restricted Shell kein `chroot` ersetzt.

shift_verbose

Möchte man eine Fehlermeldung erhalten, sobald man mehr Positional Parameters verschieben möchte als vorhanden, so ist `shift_verbose` zu aktivieren. Im Standard ist es jedoch deaktiviert und das Verschieben zu vieler Positionsparameter führt lediglich zu einem Rückgabewert von 1.

sourcepath

Wenn diese Option aktiviert ist, benutzt das `source`-Builtin den PATH zum Auffinden der zu sourcenden Datei.

xpg_echo

Um `echo` die Interpretation von Escape-Squencen per Default anzugewöhnen, ist diese Option sehr nützlich.

Im Normalbetrieb ist diese Option deaktiviert und zur Interpretation von Escape-Sequenzen muss `echo` mit der Option -e aufgerufen werden.

Textbasierte Benutzeroberflächen mit dialog

Zum Abschluss wollen wir zeigen, wie Sie mit `dialog` semigrafische Benutzeroberflächen für die Shell erstellen.

Bei `dialog` handelt es sich nicht um ein Bash-eigenes Feature, sondern ein eigenes Projekt,[1] für das die meisten Linux-Distributionen ein Paket bereitstellen. `dialog` greift auf die Funktionen der `ncurses`-Bibliothek zurück.[2]

Betrachten wir zunächst das Grundgerüst für ein `dialog`-Programm. Wie bei der Programmierung von grafischen Benutzeroberflächen üblich, gibt es einen Hauptteil, der in einer Endlosschleife ausgeführt wird und über den weitere Programm- bzw. Bedienelemente aufzurufen sind.

---

[1] `http://hightek.org/dialog/`
[2] Die *New Curses* sind eine Bibliothek zur Erzeugung zeichenorientierter Benutzeroberflächen, sog. *Text User Interfaces* (TUI). Böse Zungen leiten den Namen vom Englischen Wort für „Fluch" ab – ob TUIs nun Fluch oder Segen sind, mag jeder selbst entscheiden.

11 Textbasierte Benutzeroberflächen mit dialog

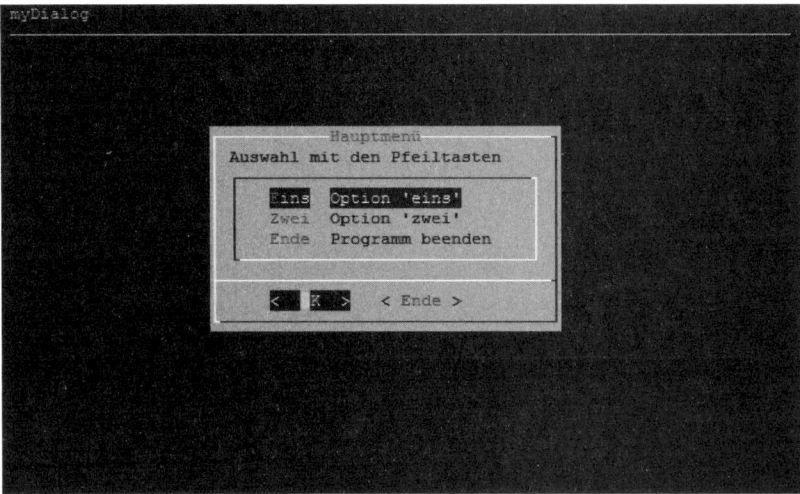

Abbildung 11.1:
Ein erstes
Dialogfenster

Listing 11.1:
myDialog.sh

```
1   #!/bin/bash
2
3   item=$(mktemp)
4
5   main(){
6       dialog --backtitle "myDialog" --title "Hauptmenü" \
7           --cancel-label "Ende" \
8           --menu "Auswahl mit den Pfeiltasten" 10 35 3 \
9           Eins "Option 'eins'" \
10          Zwei "Option 'zwei'" \
11          Ende "Programm beenden" 2>$item
12
13      if [ $? != 0 ] ; then clear; rm $item ; exit ; fi
14
15      choice=$(cat $item)
16      case $choice in
17          Eins)
18              clear
19              echo "Option 'eins' wurde gewählt"
20              read
21              ;;
22          Zwei)
23              clear
24              echo "Option 'zwei' wurde gewählt"
25              read
26              ;;
27          Ende)
28              clear
```

```
29              echo "Good bye"
30              read
31              clear
32              exit 0
33              ;;
34      esac
35  }
36
37  while :
38  do
39      main
40  done
```

Führt man das Programm aus, erhält man als Ausgabe eine Oberfläche wie in Abbildung 11.1. Das Beispiel zeigt zwei grundlegende Prizipien und auch das erste Widget, mit denen Sie bei der Programmierung mit `dialog` immer wieder zu tun haben werden.

Die Definition eines grafischen Elements erfolgt immer auf *einer* Zeile. Um in Skripten nicht den Überblick zu verlieren, hat es sich als praktisch erwiesen, den Code mehrzeilig zu gestalten und vor jedem Zeilenumbruch einen Backslash (\) einzufügen.

Sämtliche Elemente werden über Optionen des Kommandos `dialog` definiert. Hier sind es die folgenden:

`--backtitle`
    Titel des Hauptfensters (hier **myDialog**)

`--title`
    Titel des anzuzeigenden Elements (hier **Hauptmenü**)

`--cancel-label`
    Aufschrift des Abbrechen-Schalters (hier **Ende**). Ohne Angabe dieser Option würde **Cancel** auf dem Button stehen.

Alle Ausgaben von `dialog` werden nach `stderr` geschrieben, dazu gehören Fehlermeldungen von `dialog`, aber auch alle Eingaben bzw. Werte, die aus Auswahloperationen herrühren. Darum erfolgt zum Abschluss einer Elementendefinition die Umleitung von `stderr` in eine temporäre Datei.

11.1 Das Menü-Widget

Mit der Option `--menu` beginnt dann auch schon die Definition des ersten Widgets. Die Syntax lautet:

`--menu <Text> <Höhe> <Breite> <Menü-Höhe> [ <Bez.> <Beschreibung> ] ...`

11 Textbasierte Benutzeroberflächen mit dialog

<Text> entspricht dem Titel des Menüs, gefolgt von den Dimensionen in der genannten Reihenfolge. Einheit der Angaben sind Zeilen für Höhe und Zeichen für Breite. Jedes Widget benötigt diese drei Parameter.

Mit der optionalen <Menü-Höhe> legen Sie fest, wie viele Zeilen des Menüs sichtbar sind. 0 bewirkt, dass so viele Zeilen wie möglich im Widget erscheinen. Jeder andere Wert versucht genau die gewünschte Anzahl direkt im Menü anzuzeigen. Alle übrigen Optionen werden erst sichtbar, wenn man mit den Pfeiltasten oder mit den Shortcuts dorthin navigiert.

Der Zusammenhang zwischen den drei Dimensionsparametern ergibt sich über den zusätzlichen Parameter --ascii-lines im Kommando.

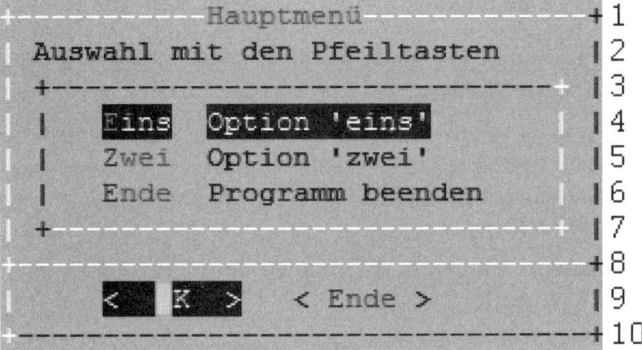

Abbildung 11.2: Dimensionen des Menü-Elements

Unser Beispielelement ist 10 Zeilen hoch; die anzuzeigenden Elemente sind mit 3 angegeben. Ist der Wert für <Menü-Höhe> kleiner als die Anzahl der Menü-Elemente, werden diese nicht direkt angezeigt und erst durch Scrollen im Menü sichtbar. Ferner verschiebt sich die Anzeige des Menüs, wenn der Inhalt von <Text> länger als die angegebene <Breite> des Widgets ist. In diesem Fall nimmt <Text> beispielsweise 2 Zeilen ein, wodurch nicht mehr alle Zeilen der Auswahloptionen angezeigt würden. Der Parameter <Menü-Höhe> würde nicht greifen.

Bei der Programmierung mit dialog stellt sich zwar im Lauf der Zeit eine gewisse Routine im Umgang mit den Dimensionen ein, jedoch sollte man einen großen Teil der Zeit für das Experimentieren mit den Abmessungen der Elemente einplanen.

Mit dem menu-Element ist der Grundstein für den weiteren Abschnitt gelegt. Stück für Stück werden wir nun alle verfügbaren Elemente vorstellen und in den Code von myDialog.sh aus Listing 11.1 integrieren.

11.2 Textausgabe mit msgbox

Texte geben Sie in dialog über das Element msgbox aus:

```
--msgbox <Text> <Höhe> <Breite>
```

Die Parameter <Höhe> und <Breite> haben die gleiche Bedeutung wie im menu-Element. Der auszugebende Text wird über den Parameter <Text> bestimmt.

```
# foo="Das ist ein Testtext"
# dialog --backtitle "myDialog" --title "Ein Test" \
        --msgbox "$foo" 7 $((${#foo}+10))
```

Das Beispiel erzeugt eine Textbox, die 7 Zeilen hoch ist und 10 Zeichen breiter ist als der Text, der in der Variablen $foo gespeichert ist. Das ergibt die Ausgabe aus Abbildung 11.3.

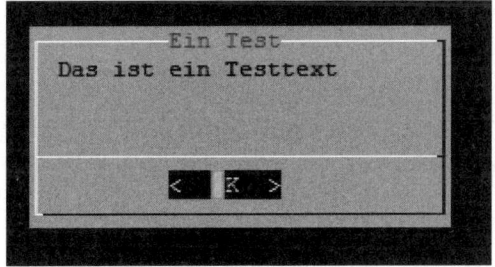

Abbildung 11.3:
Eine erste Textbox

11.3 Kalender mit dialog

Das Element calendar erzeugt einen Kalender für ein übergebenes Datum mit der folgenden Syntax:

```
--calendar <Text> <Höhe> <Breite> <Tag> <Monat> <Jahr>
```

Im <Text> geben Sie beispielsweise an, was es mit dem angezeigten Kalender auf sich hat. Der Wert <Höhe> entspricht der Anzahl der Zeilen über dem eigentlichen Kalender. Ist der Wert zu klein, überlappt <Text> die Beschriftung des Monats- und Jahresfeldes. Der Parameter <Breite> greift erst ab Werten jenseits der 36. Ein Wert von 38 sorgt dafür, dass <Text> bündig mit der Beschriftung für das Monatsfeld ausgerichtet wird.

```
1  calendar(){
2      dialog --backtitle "myDialog - Calendar Widget" \
3             --title "Datumsauswahl" \
4             --calendar "Bitte ein Datum wählen" 2 38 2> $item
```

```
5       date=$(cat $item)
6       dialog --backtitle "myDialog - Ihre Wahl" \
7           --title "Folgendes Datum wurde gewählt" \
8           --msgbox "Sie haben '$date' ausgewählt" 5 40
9   }
```

Die Funktion fügen wir in das Skript aus Listing 11.1 ein. Ferner erzeugen wir einen Menü-Eintrag **Kalender starten**. In dem `case`-Konstrukt erstellen wir einen Eintrag für das Menü-Element **Kalender**, in dem dann die o.g. Funktion aufgerufen wird.

Ruft man nun das Programm auf, kann man den Kalender über das Menü starten. Da bei der Definition des Kalenderobjekts kein Datum übergeben wurde, erscheint das aktuelle Datum. Gibt man beispielsweise nur den Tag an, so werden der aktuelle Monat und das Jahr verwendet.

Das gewählte Datum wird wiederum in der Variablen `$item` gespeichert und dann mit einem `cat` in einer Variablen `$date` gespeichert. In der folgenden Textbox erscheint dann das gewählte Datum. Wird die Ausgabe mit Enter bestätigt, geht es wieder ins Hauptmenü.

11.4   Zeitanzeige mit timebox

Neben dem Datum ist auch die Abfrage bzw. Ausgabe der Uhrzeit möglich, und zwar in Stunden, Minuten und Sekunden:

```
--timebox <Text> <Höhe> <Breite> [<Stunde> <Minute> <Sekunde>]
```

`<Höhe>` bestimmt die Höhe der gesamten Box. `<Breite>` wird nur verwendet, wenn `timebox` mit dem `dialog`-Parameter `--backtitle` aufgerufen wird. Der Verzicht auf diesen Parameter führt jedoch zu einem Fehler.

Die Angabe einer Uhrzeit ist optional. Wurden für `<Stunde>`, `<Minute>` oder `<Sekunde>` keine Werte angegeben, wird die aktuelle Systemzeit herangezogen. Es ist nur möglich entweder Sekunde oder Minute und Sekunde oder die gesamte Zeit wegzulassen.

Eine Beispielfunktion:

```
1   timebox(){
2       dialog --backtitle "myDialog - Timebox Widget" \
3           --title "Zeitauswahl" \
4           --timebox "Bitte eine Uhrzeit wählen" 2 30 2> $item
5       time=$(cat $item)
6       dialog --backtitle "myDialog - Ihre Wahl" \
7           --title "Folgende Uhrzeit wurde gewählt" \
8           --msgbox "Sie haben '$time' ausgewählt" 5 40
9   }
```

Die Funktion schreibt die gewählte Zeit zunächst in eine temporäre Datei. Der Inhalt dieser Datei wird dann in die Variable `$time` gespeichert und über eine `msgbox` ausgegeben.

11.5 Auswahllisten mit radiolist

Ähnlich dem `menu`-Element verhält sich eine `radiolist`. Sie stellt dem Benutzer eine Auswahl von Optionen zur Verfügung. Wie in einem Menü ist auch hier nur eine Option auswählbar, die allerdings nicht unmittelbar nach dem Makieren aktiviert wird, sondern nach einer entsprechenden Bestätigung.

Die Navigation durch die einzelnen Optionen findet über die Pfeiltasten oder über den markierten Shortcut statt. Eine Auswahl erfolgt mit der Leertaste. Bestätigt wird die Auswahl mit Enter.

Auch die Syntax einer Auswahlliste gleicht der für die Erzeugung eines Menüs; lediglich der Status für jedes Listen-Element stellt einen Unterschied dar:

```
--radiolist <Text> <Höhe> <Breite> <Listen-Höhe> [ <Bez> <Beschreibung>
  <Status> ] ...
```

Jedes Listen-Element wird durch die Parameter `<Bez>` (Kurznamen), `<Beschreibung>` (kurze Optionserläuterung) und `<Status>` (Option ist on oder off) beschrieben.

Es ist möglich, zu Beginn zwei Optionen als aktiviert zu definieren; wird diese ursprüngliche Wahl bestätigt, werden auch diese beiden Optionen zurückgegeben. Allerdings widerspricht dieses Verhalten der Definition einer Radiobox. Sie sollten stets darauf achten, entweder keine oder nur eine Option zu aktivieren, um Fehleingaben zu verhindern. Die Beispielfunktion:

```
1  radiolist(){
2      dialog --backtitle "myDialog - Radiolist Widget" \
3          --title "Auswahlliste" \
4          --radiolist "Bitte treffen sie ihre Wahl" 10 50 3 \
5              "Eins" "Option 'eins'" on \
6              "Zwei" "Option 'zwei'" off \
7              "Drei" "Option 'drei'" off 2>$item
8      choice=$(cat $item)
9      dialog --backtitle "myDialog - Ihre Wahl" \
10         --title "Folgende Auswahl wurde getroffen" \
11         --msgbox "Sie haben die Option '$choice' gewählt." 5 40
12 }
```

Auch für diese Funktion wird ein weiteres Menü-Item und die benötigte Passage in dem `case`-Konstrukt eingefügt.

11.6 Mehrfachauswahl mit checklist

Neben der Optionsliste steht mit `checklist` auch ein Widget für Mehrfachauswahl zur Verfügung.

```
--checklist <Text> <Höhe> <Breite> <Listen-Höhe> [ <Bez> <Beschreibung>
   <Status> ] ...
```

Die Syntax ist dieselbe wie die der `radiolist`. Die Aktivierung mehrerer Listen-Elemente über `<Status>` stellt für diese Box kein Problem dar und ist in vielen Fällen sogar gewünscht. Die An- bzw. Abwahl von Listen-Elementen findet ebenfalls über die Leertaste und die Bestätigung der Auswahl mit Enter statt.

Die Funktion `checklist` für das Beispielskript sollte in etwa wie folgt aussehen:

```
1  checklist(){
2      dialog --backtitle "myDialog - Checklist Widget" \
3          --title "Auswahlliste" \
4          --checklist "Bitte treffen sie ihre Wahl" 10 50 3 \
5              "Eins" "Option 'eins'" on \
6              "Zwei" "Option 'zwei'" off \
7              "Drei" "Option 'drei'" off 2>$item
8      choice=$(cat $item)
9      dialog --backtitle "myDialog - Ihre Wahl" \
10         --title "Folgende Auswahl wurde getroffen" \
11         --msgbox "Sie haben die Optionen '$choice' gewählt." 5 40
12 }
```

Auch für diese Funktion sollten Sie entsprechende Änderungen an der `main`-Funktion vornehmen, damit sie aufgerufen werden kann. Achten Sie bei der Erweiterung des Menüs darauf, die Dimension anzupassen, wenn in der Liste nicht gescrollt werden soll.

11.7 Dateibrowser mit fselect

Um in einem Skript eine Datei auszuwählen, stellt `dialog` das Widget `fselect` zur Verfügung.

Der Dialog besteht aus einem Textfeld, in dem ein beliebiger Pfad eingetragen werden kann. Über dieses Textfeld gibt es zwei Auswahllisten, die linke für Verzeichnisse und die rechte für Dateien in dem aktuell eingestellten Verzeichnis.

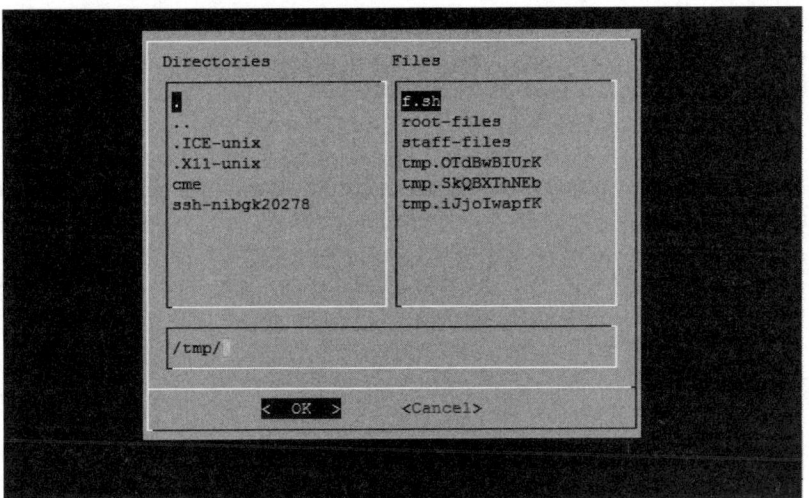

Abbildung 11.4: Dateibrowser mit dialog

Sobald man den untenstehenden Pfad ändert und mit einem Slash (/) abschließt, aktualisiert sich auch die Ansicht auf die Verzeichnisse und Dateien in diesem Pfad. Wird die Eingabe mit Enter bestätigt, wird der Inhalt des Textfeldes nach `stderr` geschrieben.

Die Syntax zum Erstellen eines solchen Dateibrowsers ist sehr simpel gehalten, was der Funktionalität jedoch keinen Abbruch tut.

```
--fselect <Pfad> <Höhe> <Breite>
```

`<Pfad>` entspricht dem ersten angezeigten und ausgewählten Pfad. Über `<Höhe>` geben Sie die Anzahl der Zeilen vor, die für die dargestellten Elemente (Verzeichnisse und Dateien) verwendet werden. `<Breite>` ist die gesamte Breite des Dialogs.

```
1  fselect(){
2      dialog --backtitle "myDialog - Fselect Widget" \
3          --title "Dateibrowser" \
4          --fselect /tmp/ 8 50 2>$item
5      choice=$(cat $item)
6      dialog --backtitle "myDialog - Ihre Wahl" \
7          --title "Folgender Pfad wurde gewählt" \
8          --msgbox "Sie haben diesen Pfad '$choice' gewählt." 6 40
9  }
```

Eine Funktion wie diese können Sie nun in das Beispielskript inklusive aller benötigen Einträge in der `main`-Funktion einfügen.

11.8 Fortschrittsbalken mit gauge

Hat man eine Funktion, die sehr lange läuft, möchte man den Benutzer über deren Fortschritt informieren. Mit dem `gauge`-Element erstellen Sie einen semigrafischen Fortschrittsbalken:

```
--gauge <Text> <Höhe> <Breite> [<Prozent>]
```

`Prozent` ist der Startwert für den Fortschrittsbalken, üblicherweise ist das 0. Alle weiteren Werte werden von diesem Widget von `stdin` gelesen. Es ist möglich, Werte größer als 100 an `gauge` zu übergeben. Der Fortschrittsbalken geht dann über die Grenzen hinaus, was aber kaum sinnvoll sein dürfte. Die Gauge-Box wird beendet, sobald ein EOF von `stdin` empfangen wird. Eine Beispielfunktion:

```
1  gauge(){
2      for progress in {1..100}
3      do
4          echo $progress
5          sleep 0.2
6      done | dialog --backtitle "myDialog - Gauge Widget" \
7          --title "Fortschrittsbalken" \
8          --gauge "Fortschritt der Aktion" 6 50 0
9  }
```

11.9 Benutzereingaben mit inputbox

Über `inputbox` schaffen Sie eine Eingagemöglichkeit für den Benutzer:

```
--inputbox <Text> <Höhe> <Breite> [<Startwert>]
```

`<Text>` und `<Breite>` haben dieselbe Wirkung wie etwa bei dem `menu`-Element. `<Höhe>` bestimmt die Höhe der gesamten Box, nicht die des Textfeldes. Es gibt auch keine Möglichkeit, die Höhe des Textfeldes zu verändern, es ist immer genau eine Zeile hoch. Ist der Text breiter als das Textfeld, wird er horizontal gescrollt.

Mit `<Startwert>` geben Sie einen Default-Eintrag für das Textfeld vor. Der Cursor steht bei der Verwendung von `<Startwert>` immer hinter dem angegebenen Text. Beispiel:

```
1  inputbox(){
2      dialog --backtitle "myDialog - Inputbox Widget" \
3          --inputbox "Texteingabe" 8 50 \
4          "Geben Sie bitte Ihren Text hier ein." 2>$item
5      input=$(cat $item)
6      dialog --backtitle "myDialog - Ihre Eingabe" \
7          --title "Ihre Eingabe" \
8          --cr-wrap --msgbox \
```

```
9              "folgende Eingabe wurde erkannt\n$input" 6 40
10    }
```

11.10 Eingabemenüs mit form

Für die Abfrage mehrerer Informationen bietet `dialog` das Element `form` an.

`--form <Text> <Höhe> <Breite> <Formhöhe> [ <Name> <Nkoord> <Wert> <Wkoord> <Formlänge> <Wertlänge> ] ...`

Für das Beispielskript erstellen wir eine Maske für einen Konfigurationsdialog, der Netzwerkinformationen für ein Linux-System abfragt:

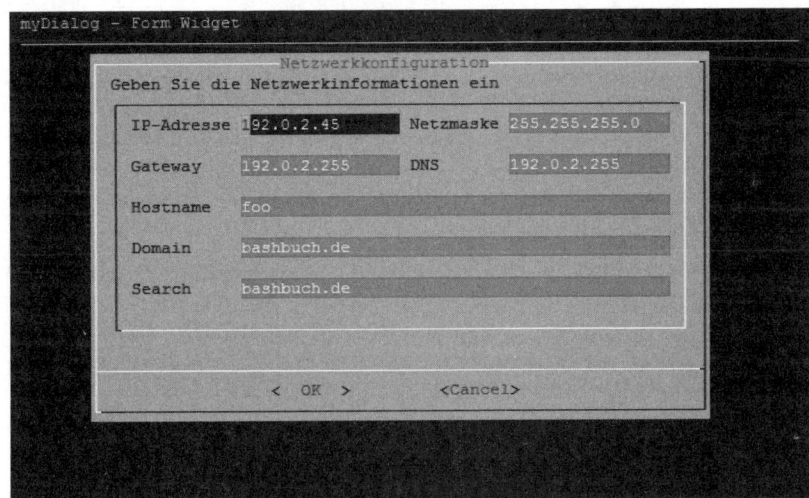

Abbildung 11.5:
Ein Netzwerkkonfigurationsdialog

Die Funktion für diesen Fall könnte in etwa so aussehen:

```
1   form(){
2       declare -a input
3       dialog --backtitle "myDialog - Form Widget" \
4           --title "Netzwerkkonfiguration" \
5           --form "Geben Sie die Netzwerkinformationen ein" 18 62 10 \
6           "IP-Adresse" 1 2 "" 1 13 16 15 \
7           "Netzmaske" 1 30 "" 1 40 16 15 \
8           "Gateway" 3 2 "" 3 13 16 15 \
9           "DNS" 3 30 "" 3 40 16 15 \
10          "Hostname" 5 2 "" 5 13 43 255 \
11          "Domain" 7 2 "" 7 13 43 255 \
12          "Search" 9 2 "" 9 13 43 255 2>$item
```

11 Textbasierte Benutzeroberflächen mit dialog

```
13        sleep
14        while read i ; do input[${#input[*]}]=$i ; done < $item
15        sleep
16        dialog --backtitle "myDialog - Ihre Eingabe"
17            --title "Ihre Eingabe" \
18            --cr-wrap --msgbox \
19            "folgende Eingabe wurde erkannt\n
20            IP-Adresse     ${input[0]}\n
21            Netzmaske      ${input[1]}\n
22            Gateway        ${input[2]}\n
23            DNS            ${input[3]}\n
24            Hostname       ${input[4]}\n
25            Domain         ${input[5]}\n
26            Search         ${input[6]}\n" \
27            12 60
28  }
```

Die ersten vier Parameter, <Text>, <Höhe>, <Breite> und <Formhöhe>, werden auf bekannte Weise genutzt. Für die Definition der abzufragenden Oberflächenelemente stehen die Parameter <Name>, <Nkoord>, <Wert>, <Wkoord>, <Formlänge> und <Wertlänge> zur Verfügung. <Name> entspricht der Beschriftung für das folgende Eingabefeld. Über <Nkoord> (Koordinaten x y) erfolgt deren Positionierung im Anzeigebereich. Die Position ist relativ im eigentlichen Anzeigebereich, d. h. 1 2 steht für die 1. Zeile und die 2. Zeile im Anzeigebereich.

Der Beschriftung folgt ein möglicher Standardwert (<Wert>), der bereits in das Textfeld eingetragen werden kann. Ist kein Wert erwünscht, so kann man einen Leerstring mit zwei Anführungszeichen angeben. Dem Parameter <Wert> folgen die Koordinaten (<Wkoord>) für das zu erzeugende Textfeld – hier gelten die gleichen Regeln wie für <Nkoord> – und die Länge des Textfeldes (<Formlänge>) sowie die mögliche Länge des einzutragenden Wertes (<Wertlänge>).

Gibt man für <Formlänge> 0 an, ist <Wert> nicht veränderbar. In diesem Fall wird der Wert für <Wertlänge> ignoriert und die Breite der Darstellung von <Wert> ermittelt. Ist <Formlänge> negativ, so ist <Wert> ebenfalls nicht editierbar. Beachten Sie, dass nicht editierbare Werte von dialog nicht nach stderr geschrieben werden. Hier muss der Entwickler Vorkehrungen treffen, um die Daten weiterzugeben.

Ist <Wertlänge> 0, so wird diese auf den Wert von <Formlänge> gesetzt.

Durch die freie Positionierung der Formularelemente können Sie die Reihenfolge der Abarbeitung – horizontal oder vertikal – bestimmen. Die Aktivierung der Textfelder hängt von der Reihenfolge der Definition im Code ab.

In dem gezeigten Beispiel sind die Formularelemente für die IP-Adresse und die Netzmaske nebeneinander angeordnet. Bewegt sich der Bearbeiter nun mit den Pfeiltasten durch die Eingabefelder, springt der Cursor von der IP-Adresse zur Netzmaske. Möchte man eine Maske kreieren, in der erst die linken, dann die rechtsstehenden Eingabefelder abgearbeitet werden, müssen sie in der gewünschten Reihenfolge im Code deklariert und entsprechend der gewünschten Abarbeitung positioniert werden.

11.11 Passworteingaben mit passwordbox

Um bei der Abfrage von Passwörtern ein gewisses Maß an Sicherheit zu gewährleisten, sollte man für soche Aufgaben nicht auf die `inputbox`, sondern auf `passwordbox` zurückgreifen. Hier wird während der Eingabe nichts angezeigt, auch keine Platzhalter. Um für jedes Zeichen einen Stern (*) anzeigen zu lassen, kommt die `dialog`-Option `--insecure` zum Einsatz. Hier müssen Sie Komfortgewinn und Sicherheitsverlust gegeneinander abwägen. Bei `--insecure` ist auf in jedem Fall die Länge eines Passworts ersichtlich.

`--passwordbox <Text> <Höhe> <Breite> [<Startwert>]`

Ohne die Option `--insecure` ist bei der Verwendung von `<Startwert>` Vorsicht geboten, da der Benutzer nicht sieht, dass ein Wert voreingestellt ist. Weitere Sicherheitserwägungen sind angebracht, wenn es um die Übergabe der Eingaben an das Programm geht. Die Speicherung der Daten von `stdout` in eine Datei sollte für Passwörter tabu sein, da sie von jedem Benutzer, der Zugriff auf diese Datei hat, zu lesen wären. Ideal für temporäre Dateien ist der Modus 600 (lesen und schreiben für den Benutzer). `mktemp` erstellt in der Regel temporäre Dateien mit genau diesen Berechtigungen, dennoch sollte man hier auf Nummer Sicher gehen:

Examplarisch für unser Skript könnte eine Funktion wie die folgende erstellt werden.

```
1  passwordbox(){
2      dialog --backtitle "myDialog - Passwordbox Widget" --insecure \
3          --passwordbox "Passworteingabe" 8 50 \
4          "$(pwgen -1 16)" 2>$item
5      input=$(cat $item)
6      dialog --backtitle "myDialog - Ihre Eingabe"
7          --title "Ihre Eingabe" \
8          --cr-wrap --msgbox \
9          "folgendes Passwort wurde erkannt\n$input" 6 40
10 }
```

Bei der Funktion wurde der `dialog`-Parameter `--insecure` verwendet, da das Passwort mit einem Defaultwert belegt wird. Für dieses Passwort wird das Programm `pwgen` genutzt, das zuverlässig Zufallspasswörter erstellt. Leider wird es nicht auf allen Systemen von Hause aus installiert, aber alle Distributionen haben ein gleichnamiges Paket zur Installtion in ihren Repositories.

11.12 Textdateien anzeigen mit textbox

Möchte man den Inhalt einer Datei in einem `dialog`-Programm anzeigen lassen, kann man entweder einen `less`-Prozess erzeugen oder das Widget `textbox` nutzen.

In diesem Element navigiert man über die Pfeiltasten oder mit den Tasten [h], [j], [k] und [l] – im vi-Style. Seitenweises Scrollen ist über die Bild-auf- bzw. Bild-ab-Taste möglich.

`textbox` hat eine einfache Syntax:

```
--textbox <Datei> <Höhe> <Breite>
```

Mit `<Datei>` geben Sie die anzuzeigende Datei an. Für das vorgestellte Beispielskript könnte folgende Funktion dienen:

```
1  textbox(){
2      dialog --backtitle "myDialog - Textbox Widget" \
3          --textbox $0 15 60
4  }
```

Sie sorgt bei Aufruf für eine Ausgabe wie in Abbildung 11.6.

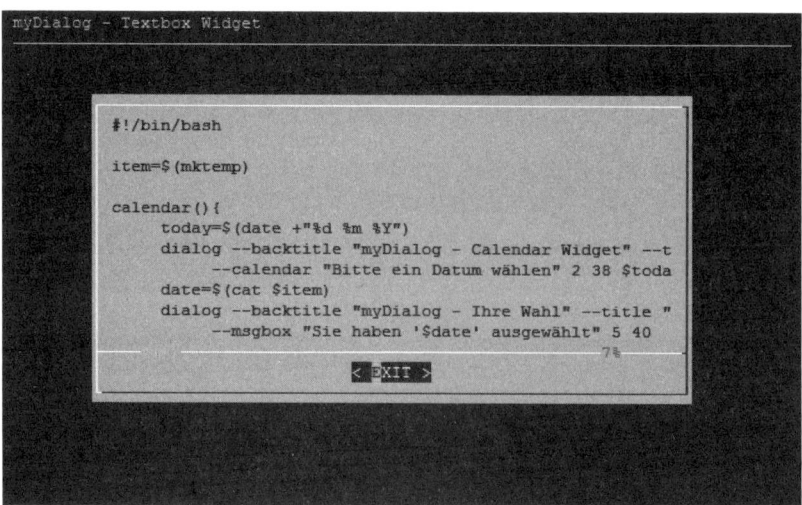

Abbildung 11.6: Textbox im Einsatz

11.13 Textdateien verfolgen mit tailbox

Über das Widget `tailbox` lassen sich Änderungen an Textdateien live verfolgen. Das Element verhält sich wie ein `tail -f` – mit dem Unterschied, dass mit den Tasten „Pfeil rechts" und „Pfeil links" bzw. [l] und [h] in der Datei hoch- bzw. heruntergeblättert werden kann. Mit einem Tastendruck auf [0] springt man wieder zur neuesten Zeile der Datei.

```
--tailbox <Datei> <Höhe> <Breite>
```

`<Höhe>` und `<Breite>` bestimmen die äußeren Maße der Box, `<Datei>` eine Datei, die verfolgt werden soll. Es ist nicht möglich, wie bei `tail -f` mehrere Dateien mit der Tailbox zu verfolgen.

Da die Funktionsweise dem `textbox`-Widget sehr ähnlich ist, verzichten wir hier auf eine Beispielfunktion.

11.14 Entscheidungen mit yesno

Einfach Entscheidungsfragen stellen Sie in `dialog` mit dem Element `yesno`.

```
--yesno <Text> <Höhe> <Breite>
```

Mit `<Text>` formulieren Sie die Frage an den Benutzer. `<Höhe>` und `<Breite>` definieren die Ausmaße der Box.

Das Ergebnis der Entscheidung wird über den Rückgabewert des Kommandos ausgewertet. Für yes hat das `dialog`-Kommando den Rückgabewert 0, für no ist er 1.

In dem Beispielskript könnte man die Entscheidungsbox verwenden, um den Benutzer zu fragen, ob er das Programm wirklich beenden möchte. Die entsprechende Funktion sieht wie folgt aus:

```
1  yesno(){
2      if dialog --backtitle "myDialog - YesNo Widget" \
3          --yesno "Möchten Sie das Programm wirklich beenden?" 5 50
4      then
5          exit
6      fi
7  }
```

Hier wurde das `dialog`-Kommando direkt als Bedingungsausdruck für das `if`-Konstrukt verwendet. Beantwortet der Benutzer die Frage mit Yes, ist der Ausdruck wahr und es wird ein `exit` ausgeführt. Bei No wird die Funktion einfach beendet und das Programm läuft weiter.

11.15 Das Beispielskript

Nachdem nun alle wesentlichen Widgets besprochen sind[3] hier ein Blick auf das vollständige Beispielskript, das alle o. g. Elemente vereint.

Listing 11.2: myDialogFull.sh

```
1   #!/usr/local/bin/bash
2
3   trap cleanup EXIT
4
5   cleanup(){
6       rm $item
7   }
8
9   test -x $(which dialog) || { echo "Das Programm benötigt \
10      'dialog' zur Ausführung" && exit 1 ; }
11
12  item=$(mktemp)
13  logfile=log/${0%.sh}.$(date +"%Y-%m-%d").log
14
15  exec 6<$item
16  exec 7>$item
17  exec 2>>$logfile
18
19  DIALOG="dialog --output-fd 7 --backtitle"
20
21  testIfEmpty(){
22      test "$(cat $item)" != "" && >$item
23  }
24
25  calendar(){
26      today=$(date +"%d %m %Y")
27      $DIALOG "myDialog - Calendar Widget" --title "Datumsauswahl" \
28          --calendar "Bitte ein Datum wählen" 2 38 $today
29      read -u 6 date
30      $DIALOG "myDialog - Ihre Wahl" \
31          --title "Folgendes Datum wurde gewählt" \
32          --msgbox "Sie haben '$date' ausgewählt" 5 40
33  }
34
35  timebox(){
36      $DIALOG "myDialog - Timebox Widget" --title "Zeitauswahl" \
37          --timebox "Bitte eine Uhrzeit wählen" 2 30
38      read -u 6 time
39      $DIALOG "myDialog - Ihre Wahl" \
```

---

[3] Je nach zur Verfügung stehender `dialog`-Version stehen noch weitere nützliche Widgets zur Verfügung. Die hier vorgestellten stellen die Elemente dar, die auf allen gängigen Distributionen zur Verfügung stehen. Wer mehr über die zur Verfügung stehenden Widgets erfahren möchte, dem sei `dialog(1)` empfohlen. Mit dem `dialog`-Paket werden in der Regel auch viele Beispiele installiert, die alle zur Verfügung stehenden Elemente in einzelnen Skripten darstellen. Unter Debian und Ubuntu sind diese unter `/usr/share/doc/dialog/examples` zu finden.

```
40              --title "Folgende Uhrzeit wurde gewählt" \
41              --msgbox "Sie haben '$time' ausgewählt" 5 40
42  }
43
44  radiolist(){
45      $DIALOG "myDialog - Radiolist Widget" --title "Auswahlliste" \
46          --radiolist "Bitte treffen sie ihre Wahl" 10 50 3 \
47              "Eins" "Option 'eins'" on \
48              "Zwei" "Option 'zwei'" off \
49              "Drei" "Option 'drei'" off
50      read -u 6 choice
51      $DIALOG "myDialog - Ihre Wahl" \
52          --title "Folgende Auswahl wurde getroffen" \
53          --msgbox "Sie haben die Option '$choice' gewählt." 5 40
54  }
55
56  checklist(){
57      $DIALOG "myDialog - Checklist Widget" --title "Auswahlliste" \
58          --checklist "Bitte treffen sie ihre Wahl" 10 50 3 \
59              "Eins" "Option 'eins'" on \
60              "Zwei" "Option 'zwei'" off \
61              "Drei" "Option 'drei'" off
62      read -u 6 choice
63      $DIALOG "myDialog - Ihre Wahl" \
64          --title "Folgende Auswahl wurde getroffen" \
65          --msgbox "Sie haben die Optionen '$choice' gewählt." 5 50
66  }
67
68  fselect(){
69      $DIALOG "myDialog - Fselect Widget" --title "Dateibrowser" \
70          --fselect /tmp/ 8 50
71      read -u 6 choice
72      $DIALOG "myDialog - Ihre Wahl" \
73          --title "Folgender Pfad wurde gewählt" \
74          --msgbox "Sie haben diesen Pfad '$choice' gewählt." 6 40
75  }
76
77  gauge(){
78      for progress in {1..100}
79      do
80          echo $progress
81          sleep 0.2
82      done | $DIALOG "myDialog - Gauge Widget" \
83          --title "Fortschrittsbalken" \
84          --gauge "Fortschritt der Aktion" 6 50 0
85  }
86
87  inputbox(){
88      $DIALOG "myDialog - Inputbox Widget" \
89          --inputbox "Texteingabe" 8 50 \
90              "Geben Sie bitte Ihren Text hier ein."
91      read -u 6 input
```

```
 92        $DIALOG "myDialog - Ihre Eingabe" --title "Ihre Eingabe" \
 93            --cr-wrap --msgbox \
 94            "folgende Eingabe wurde erkannt\n$input" 6 40
 95    }
 96
 97    form(){
 98        echo "" >&7
 99        declare -a input
100        echo Anzahl der Elemente von input: ${#input[*]} >&2
101        $DIALOG "myDialog - Form Widget" \
102            --title "Netzwerkkonfiguration" \
103            --form "Geben Sie die Netzwerkinformationen ein" 18 62 10\
\
104            "IP-Adresse" 1 2 "" 1 13 16 15 \
105            "Netzmaske" 1 30 "" 1 40 16 15 \
106            "Gateway" 3 2 "" 3 13 16 15 \
107            "DNS" 3 30 "" 3 40 16 15 \
108            "Hostname" 5 2 "" 5 13 43 255 \
109            "Domain" 7 2 "" 7 13 43 255 \
110            "Search" 9 2 "" 9 13 43 255
111        readarray -u 6 -t -c 1 input
112        $DIALOG "myDialog - Ihre Eingabe" --title "Ihre Eingabe" \
113            --cr-wrap --msgbox \
114            "folgende Eingabe wurde erkannt\n
115            IP-Adresse      ${input[1]}
116            Netzmaske       ${input[2]}
117            Gateway         ${input[3]}
118            DNS             ${input[4]}
119            Hostname        ${input[5]}
120            Domain       ${input[6]}
121            Search       ${input[7]}" \
122            12 60
123    }
124
125    passwordbox(){
126        $DIALOG "myDialog - Passwordbox Widget" --insecure \
127            --passwordbox "Passworteingabe" 8 50 \
128            "$(pwgen -1 16)"
129        read -u 6 input
130        $DIALOG "myDialog - Ihre Eingabe" --title "Ihre Eingabe" \
131            --cr-wrap --msgbox \
132            "folgendes Passwort wurde erkannt\n$input" 6 40
133    }
134
135    textbox(){
136        $DIALOG "myDialog - Textbox Widget" \
137            --textbox $0 15 60
138    }
139
140    yesno(){
141        if $DIALOG "myDialog - YesNo Widget" \
142            --yesno "Möchten Sie das Programm wirklich beenden?" 5 50
```

11.15 Das Beispielskript

```
143         then
144             clear
145             exit
146         fi
147     }
148
149     main(){
150         testIfEmpty
151         $DIALOG "myDialog" --title "Hauptmenü" \
152             --cancel-label "Ende" \
153             --menu "Auswahl mit den Pfeiltasten" 18 40 11 \
154             Kalender "Kalender starten" \
155             Zeitauswahl "Zeit wählen" \
156             Radioliste "Optionsliste" \
157             Checkliste "Mehrfachauswahl" \
158             Dateibrowser "Dateibrowser" \
159             Progressbar "Fortschrittsbalken" \
160             Inputbox "Eingabefeld" \
161             Formular "Eingabeformular" \
162             Passwort "Passwortabfrage" \
163             Textbox "Programmcode zeigen" \
164             Ende "Programm beenden"
165
166         if [ $? != 0 ] ; then yesno ; fi
167
168         read -u 6 choice
169         testIfEmpty
170         case $choice in
171             Kalender)
172                 calendar
173                 ;;
174             Zeitauswahl)
175                 timebox
176                 ;;
177             Radioliste)
178                 radiolist
179                 ;;
180             Checkliste)
181                 checklist
182                 ;;
183             Dateibrowser)
184                 fselect
185                 ;;
186             Progressbar)
187                 gauge
188                 ;;
189             Inputbox)
190                 inputbox
191                 ;;
192             Formular)
193                 form
194                 ;;
```

```
195            Passwort)
196                passwordbox
197                ;;
198            Textbox)
199                textbox
200                ;;
201            Ende)
202                yesno
203                ;;
204        esac
205  }
206
207  while :
209  do
210      main
211  done
```

In diesem Skript haben wir einige Erweiterungen vorgenommen, die die Entwicklung erleichtern und einige Unzulänglichkeiten umgehen. Diese Änderungen seien kurz erläutert:

- In Zeile 3 wurde ein `trap` auf das EXIT-Signal eingerichtet, so dass vor dem endgültigen Beenden des Programms aufgeräumt wird.

- In Zeile 5 bis 7 wurde die `cleanup`-Routine ergänzt, die hier lediglich die temporäre Datei löscht.

- Das Programm prüft in Zeile 9, ob das Programm `dialog` existiert und ausführbar ist. Ist dies nicht der Fall, so wird das Programm mit einem Rückgabewert 1 beendet.

- In Zeile 13 wird eine Logdatei definiert, die sich aus dem Programmnamen und dem aktuellen Datum zusammensetzt.

- Es werden drei Deskriptoren-Definitionen erzeugt. FD 6 öffnet die temporäre Datei zum Lesen und FD 7 zum Schreiben. FD 2 wird mit dem Logfile verbunden.

- In der Variablen DIALOG wird der grundsätzlich gleiche Teil der `dialog`-Aufrufe gespeichert (Zeile 19). `--output-fd` sorgt dafür, dass die Ausgaben von `dialog` an den FD 7 gesendet werden. Dadurch ist es möglich, Fehlerausgabe und die normale Ausgabe voneinander zu trennen.

- In den Zeilen 21-23 wird eine Funktion `testIfEmpty` deklariert, die dafür sorgt, dass beim Aufruf einer Dialogbox die temporäre Datei leer ist. Bei einigen Dialogboxen kümmert sich die Option `--output-fd` nicht darum.

- Die Ergebnisse wurden mit einem `read -u 6` eingelesen. Im Gegensatz zu `cat` innerhalb einer Kommandoexpansion wird bei diesem Aufruf kein weiterer Prozess geforkt, was sich besser auf die Gesamtperformance des Programms auswirkt.

- In der Funktion `form` (Zeilen 97 bis 123) war ein Workaround bei der Verwendung eines selbstdefinierten FD notwendig. Bei einem solchen Dateideskriptor landen in der ersten Zeile der verbundenen Datei allerhand Steuerzeichen von den Bewegungen durch den Dialog. Aus diesem Grund wurde in Zeile 98 eine Leerzeile in die Datei eingefügt.

  In Zeile 111 werden die Eingaben aus dem Dialog in ein Array eingelesen. Hier wurde das `readarray`-Builtin verwendet. Dieses Builtin steht erst ab Version 4 der Bash zur Verfügung. Wollen Sie dieses Skript mit einer älteren Version ausprobieren, müssen Sie hier eine andere Variante zum Einlesen der Werte nutzen, etwa eine `while`-Schleife.

11.16 Kaskadierte Widgets

Mit `dialog` lassen sich nicht nur einzelne Dialoge zeichnen, die immer zentriert ausgerichtet sind. Über den Parameter `--begin` bestimmen Sie die Position der oberen linken Ecke eines Dialogs. Ferner ist es möglich, dass ein geöffneter Dialog den zuvor gezeigten überlappt. Um mehrere Widgets zu zeichnen, verwendet man den Parameter `--and-widget`.

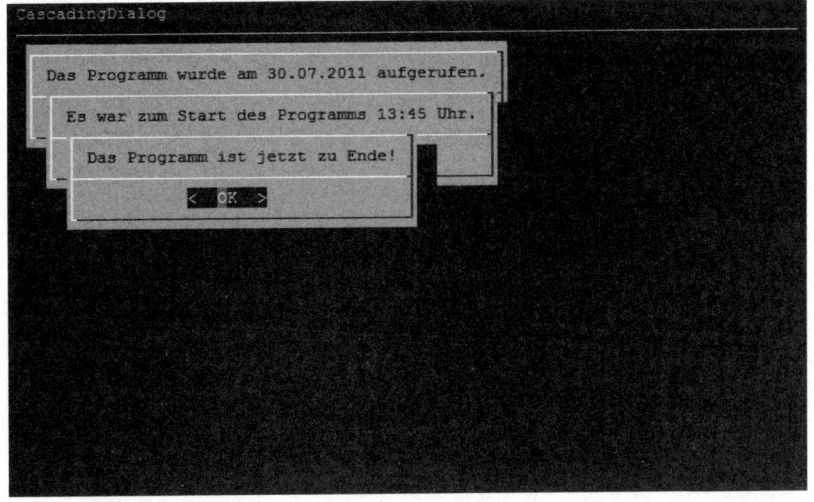

Abbildung 11.7:
Kaskadierte Dialoge

Um die Ausgabe aus Abbildung 11.7 zu erzeugen, diente folgender Code; die Dimension der `msgbox`-Elemente wird dynamisch erstellt.

Listing 11.3:
dialogCascading.sh

```
1  #!/bin/bash
2
3  dateTXT="Das Programm wurde am $(date +"%d.%m.%Y") aufgerufen."
4  timeTXT="Es war zum Start des Programms $(date +"%H:%M") Uhr."
5  exitTXT="Das Programm ist jetzt zu Ende!"
6
7  dialog --backtitle "CascadingDialog" \
8      --begin 2 2 --msgbox "$dateTXT" 5 $((${#dateTXT}+4)) \
9      --and-widget \
10     --begin 4 4 --msgbox  "$timeTXT" 5 $((${#timeTXT}+4)) \
11     --and-widget \
12     --begin 6 6 --msgbox "$exitTXT" 5 $((${#exitTXT}+4))
13
14 clear
```

Das Programm läuft mehrschichtig: Zunächst wird der Hintergrund inkl. Titel – über --backtitle – erstellt und darauf die erste msgbox geschrieben. Die linke obere Ecke des Dialogs platzieren wir bei den Koordinaten x=2 und y=2. Die Höhe des Elements ist auf 5 Zeilen gesetzt, die Breite dynamisch anhand der Länge des auszugebenden Textes über eine arithmetische Expansion berechnet. Dabei werden 4 Spalten der Gesamtbreite hinzugefügt, wodurch der Text zentriert ist.

Betrachten wir jedoch zunächst die Positionierung und die damit verbundene Zählung der Spalten und Zeilen. Um den Zusammenhang zu erkennen, starten wir auf der Konsole einen einfachen dialog-Aufruf mit dem Parameter --ascii-lines:

```
$ dialog --ascii-lines --backtitle "test" --begin 2 2 --yesno "" 0 0
```

Der Aufruf erzeugt einen einfachen Dialog; durch die Verwendung von Ascii-Linien erkennt man unmittelbar, wo eine Zeile und eine Spalte gezeichnet wird.

Abbildung 11.8:
Positionierung von
Widgets durch begin

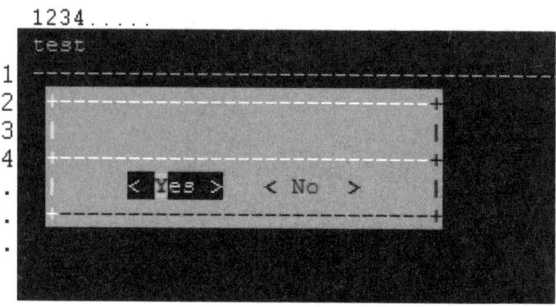

In Abbildung 11.8 ist zu erkennen, dass Spalte 1 mit dem ersten Buchstaben des Backtitles gleichgesetzt ist. Zeile 1 ist mit der Unterstreichung des Backtitles gleichgesetzt. Durch die Positionierung über die Koordinaten 2 und 2 erhält man einen gleichmäßigen Abstand von beiden Elementen.

Möchte man ein Objekt direkt am Bildschirmrand positionieren, geschieht dies über die Koordinaten 0 0.

Durch den Parameter `--and-widget` wird nach der Bearbeitung eines Elements ein weiteres auf der Zeichnungsfläche erstellt – in dem o. g. Beispiel bei den Koordinaten 4 4. Auf die gleiche Weise haben wir den dritten Dialog erstellt und auf den Koordinaten 6 6 platziert.

Index

Symbols
! 19, 49, 50
() 22
* 44, 49, 50
+ 44, 50
. 43
:alnum: 51
:alpha: 51
:blank: 51
:digit: 51
; 22
< 16, 153
<& 155
> 16, 152
>& 153, 156
>> 16, 153
? 44, 49, 50
@ 50
$ 21, 44, 74, 75
$* 75
$- 75
$0 75
$? 24, 75
$@ 75
$# 75
$$ 75
$_ 76
&> 19, 153
&& 24
^ 43
\ 44
{...} 23
{} 22
{m,n} 44
'...' 21
| 45
2> 17

A
arithmetische Ausdrücke 109, *siehe* Berechnungen
arithmetische Expansion 65
Arrays 71
    Anzahl der Elemente 91
    assoziative 11, 74
    eindimensionale 71
    erzeugen 71
    gültige Namen 72
    im skalaren Kontext 71
    Indizes 71
    Iteration über 116, 117
    leeres Array 72
    Liste aller Elemente 74
    Werte mit Leerzeichen zuweisen 72
    Werte zuweisen 71, 72
    Zugriff auf 73
Ausführungsreihenfoge 177
Ausgabe
    unterdrücken 18
awk 10, 35
    Aktion 36
    Anfangsaktion 37
    Endaktion 37
    Muster 36

Index

printf 37
rechnen mit 38, 140
Skripten 36
Syntax 35
Variablen 37

B

Bash History 243
   fc 243
   history 245
Bedingungsausdrücke 98
Berechnungen 131
   Addition 133, 137, 138, 141
   Arcustangens 140, 141
   arithmetische Ausdrücke 131
   arithmetische Expansion 131
   awk 140
   bc 138
   bedingte Operationen 135
   Besselsche Differentialgleichung 140
   bitweise exklusives Oder 134
   bitweise Linksverschiebung 133
   bitweise Negierung 132
   bitweise Oder 134
   bitweise Rechtsverschiebung 133
   bitweise Und 133
   bitweise XOR 134
   Division 132, 137, 138, 141
   Eulersche Funktion 140
   Exponentialfunktion 141
   expr 137
   Ganzzahlarithmetik 131
   Gleichheit 133, 137, 139, 141
   Komma 136
   Kosinus 140, 141
   let 136
   Logarithmus 140, 141
   logische Negierung 132
   logisches Nicht 139, 141
   logisches Oder 135, 137, 139, 141
   logisches Und 134, 137, 139, 141
   Modulo 132, 137, 138, 141
   monadisches Minus 132, 138, 141
   monadisches Plus 132, 141
   Multiplikation 132, 137, 138, 141
   Postdekrement 132, 138, 141
   Postinkrement 132, 138, 141
   Potenz 132, 138, 141
   Predekrement 132, 138, 141
   Preinkrement 132, 138, 141
   Quadratwurzel 141
   Sinus 140, 141
   Subtraktion 133, 137, 138, 141
   Ungleichheit 133, 137, 139, 141
   Vergleichsoperatoren 133, 137, 139, 141
   Vorzeichen 132
   Zufallszahlen 141
   Zuweisungsoperatoren 135, 139, 141
Bezugsrahmen *siehe* Scopes
Blattvorschub 183
Bourne, Stephen R. 10
Bourne-Shell 10
Brace Expansion 65
BRE *siehe* reguläre Ausdrücke
break *siehe auch* Programmverzweigungen, *siehe auch* Schleifen
Brennan, Mike 35
Builtins 175
   . 206
   : 149
   alias 216
   bg 236
   bind 220
   break 197
   builtin 178
   caller 203
   cd 208
   command 179
   continue 198
   declare 72, 193
   dirs 210
   disown 242
   echo 181
   enable 233
   eval 126, 224
   exec 155, 227

Index

exit 199
export 214
fc 243
fg 236
getopts 188
hash 219
help 234
history 245
jobs 237
kill 239
let 136
local 121, 195
logout 199
mapfile 196
popd 213
printf 184
pushd 212
pwd 208
read 151, 185
readarray 196
readonly 215
return 199
set 62, 221, 247
shift 61, 193
shopt 247, 256
source 127, 206
suspend 242
test 67
times 227
trap 200
type 223
typeset 195
ulimit 228
umask 209
unalias 218
unset 215
wait 240
Bytes
    zählen mit wc 26

C
C-Shell 10
Carriage Return 183

case *siehe* Programmverzweigungen
cat 26
    Zeilen nummerieren 26
    Zeilenende markieren 26
Command Lists *siehe* Kommandolisten
Command Order *siehe* Ausführungsreihenfolge
Command Substitutions *siehe* Kommandoersetzungen
Conditional Expressions *siehe* Bedingungsausdrücke
corefiles 229
cron 19
crontabs 19
cut 28
    Feldnummer ansprechen 29
    Feldtrenner bestimmen 29
    Textfelder ausgeben 28

D
date 31
    Ausgabeformate 32
    Datumsberechnungen 32
    Datumseingabe 32
Dateien
    sortieren *siehe* sort
    temporär erstellen *siehe* mktemp
    zusammenführen *siehe* join
Datum
    ausgeben *siehe* date
    setzen *siehe* date
Datumsberechnungen *siehe* date
Deskriptoren *siehe* Umleitungen
/dev/null 18
Dialog 269
    calendar 273
    checklist 276
    form 279
    fselect 276
    gauge 278
    inputbox 278
    menu 271
    msgbox 273

Index

passwordbox 281
radiolist 275
tailbox 282
textbox 282
timebox 274
yesno 283
Directory Stack 205
   dirs 210
   popd 213
   pushd 212
do-while *siehe* Schleifen

E
echo
   und Pipeline 20
Einzeiler 15
End of File *siehe* EOF
EOF 18
Exit-Status *siehe* Rückgabewerte
Expansionen 65
   arithmetische 65, 131
   Brace Expansion 65
   Command Substitution 65, 226
   Parameter-, Variablen- 65, 226
   Pathname Expansion 65
   Quote Removal 65, 226
   Reihenfolge 67
   Tilde Expansion 65
   Word Splitting 65
Expansions *siehe* Expansionen

F
fg 22
FIFO 160
   mkfifo 160
for *siehe* Schleifen
Form Feed 183
Fox, Brian 11
function *siehe* Funktionen
Funktionen 119
   Arrays als Parameter 125
   Bibliotheken 127
   Definition 120

globale Variablen 121
Kapselung 119
locale 121
lokale Variablen 121
Parameter 124
Rückgabewerte 123
Scopes 122
Seiteneffekte 121

G
Gültigkeitsbereich *siehe* Scopes
Ganzzalarithmetik *siehe* Berechnungen
gawk *siehe* awk
Geschichte 10
globale Variablen *siehe* Funktionen
Globbing *siehe* Mustererkennung
grep 19, 27
   Anzahl der Treffer 27
   Schreibweise ignorieren 27
Group Command 23
GUI *siehe* Dialog

H
Here Document *siehe* Umleitungen
Here String *siehe* Umleitungen

I
if *siehe* Programmverzweigungen
Indirect Reference 225

J
Job Control 235
   bg 236
   disown 242
   fg 236
   jobs 237
   kill 239
   suspend 242
   wait 240
jobs 22
join 33
   Ausgabefelder wählen 34
   Verknüpfungsfelder 34
Joy, Bill 10

Index

K
Kanäle 16, 151
    Standardausgabe 16, 151
    Standardeingabe 16, 151
    Standarderror 16, 151
Kanalbündelung *siehe* Umleitungen
Kapselung *siehe* Funktionen
Kommandoersetzungen 21, 65
    Bash-Syntax 21
    sh-Syntax 21
Kommandoketten *siehe* Pipelines
Kommandolisten 22
    PIPESTATUS 24
    Rückgabewerte 24
Korn, David 11
Korn-Shell 11

L
ldapsearch 172
less 30
    Follow-Modus 31
    Suchen von Textteilen 31
    zum nächsten Treffer springen 31
Limits 228
    abfragen 232
    core filesize 229
    cputime 231
    data segsize 230
    filelocks 231
    filesize 230
    hard 228, 229
    limits.conf 228
    max lockedmemory 230
    max memorysize 230
    max socketbuffer 231
    max userprocesses 231
    number ofthreads 231
    openfiles 231
    pendingsignals 230
    pipesize 231
    POSIX messagequeues 231
    real-time priority 231
    schedulingpriority 230
    setzen 232
    soft 228, 229
    stacksize 231
    ulimit 228
    virtualmemory 231
lokale Variablen *siehe* Funktionen

M
mawk *siehe* awk
mkfifo *siehe* FIFO
mktemp 32
    Template zur Erstellung 32
    Verzeichnisse erzeugen 32
    Zielverzeichnis bestimmen 32
Mustererkennung 48, 50
    ein beliebiges Zeichen 49
    kein oder beliebig viele Zeichen 49
    negierte Zeichenklassen 49
    POSIX-Klassen 51
    Zeichenklassen 49

N
Named Pipe *siehe* FIFO

P
Pager *siehe* less
Parameter Expansion 65, *siehe* Variablen
Parameterübergabe *siehe* Positionsparameter, *siehe* Funktionen
Pathname Expansion 65
Pattern Matching 11, *siehe* Mustererkennung
PCRE *siehe* reguläre Ausdrücke
Perl 10
Perl kompatible reguläre Ausdrücke *siehe* PCRE
Pfadnamenerweiterung 65
Pipelines 19
    und echo 20
Pipes 19, 62
    Kindprozesse 64
PIPESTATUS *siehe* Kommandolisten, *siehe* Shell Variablen
Positional Parameter *siehe* Positionsparameter

Positionsparameter 61, 125, 193
    Anzahl 91
    in Funktionen 125
    set 247
    shift 61, 62
    Zugriff auf 61
POSIX 11
POSIX-Klassen 28, 50
    alle Buchstaben 51
    alle Ziffern 51
    alphanumerische Zeichen 51
    in Mustererkennung 51
    Leerzeichen und Tabulatoren 51
Prefix-Eliminierung *siehe* Variablen
Programmoptionen *siehe* Positionsparameter
Programmverzweigungen 97
    break 109
    case 104
    if 99
    select 107
Prozess-Substitution *siehe* Umleitungen
Prozessliste 19
ps 19

Q
Quote Removal 65

R
Rückgabewerte 23, 75, 76, 123, 199
Ramey, Chet 11
readline 221
redirects *siehe* Umleitungen
Regex *siehe* reguläre Ausdrücke
reguläre Ausdrücke 43
    alle Buchstaben 45
    alle Großbuchstaben 45
    alle Kleinbuchstaben 45
    alle Ziffern 45
    Alternativen 45, 46
    Backreferences 47
    BRE 46
    ein einzelnes Zeichen 43

    ein oder beliebig viele Vorkommen 44
    ein oder kein Vorkommen 44
    ERE 46
    Escape-Sequenz 44
    kein oder beliebig viele Vorkommen 44
    PCRE 47
    PCRE Greediness 48
    PCRE Zeichenklassen 47
    Vorkommensbereiche 44
    Wiederholungen 44
    Zeichenklassen 45
    Zeilenanfang 43
    Zeilenende 44
Ressourcenverbrauch *siehe* time
Return Codes *siehe* Rückgabewerte

S
Schleifen 109
    break 115
    do-while simulieren 113
    for 115
    until 112
    while 110
Scopes 62, 113, 115, 155, 206
    Funktionen 122
    Variablen 63
    while 110
sed 38
    Adressteil 39
    Ausgabe nach Ersetzung 42
    Backreferences 43
    Editierkommandos 39
    Ersetzen des n-ten Vorkommens 42
    Ersetzungen 41
    Fundstellen löschen 38
    globale Ersetzung 42
    Reguläre Ausdrücke 40
    Skripten 38
Seiteneffekte *siehe* Funktionen
select *siehe* Programmverzweigungen
seq 225
Shell-Optionen 247
    allexport (-a) 249

Index

autocd 257
braceexpand (-B) 249
cdable_vars 258
cdspell 258
checkhash 259
checkjobs 259
checkwinsize 260
cmdhist 260
compat31 260
compat32 260
compat40 260
dirspell 260
dotglob 261
einfache Shell-Optionen 247
emacs 249
errexit (-e) 249
errtrace (-E) 250
erweiterte Shell-Optionen 256
execfail 261
expand_aliases 261
extdebug 261
extglob 261
extquote 261
failglob 262
force_fignore 262
functrace (-T) 250
globstar 262
gnu_errfmt 262
hashall (-h) 250
histappend 262
histexpand (-H) 250
history 250
histreedit 262
histverify 263
hostcomplete 263
huponexit 263
ignoreeof 250
interactive_comments 263
keyword (-k) 251
lithist 263
login_shell 264
mailwarn 264
monitor (-m) 251
no_empty_cmd_completion 264
nocaseglob 264
nocasematch 265
noclobber (-C) 251
noexec (-n) 251
noglob (-f) 251
nolog 252
notify (-b) 252
nounset (-u) 252
nullglob 265
onecmd (-t) 253
physical (-P) 253
pipefail 253
posix 254
privileged (-p) 255
progcomp 266
promptvars 266
restricted_shell 266
set 247
shift_verbose 268
shopt 256
sourcepath 268
verbose (-v) 255
vi 255
xpg_echo 268
xtrace (-x) 255
Shell-Variablen 77
   BASH 77
   BASH_ENV 255
   BASHOPTS 255
   CDPATH 79, 255
   COLUMNS 80, 260
   DIRSTACK 205
   EDITOR 244
   ENV 255
   EUID 77
   FCEDITOR 244
   FIGINORE 262
   FIGNORE 80
   FUNCNAME 77
   GLOBIGNORE 81, 255
   HISTFILE 262
   HISTORY_COMMAND 262

HISTORYFILE 246
HISTSIZE 82
HISTTIMEFORMAT 245
HOME 82
HOSTFILE 263
HOSTNAME 77
IFS 74–76, 83
LANG 83
LC_* 83
LINES 260
MAIL 264
MAILCHECK 264
OLDPWD 77
OPTARG 78
OPTIND 78
PATH 83
PIPESTATUS 78
PPID 78
PS1 84
PS2 85
PS3 85
PS4 85
PWD 78
RANDOM 78
REPLY 78
set 247
SHELLOPTS 79, 255
TMPDIR 86
UID 79
shopt
    extglob 50
Signalhandling
    seeSignalverarbeitung 200
Signalverarbeitung 200
    trap 200
Skalare *siehe* Variablen
Socket 163
    /dev/tcp/ 163
    /dev/udp/ 163
sort 29
    absteigend sortieren 30
    doppelte Zeilen entfernen 33
    Kombination von Parametern 30

numerische Sortierung 30
Sortierfeld ansprechen 30
Sortierung nach Monatsnamen 30
Trennzeichen angeben 30
Special Parameters *siehe* Spezielle Variablen
Spezielle Variablen 75
    Anzahl der Positionsparameter 75, 76
    Liste aller Positionsparameter 75, 76
    Name des aktuellen Prozesses 75
    Optionen des set-Builtins 75
    Parameter des letzten Kommandos 75
    PID des aktuellen Prozesses 75
    PID des letzten Hintergrundprozesses 75
    Rückgabewert des letzten Kommandos 75, 76
stderr *siehe* Kanäle
stdin *siehe* Kanäle
stdout *siehe* Kanäle
Subshell 62
    Ressourcenverbrauch 65
Substrings *siehe* Variablen

T
Tabulator
    in der aktuellen Zeile 183
tee 34
    an Datei anhängen 35
    SIGINT ignorieren 35
test 24
Textfelder ausgeben *siehe* cut
Textstellen suchen *siehe* grep
Tilde Expansion 65
time 31
tr 28
Typisierung *siehe* Variablen

U
Umleitungen 16, 143, 152
    Ausgabeumleitung 16, 152
    Deskriptoren 151
    Eingabeumleitung 17, 111, 153
    Fehlerumleitung 17
    Here Document 143

Here String 149
Kanalbündelung 18, 153
   mit exec 155
   Prozess-Substitution 169
   Reihenfolge 18
uniq 33
   Anzahl der Vorkommen 33
   doppelte Zeilen ausgeben 33
   doppelte Zeilen entfernen 33
until *siehe* Schleifen

V

Variablen 69
   abgrenzen 70
   Arrays 71
   Defaultwerte von 88
   gültige Namen 70
   globale *siehe* Funktionen
   lokale *siehe* Funktionen
   Namen auflisten 89
   Parameter Expansion 87
   Prefix-Eliminierung 92
   Scopes 63
   Shell-Variablen 77
   Skalare 69
   skalare Zuweisung 69
   Spezielle Variablen 75
   Stringlength 91
   Substrings 89
   Typisierung 70
   Zugriff auf 70
Variablen-Expansion 65
Variablennamen *siehe* Variablen

--version 12
Verzeichnisse
   temporär erstellen *siehe* mktemp
Verzeichnisstapel *siehe* Directory Stack
Visual Bell 182

W

Wörter zählen *siehe* wc
Wagenrücklauf 183
wc 26
   Bytes zählen 26
   Wörter zählen 26
   Zeilen zählen 26
while *siehe* Schleifen
Word Splitting 65

X

xargs 20

Z

Zeichen
   ersetzen *siehe* tr
   löschen *siehe* tr
Zeichenklassen *siehe* Mustererkennung, *siehe* POSIX-Klassen, *siehe* reguläre Ausdrücke
Zeilen
   doppelte entfernen *siehe* uniq
   nummerieren *siehe* cat
   zählen *siehe* wc
Zugriff
   auf Arrays *siehe* Arrays
   auf Variablen *siehe* Variablen

Kurse

open source SCHOOL

Informieren Sie sich über unser aktuelles Kursangebot unter **opensourceschool.de**

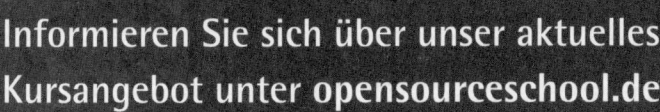
Sonderpreise für Studierende